文庫

私たちはどう生きるべきか

ピーター・シンガー
山内友三郎 監訳

筑摩書房

目次

私たちはどう生きるべきか

First published by Random House Australia Pty Ltd,
Sydney, Australia.

Japanese translation published by arrangement with
Random House Australia Pty Ltd
through The English Agency (Japan) Ltd.

日本語版への序文

私の著書が日本語に翻訳されると聞くと、いつでも嬉しく思わずにはいられない。明晰な推論と健全な哲学は文化の間の障壁を突き破ることができるかもしれない、という希望が湧くのを感じるからである。殊に重要なのは、倫理は文化に深く依存しているので、文化を越えて意味のある論議などできないと思っている人が多いなかにあって、倫理学のような分野でもこのような文化交流ができるということである。しかし、『私たちはどう生きるべきか』がこのたび日本の読者に手に入るようになるというのは格別な喜びである。なぜなら、この本は私たちの生き方のある側面を扱っているが、その側面では日本人の生き方にみられる要素から西洋社会が多くを学ばなければならないからである。

本書は西洋の生き方にみられる深刻な問題を扱っている。それは、西洋的な生き方においては、私的な富の獲得を目指すという以外、人生の目的という感覚が失われてしまったという問題である。二〇世紀が終わる頃には、伝統的なキリスト教教会が西洋人の心をとらえる力はかすんでしまった。かといって、キリスト教にとって代わる主要なイデオロギー——マルクス主義——もまた、ソヴィエト連邦の崩壊とともに魅力を失ってしまった。「より多くの富を得、より多くの商品を消費しようと互いに競争することに人生を費やす個人」という資本主義的な理想のほかには何も残されていないようにみえる。しかし、このような理想がもたらすように見える幸福や満足は、しょせん長続きしない。むしろそれは、十分弱くなっている共同体の感覚をますます衰えさせ、より高い犯罪率を産み出す結果になる。最も重要なことには、この理想はエコロジーの観点からみて持続しえない。もし西洋の人々がばく大な量のエネルギーを消費し続けるなら、中国やインドといった発展途上国の人々も物質的富に対する彼らの権利を正当にも主張するだろう。それとともに、それと関連したエネルギーの消費や二酸化炭素の放出の権利もでてくるに違いない。すると、この地球の気候は、予測もできないほど、しかも取り返しがつかないほど変わってしまい、海面は上昇し、海抜の低いあらゆる地域に悲惨な結果をもたらすことになる。

このように、私はこの問題を西洋的な生き方に内在する問題として記述した。しかしこれはなにも西洋人だけで扱うべき問題ではないといえる理由が二つある。一つの明白な理由は、地球の気候の変化は世界のすべての国々に影響するからである。非 - 西洋の多くの国々がいまだに西洋を、発展の模範としてみている。本書が証明してくれると思うが、西洋の生き方は見習うべきものではない。西洋の方が非-西洋を見習うべきなのである。「日本人の生き方」と題する章は、違う生き方の可能性に西洋人の目を開かせることを意図している。日本社会に関する私の個人的経験（残念なことに、限られたものであるが）と、私よりもずっと深く日本について知ることができた人々の著作を通して、日本人の生き方がまさに私が述べてきた点において西洋人のものとは異なるということを私は確信した。日本には、個人主義に対する制約があり、特に私的な富をひけらかすことに対する制約がある。個人的な富をこれ見よがしにひけらかすことを目標とする代わりに、典型的な日本人はもっと大きな集団にもっと強く参与する態度をもっており、これが彼らに、より幅広くより満足のいく人生の目的を与えているのである。

しかしながら私は、日本の読者の方々がこの本に自画自賛の材料だけを見つけることのないよう願っている。日本人の生き方についての私の議論は、日本の倫理における深刻な問題と私に思われるものを強調して終わっている。日本人は、自分が帰属感をもつさまざまな共同体の外側にいる者に対しては、非常に限られた程度の関心しかもたない。この問題は、日本における環境運動の弱さ、そして――この点ではキリスト教の教えよりも仏教の教えのほうが優れているにもかかわらず――人間以外の動物に対する関心の弱さを考えるとき最も明らかとなる。日本の読者におかれては、これらの批判に立腹されることなく、むしろこの批判を、西洋と日本の両方の文化のどの点が優れており、どの点に難があるのか反省するきっかけとみなしていただければと願っている。

最後になるが、本書の英語版を読んでコメントするのに時間をさいていただいた山内友三郎教授と野口俊一教授に対して深く感謝したい。日本社会について私が書いたことについての両教授の意見は、助けにもなったし、自信を与えてくれるものでもあった。また、本書の全体についてもお二人には多くの指摘をいただいた。山内教授は、彼がモナッシュ大学の名誉研究員として過ごした間にこれらのトピックについて論議を続けたばかりでなく、この日本語版を出すために、また細部にいたる入念な配慮によって翻訳をできるだけよいものにするために尽力していただいた。このことに特に感謝の意を表したい。

一九九五年五月

ピーター・シンガー

（奥野訳）

序

「このために生きる」といえるものがまだ何かあるだろうか。金銭や、恋愛や、自分の家族の世話は別として、他に何か追求するに値するものはあるだろうか。もしあるとしたら、それは何だろうか。「このために生きる」などという話はかすかに宗教的な香りがする。しかし多くの人々は、全く宗教的でないにもかかわらず、自分の人生に一つの意義——今の人生に欠けているような意義——を与えてくれる基本的な何かを自分は見逃しているのではないか、という落ち着かない感じを抱いている。こうした多くの人々は、ある政治的信条に深くかかわっているわけでもない。過去一世紀の間には、政治的な闘争が、それ以前の時代や他の文化において宗教が占めていた地位にとって代わったこともたびたびあった。しかし最近の歴史を省みれば、政治だけで問題をことごとく解決できると信じることはもうできない。しかし、それ以外の何のために生きることができるだろうか。本書で私は一つの答えを出している。その答えは哲学の夜明けと同じくらい古くからある答えであるが、今日の状況では昔に劣らず必要なものである。その答えとは、「私たちには倫理的な生き方ができる」というものである。倫理的な生き方をすることによって、私たちは文化をこえた大いなる伝統に連なるものとなる。さらに、倫理的な生き方が自己犠牲ではなく自己実現であることもわかるはずである。

私たちが自分自身の直接の関心事から目を転じて、世界を全体として見、世界の中の自分の位置を見ることができるとすれば、このために生きるといえるものを見つけるのが難しいなどという考えはどこかばかげたものになる。何といっても、しなければならないことは山ほどあるのだ。私がこの序文を書いている今、飢えている住民への食糧供給を確保するために国連軍がソマリアに入っている。このことは多くの住民にとっては手遅れであるとはいえ、富裕な国々が遠隔地の飢えや苦しみについて何かをする用意があるという、少なくとも希望だけはもてる兆候である。これはひょっとすると、新しい時代——テレビの前にただ座って小さな子どもたちが死んでいくのを見、その後いささかの矛盾も感じずに豊かな暮らしを続けるといったことがもはやなくなるような時代——の始まりなのかもしれない。しかしながらソマリアは、飢えと苦しみの、最も劇的で、それゆえ今最も報道価値のある一例にすぎない。より規模は小さいが、同じように悲惨で、かつ防止できる状況はいくらでもある。ソマリアにおける課題は大きい。しかし、やりがいのある目標を必要としている人々が参加できるような、同じように差し迫った運動は数多くあるのであって、ソマリアはそのうちのほんの一例にすぎない。

問題は、倫理的な生き方をすることがどのようなことかについて、たいていの人がきわめて漠然とした考えしかもっていないことにある。たいていの人は、倫理とはあれこれのことをするなと命じる規則の体系だと考えており、自分たちがいかに生きるべきかを考える基礎であるとは思っていない。そういう人たちは多くの場合、私益追求の生き方をしているが、そうしているのは生まれつき利己的だからではなく、それ以外の生き方が彼らにはしっくりこないか、きまりが悪いか、あるいはただ単に意味のないものに見えるからである。世界に影響をおよぼす仕方は何一つ見えていないのである。かりに見えたとしても、どうしてそのことで思い悩む必要があろうか。たいていの人は、宗教的な回心を経験するまでには至らず、自分自身の物質的な私益を追求すること以外には、このために生きるといえるものを何も見いだせないでいる。しかし、倫理的な生き方ができるという可能性は、この袋小路からの出口を与えてくれる。この可能性こそ本書の主題である。

この可能性をもちだすだけでも十分に、きわめつきの世間知らずという非難をこうむることになるだろう。人間は本性上利己的なあり方しかできない、と言う人もいるだろう。本書の第4、5、6、7章はさまざまな仕方でこの主張を扱っている。その一方で、人間の本性についての真実がどうであれ、現代の西洋社会は、合理的な、ないしは倫理的な議論を使えば何らかの解決ができる時点をとうに過ぎている、と主張する人もいるだろう。今日の生活があまりに狂っているように見えるので、もう改善の見込みはないと人々は絶望しているのかもしれない。本書の原稿を読んだ出版社のある人物は、身振りで窓の下のニューヨークの通りをさし示してこう言った。「ごらんなさい。皆おもしろ半分に赤信号を突っ切るのに夢中ですよ。あんな人たちで一杯の世界をあなたが書いたような本が変えるだなどと、どうして期待できるんですか。」そんなふうに自分自身の生命すらほとんど心配せず、他人の生命などまったく気にもしないような人々で本当に世界が一杯だったなら、確かに、誰にとってもできることは何一つないだろうし、人類もたぶんそう長くはないだろう。しかし、そこまで狂った人々はえてして進化によって淘汰されていくものである。そのような人々はどの時代でも多少はいるかもしれない――確かに、アメリカの大都市には、この手の人々が割合からいって他より多めに住んでいる。しかし、本当の問題は、そうした行動がメディアや世論で極端に人目を引くことにある。つまり、何がニュースになるかという、よくある話である。百万の人々が日々他人を配慮する行いをしているということは、ニュースにならない。ニュースになるのは屋上の狙撃者のほうである。悪意をもち、暴力的で、理不尽な人々というのはいるものである。本書はそのことを知らないわけではない。ただ、そこまで狂っていない普通の人々は、自分以外のすべての人々が常に悪意をもち暴力的で理不尽になる傾向をもともともっているかのように生きるべきではない、という確信をもって本書は書かれたのである。

いずれにせよ、たとえ私が間違っていて、狂った人々が私が信じるよりもずっと多いとしても、ほかにどのような選択肢が私たちに残されているだろうか。今まで慣習的に行われてきたような私益の追求は、個人にとっても集団にとっても自滅的である。その理由については後の章で検討する。倫理的な生き方こそ、ありきたりな私益の追求に代わる最も根本的な生き方である。倫理的に生きようと決心することのほうが、伝統的な種類の政治参加に比べて影響の範囲も広いし、強力でもある。倫理的な反省をする生き方とは、すべきことやすべきでないことを規定する一連の規則を厳守することではない。倫理的に生きるとは、自分がどう生きているかを一定の仕方で反省することであり、反省して得られた結論に従って行動しようと努めることである。本書の議論が健全であるなら、私たちが倫理的でない生き方を続け、今日の世界にみられる膨大かつ不必要な苦しみに無関心でいることはできない。反省的で倫理的な生き方をしている比較的少数の人々の力によって、私益の本質についての世論を、さらに私益と倫理との関連についての世論を変えることができるなどと期待するのは素朴かもしれない。しかし、世界を見回し、世界がどんなにひどい混乱の中にあるかを見れば、この楽天的な希望を実現させるために最善の努力をしてみる価値はあるように思える。

個人的な経験というものは、どれだけ多くの学識の積み重ねによってその影響をぬぐい去ろうとしても、どの著作にも反映するものである。本書のトピックに対する私の関心は、メルボルン大学の哲学科の院生だったときに始まる。「私はなぜ道徳的であるべきか」という題で私は修士論文を書いた。その論文は、この問いを分析し、過去二千五百年にわたって哲学者たちが出してきた答えを吟味するものであった。当時の私は、気が進まないながら、これらの哲学者たちの答えはどれ一つとして本当に満足のいくものではない、という結論を出すしかなかった。それからイギリス、アメリカ、オーストラリアの大学で倫理学と社会哲学を研究したり教えたりして二五年が過ぎた。その初めの時期にベトナム反戦運動に参加したが、これは、不正な法律に対する不服従という倫理問題を扱った私の最初の著書『民主主義と不服従』の背景となった。第二の著書『動物の解放』では、私たちの動物の扱い方が倫理的に正当化できないことを論じた。この本は、いまや世界的なものとなった運動の誕生と成長に一定の役割を果たした。私もこの運動に、哲学者としてばかりでなく、変革を求めて働くグループの行動的なメンバーとして参加して働いてきた。それ以外に、発展途上国への援助、難民の支援、自発的安楽死の法制化、野生の自然の保護、より一般的な環境問題といった強い倫理的基盤をもった種々の主張にも、やはり哲学の研究者として、またより日常的な仕方でかかわってきた。これらすべての活動は、倫理的基礎をもつ主張のためには時間もお金も、ときには私的な生活のほとんどをも投げうつ人々と知りあう機会を与えてくれた。そしてこのことは、「倫理的な生き方をしようとすることがどのようなことか」について深い意味を私に教えてくれた。

修士論文を書いて以来、私は「なぜ倫理的に行為するのか」という問いについて『実践の倫理』の最終章で書き、また倫理と利己性というテーマについては『広がりゆく環』でふれてきた。倫理と自己利益との間の結び付きにもう一度目を向けてみるとき、今の私は、他の学者たちの研究や著作に頼るばかりでなく、実践的な経験という堅固な後ろ楯に頼ることができる。なぜ誰もが道徳的に、ないし倫理的に行為すべきなのかと問われたなら、初期の論文よりも大胆で積極的な答えを出すことができる。倫理的な生き方を選び、そうして世界に影響を与えることができた人たちをあげることができる。この人たちは、そうすることによって、自分の人生に一つの意義を与えたのである——多くの人々が見つけることをあきらめていたような意義を。結果的に、彼らは、その選択をする前と比べて、自分自身の生活が一層豊かで、より達成感にあふれ、さらに心躍るものであることに気づいたのである。

一九九三年一月

ピーター・シンガー

（奥野訳）

第1章　究極の選択

アイヴァン・ボウスキーの選択

一九八五年といえば、アイヴァン・ボウスキーが「裁定取引商の王」として知られていた頃のことである。裁定取引［＝さや取り仲買］とは、会社接収のさい標的となった企業の株に対する投資の、ある専門的な形態をいう。ボウスキーは、一九八一年にデュポン社がコノコ社を買収したさいに四千万ドルの利益をあげ、一九八四年にシェブロン社がガルフ石油を買収したさいには八千万ドル、同年テキサコ社がゲッティー石油を獲得したときには一億ドルもの利益をあげた。かなりの損をしたことも何回かあったが、雑誌『フォーブズ』のアメリカ大富豪四百人のリストからボウスキーの名が消えることはなかった。彼の私的な財産は一億五千万ドルから二億ドルと推定されていた[1]。

ボウスキーはたいへんな評判を得ており、社会的な地位も相当なものであった。その評判の一部は、彼が動かす金の額によるものであった。同僚の一人によれば、「アイヴァンは、地方のどの重役でも、トイレに入っているところを呼びつけて、朝七時に彼に話をしに来させることができた[2]」。また彼は、本人に言わせればＮＡＳＡのものに似ているという入念な通信システムを使い、これに基づいて新しい「科学的な」投資法を導入したと信じられており、このことも彼の評判を支えていた。彼の特集はビジネス雑誌ばかりでなく、「ニューヨーク・タイムズ」紙の生活欄にも掲載された。彼は最高級のスーツに身を包み、ウィンストン・チャーチル風の金時計の鎖を光らせていた。そしてニューヨーク市外のウェストチェスター地方にある一九〇エーカーの敷地に、寝室が一二もあるジョージ王朝風の大邸宅を所有していた。彼は共和党員として有名で、彼のことを政治的野心を抱いていると考える人々もいた。また、アメリカン・バレエ・シアターとメトロポリタン美術館の役職にもついていた。

彼以前の裁定取引商たちとは違い、ボウスキーは自分の仕事のありのままの姿を公表しようと努め、市場の適切な機能を助ける専門家として認められようとした。一九八五年には『合弁マニア』という題で裁定取引についての本を出版した。この本の主張によれば、裁定取引は「公正で、流動的かつ効率的な市場」に貢献する。また「不当な利益は生じない。裁定取引人たちがシステムの裏をかくことのできるような秘密の仕掛けは何もない。……利益を得られる機会があるのは、冒険的な裁定取引が重要な市場機能を果たすからに他ならない」という。『合弁マニア』は以下のような感動的な献辞から始まる。

献　辞

父であり師である故ウィリアム・H・ボウスキー（一九〇〇―一九六四）の想い出

のために。父は勇気に満ちて一九一二年に祖国ロシアのエカテリノスラフの地を離れ、この国に渡ってきた。わが人生に深い影響を与えたのは、父の精神であり、人類の幸福へのその力強い献身であり、正義と慈悲と義にいたる最上の手段としての学問の尊重であった。神が与え賜うた才能を発揮することによって受けた数々の恩恵をもって、父は社会公共に報いた。父の人生こそ、その模範である。

私はこうしたことに感応し、私の専門を学ばんとするすべての人々のために本書を書く。——これらの人々が本書から刺激をうけて、自信と決断力を以てすれば夢見たとおりの自分になれると信ぜんことを願って。本書の読者がこの偉大なる国にしかありえない機会の何たるかを会得されんことを祈りつつ。(3)

この自伝の出版と同じ年、成功の頂点にあって、ボウスキーはデニス・レヴァインと協定を結び内部情報を入手するのである。レヴァインは、給料とボーナスを合わせて年に三百万ドルを稼いでいた人物であり、目覚ましい成功をおさめた米国金融会社ドレクセル・バーナム・ランベールに勤務していた。この会社は「ジャンク・ボンド［＝信用度の低い高利回り債］」市場を牛耳っていた。ジャンク・ボンドは会社接収の資金調達方法として好まれたため、大きな接収戦にはほとんどすべてドレクセル社がかかわっていた。そこで、レヴァインは、巨大資本をもつ人物の手に渡れば実質的なリスクなしに何億ドルも稼ぎ出せるような情報を内々に関知していたのである。

この状況の倫理については議論の余地はない。ボウスキーはレヴァインから得た情報に基づいて株を買った時点で、その株価が上がることを知っていた。彼に売った株主はそのことを知らないから、売らなかったら後で手にすることができたはずの金額より低い価格で株を売ったのである。ドレクセル社の顧客が企業を接収したいと思っている人であった場合、接収のもくろみが漏れたとすれば、その顧客はその企業のためにより多くの額を支払わねばならないことになる。なぜなら、ボウスキーの買い入れが株価を押し上げるからである。価格が増したことによって、標的の企業の接収が失敗することにもなるかもしれない。あるいは、接収には成功しても、より高い値で企業を買うはめになったので借金がふくれ、接収後に会社の資産がもっと多く売り払われるかもしれない。ドレクセル社は——したがってレヴァインは——顧客から信用をうけていてこそ内緒で接収計画についての情報を得ていたのである。したがって彼らが、当の情報から利益を得る可能性のある他人にインサイダー情報を漏らすことによって顧客を不利にすることは、一般に受け入れられているあらゆる職業倫理基準に明らかに反していた。ボウスキーはこれらの倫理基準に異議を唱えていたふうでもなく、自分のおかれた状況が例外として正当なものだとも思っていなかった。内部情報による取引が違法であることも、ボウスキーは知っていた。にもかかわらず彼は、一九八五年に正式にレヴァインと協定を結び、レヴァインの情報提供をうけて株を買うことによって得られた利益のうち五パーセントをレヴァインに支払うことで同意したのである。

なぜボウスキーはこのようなことをしたのだろうか。なぜ、一億五千万ドルもの資産をもち、社会的に尊敬される地位にあり、また――彼の本の献辞から明らかなように――共同社会全体に報いるような倫理的生活を少なくともうわべだけでも尊重するような人が、明らかに適法でも倫理的でもないことをして、自分の評判や富や自由を危うくしようとするのだろうか。確かに、ボウスキーはレヴァインとの協定によって多額の金をもうけられる立場にあった。後になってから証券取引委員会はボウスキーがレヴァインからの情報を利用していた数件の取引について報告することになったが、それらの取引から彼が得た利益は五千万ドルと算定された。証券取引委員会のそれまでの調査能力からみて、ボウスキーがそうした違法なインサイダー取引は見つからないし起訴もされないだろうと考えたとしても当然だった。したがって、内部情報を利用してもまずばれる心配がなく大金が手に入るだろうとボウスキーがたかをくったのも、十分に理にかなったことであった。では、彼がしたのは賢明なことだった、ということになるのだろうか。こうした状況では、賢明さというものはどこにあるのだろうか。倫理的に正当化できない仕方で資産をさらに増やすという選択をするさいに、ボウスキーは根本的に異なるいくつかの生き方の間で選択をしていたのである。この型の選択を、私は「究極の選択」と呼ぶことにしよう。倫理と私益とが対立するように思われるとき、私たちは究極の選択に直面しているのである。私たちはいったい、どのような選択をすべきなのだろうか。

日常生活で私たちが行っているほとんどの選択は、与えられた一定の枠組み、ないしは一組の価値の範囲内で行われているという意味で、制限のある選択である。私が適度に健康を保ちたいと思っているとすれば、缶ビールを片手にだらしなくソファに座ってテレビでフットボールを見ているよりも、散歩に出ることを選ぶのが賢明だろう。熱帯雨林の保護に力をかしたいと思っているなら、あなたは森林破壊に公衆の目を向けさせるための団体に加わるだろう。また別の人は、給料がよくてしかもおもしろ味のある職業につきたいと思って法律を学ぶだろう。こうした選択では、どれをとってみても根本的な価値がすでに仮定されていて、選択といってもそれは価値あるものを達成する最善の手段を選ぶ問題である。しかし、究極の選択においては、根本的な価値そのものが前面に出てくる。そこではもはや、自分自身の利益が最大になることしか欲しないという仮定をおいた枠組みの中で選択しているのではないし、倫理的にみて自分が最善と考えることをするのを当然とみなす枠組みの中で選択しているのでもない。むしろ私たちは、違う生き方の可能性の間で選択しているのである――つまり、私益優先の生き方か、倫理優先の生き方か、あるいは二つの生き方の間で何らかの取引をするか、である。（私は、倫理と私益との二つを競合する観点とみる。なぜなら、私から見て、最強の競争相手はこの二つだからである。他の可能性としては、たとえば礼儀作法の規則にそった生き方や、自分なりの美的基準に従って人生を芸術作品として扱うような生き方などが考えられる。しかし、これらの可能性は本書の主題ではない。)

究極の選択には勇気が必要である。制限のある選択においては、私たちの根本的価値が、選択にさいして拠って立つ基盤になる。究極の選択をするためには、私たちは自分の人生の基盤を問わねばならない。五〇年代、ジャン=ポール・サルトルのようなフランスの哲学者たちは、この種の選択を究極の自由の表現とみなした。自分がどうあるべきかを選ぶのは私たちの自由である。なぜなら、私たちは本質的な性質というものをもつわけではない、つまり、与えられた目的を自分自身の外側にもつわけではないからである。誰かが計画した結果として存在するようになったリンゴの木などとは違って、私たちはただ単に存在する[=実存する]のであって、その他のことは私たちしだいなのである(ここから、この思想家たちのグループには実存主義者という名称が与えられた)。このことは「私たちは道徳の無い空間の前に立っている」という意味になることもある。私たちはめまいを感じ、その状況からできるだけ速くぬけ出したいと思う。そこで、以前のとおりに行動し続けることによって、究極の選択を避けるのである。それが、最も単純で最も安全なことのように見える。しかし、それでは究極の選択を本当に避けたことにはならない。それは選択の不履行によって避けたのであって、けっして安全なものではないだろう。アイヴァン・ボウスキーがもっと金持ちになるようなことをし続けたのは、他のことをするとなると、自分の大半の人生の基盤を問うことになってしまうからであった。彼は、自分の本質的な性質は金もうけをすることにあるかのように行為した。しかしもちろんそうではなかった。彼は金もうけよりも倫理的な生き方のほうを選ぶこともできたのである。

しかし、たとえ究極の選択に直面する覚悟があるとしても、どうやってその選択をすればよいかを知るのは容易ではない。もっと制限のある選択の状況でなら、私たちは専門家の助言を得るすべを知っている。財政コンサルタントや教育カウンセラーや健康管理アドバイザーがいて、みなあなた自身の利益にとって最善のことを教えてくれる。多くの人々は、あなたに対して、何をするのが正しいだろうかということについても意見を言いたがるだろう。しかし、この場合は、誰が専門家なのだろうか。自分の車を売る機会があなたにあったとしよう。その車にはすぐにも大がかりな修理が必要であることをあなたは知っているのだが、あなたの見知らぬ買い手はお人好しで、車をきちんと点検してもらおうともしない。相手は車の外見に満足している。そうして取引がまとまりかけたとき、相手が何げなく、車に何も問題はないかときく。もしあなたが同じようにさりげなく「いえ、何もありませんでしたよ」と言えば、相手は、本当のことを知った人が買うよりも少なくとも千ドルは多く出して車を買うだろう。あなたが嘘をついていたことは、彼にはけっして証明できないだろう。彼に嘘をつくのは悪いことだという確信はあるが、余分の千ドルがあれば、あなたの生活はその後の二、三カ月はより快適になるだろう。この状況において、何があなたの最善の利益になるかについて、あなたは誰かに助言を求める必要があるとは考えない。何をするのが正しいことかも人にきく必要はない。それでも、何をすべきかについてあなたが問うことはありうるのだろうか。

もちろんありうる。車のことで嘘をつくのは悪いとわかっているならそれで問題は片づいたと言う人もいるだろうが、これは希望的な推測にすぎない。私たちが自分に正直であるならば、私益と倫理が衝突する場合に、少なくともときどきは、私益のほうを選ぶことを認めるだろう。これは単に意志が弱い場合や合理的でない場合ばかりではない。私たちはまさに、何をするのが合理的なのかを確信できずにいるのである。なぜなら、私益と倫理との衝突が非常に根本的なものである場合、理性にはそれを解決する方法がないように見えるからである。

私たちはみな究極の選択に直面する。倫理的でない手段によって金が得られる機会があった場合、その金が五〇ドルであろうと五百万ドルであろうと、同じ強さでこの選択に直面するのである。二〇世紀末の世界の状況は、たとえ私たちが倫理的でない仕方での金もうけにはまったく誘惑されないとしても、どの程度まで自分自身のために生き、どの程度まで他人のために生きるかを私たちが決断しなければならないことを示している。飢えや栄養失調の状態にある人々、住む場所がない人々、あるいは基本的な健康への配慮を受けられない人々がいる。また、これらの人々を援助する募金をつのるボランティア組織がある。事実、こうした問題はあまりにも大きすぎるので、一人の個人が与える影響力は大したものではありえない。また疑いもなく、その金の一部は政府に吸い上げられたり、盗まれたり、あるいはその他の何らかの理由によってそれを最も必要としている人々に届かなかったりするだろう。こうした避けられない問題があるとしても、先進世界の富と発展途上国の最貧層の人々の貧困との間の不均衡は非常に大きいので、あなたが出したうちのほんの一部だけでもそれを必要とする人々のもとに届くとすれば、その一部の金がその人々にもたらす変化は、全額をあなた自身の生活に使う場合と比べてはるかに大きいことだろう。「一個人として全体的な問題に影響を与えることはできない」ということはほとんど重要ではないように思われる。なぜなら、あなたは個々の家族の生活に影響を与えることができるからである。では、あなたはこれらの組織の一つに身を投じるだろうか。あなた自身、目の前で募金箱をガチャガチャ鳴らされたときに小銭を出すだけでなく、贅沢なライフスタイルでは生活できなくなるほどの大金をさし出すだろうか。

一部の消費製品は、オゾン層を破壊し、温室効果の原因となり、熱帯雨林を破壊し、河川や湖を汚染する。また別の製品は、検査するさい、濃縮したものを意識のあるウサギに点眼するという方法がとられている。これらのウサギは動けないように、中世の罪人のさらし台のような拘禁装置に一列につながれているのである。環境に有害な製品や、そのようなむごい方法で検査される製品の代わりに別の方法はあるのだ。しかしながら、別の方法を見つけようとすると時間がかかるし、面倒なことにもなりかねない。あなたはわざわざ骨折ってそんな方法を見つけようとするだろうか。

人は個人的な関係の中で絶えず倫理的選択に直面している。人々を利用して見捨てることもできるし、人々に対して誠実であり続けることもできる。自分の信ずるところを守り抜くこともできるし、グループの行動に同調して人気を得ることもできる。状況にはそれぞれ違いがあるので個人的な関係のもつ道徳性について一般論を述べるのは難しいが、ここでも、何をするのが正しいことかを知っていながら、何をすべきかについては確信がもてないことがよくあるのである。

確かに、自分が今やっていることの倫理性を考慮せずに人生を送る人々もいる。こうした人々の中には、他人に対して単に無関心な者もあれば、露骨に悪意をもつような者もいる。しかし、どんな類いの倫理に対しても徹底して無関心でいることはまれである。先頃、オーストラリアの最もたちの悪い犯罪者の一人であるマーク・〝チョッパー〟・リードは恐ろしい自伝を（獄中から）出版した。それは、殺害前に彼が敵に加えた殴打やさまざまな形態の拷問に関する、吐き気をもよおすような詳細な記述に満ちたものであった。しかしながらリードは、その暴力嗜好の全体を通じて、彼の犠牲者たちがみな何らかの点で、受けた仕打ちに値するような、犯罪者の部類に属する人々なのだということを読者に納得させたいという気持ちをありありと示しているのである。彼は、通りすがりの人に自動小銃を発射したオーストラリアの大量殺人犯――今ではリードの囚人仲間の一人であるが――に対しては侮蔑しか抱いていない、ということを読者にわかってほしいと思っているのである。[4] 倫理的な正当化を必要とする気持ちは、その正当化がどんなに弱いものであれ、驚くほど多くの人々がもっているのである。

私たちはそれぞれ自分にこう問うべきである――倫理は私の日常生活の中でどのような位置を占めているのか。この疑問について考えるにあたって、あなた自身に問うてみよう。私は、よい人生という言葉の意味を十分に考えてみて、何をもってよい人生と考えているのだろうか、と。これこそ究極の問いである。これを問うことは、次のように問うことである。私が真実すばらしいと思っているのは、どんな種類の人生なのだろうか。また、年をとって自分がいかに生きてきたかを振り返ったときに、回顧できたらいいと思うのはどんな種類の人生だろうか。「楽しかった」と言うことで十分だろうか。そもそも楽しかったと心から言うことができるのだろうか。あなたがどんな地位や身分にあろうと、あなたは、自分が――自分にできることの範囲内で――人生において何を達成したいのかを問うことができるのである。

ギュゲースの指輪

二千五百年前、西洋における哲学的思考が夜明けを迎えた頃、ソクラテスはギリシア最高の賢者だと評判になっていた。ある日、グラウコンという若い裕福なアテネ人が彼に挑戦して、「私たちはどう生きるべきか」についての問いに答えるように要求した。この挑戦は、西洋哲学史上の基本的な著作の一つであるプラトンの『国家』の主要な要素となっている。これは、究極の選択を古典的な形で述べたものでもある。

プラトンによると、グラウコンは、リディアの君主に仕えた羊飼いの話から始める。その羊飼いはある日羊の群れと一緒に外に出ていたが、そのとき嵐がおこり、地面が割れた。彼はその割れ目の中に降りていって金の指輪を見つけ、自分の指にはめた。数日後、他の何人かの羊飼いたちと一緒に座っているとき、彼は偶然に指輪をいじり、驚いたことに、ある仕方で指輪を回すと仲間の目に自分の姿が見えなくなることを発見した。このことを発見するや、彼は、羊の状態を王に報告するために羊飼いたちから遣わされる使者の一人となるよう手筈をととのえた。宮殿につくと、さっそく指輪を使って女王をたぶらかし、彼女と共に王に対する陰謀をたくらみ、王を殺し、王位を手に入れた。

グラウコンはこの物語を、倫理と人間本性に関する一般的な見解を要約したものととらえている。この物語が意味しているのは、そのような指輪を持てば誰でも倫理的基準をすっかり捨て去るだろう――そのうえ、そのようなことをしてもまったく合理的であるだろう――ということなのである。

> ……とがめられることなく市場から何でも自分の望むものを盗むことも、人の家に入って欲するところの相手と関係をもつことも、誰でも気に入った相手を殺したり牢獄から解放したりすること――要するに、人々の間を神として歩くこと――も自由にできるというときに、正義のうちにとどまって盗みを慎む強さをもち、他人のものに手をつけぬほどに道徳堅固な性質のものは誰一人としていないだろう、と考えられている。……もし、今述べたような力をもっていながら不正をすることや仲間から強奪することを拒む人がいたとすれば、その人の行いを知った人は皆、その人のことを最も惨めで愚かな奴だと思うであろう。もっとも、互いにそうした詐欺をすることになるという不正に苦しむのを恐れて、お互いの前では彼をほめるであろうけれども[5]。

次にグラウコンは、ソクラテスに対して、倫理に関するこの一般的な意見が誤りであることを証明してみよと挑戦する。正しい行為を行うことに確実な理由があること――単に捕まるのを恐れてといった理由ではなく、たとえ見つからないとわかっていたとしても当てはまるような理由があること――を私たちに納得させて下さい、と彼や討論に参加していた他の者たちはソクラテスに言う。指輪を見つけたのが賢い人であったなら、羊飼いとは違って、正しい行いをし続けるはずであることを証明してほしい、というのである。

とにかく、これがプラトンの描いた場面である。プラトンによれば、ソクラテスは、「不正義がどんな利益をもたらすように見えようとも、正しく行為する者だけが本当に幸福なのだ」ということをグラウコンやその場にいた他のアテネ人たちに納得させたとのことである。ソクラテスは、正しく行為すること、人の本性の諸要素の間で適切な調和を保つこと、幸福であること、という三つのものを結び付ける連環について説明した。それは長くて複雑な説明だった。あいにく現代では、そのような説明で納得させられるような読者はまずいない。その説明はすべてにわたってあまりに理論的、あまりに計略的であり、対話が一方的なものになっている。私たちにはソクラテスに対して言いたい明確な反論があるが、初めに挑戦をした後ではグラウコンの批判能力は失われてしまったらしく、彼はソクラテスが述べる議論の一部始終をおとなしく受け入れるのである。

アイヴァン・ボウスキーは、デニス・レヴァインから手に入れた情報の中に一種の魔法の指輪を持っていた。それは、共和制的で金持ち志向の合衆国で、彼をできる限り王に近い存在にしてくれるものであった。後でわかったように、その指輪には欠陥があった——ボウスキーは望んだときに姿を消すことができなかった。しかし、それがボウスキーの唯一の誤りであったのだろうか。その誤りだけが、彼がレヴァインの情報を手に入れて利用すべきでなかった唯一の理由だったのだろうか。ボウスキーのつかんだ機会が私たちに対してつきつけてくる挑戦は、グラウコンがソクラテスにつきつけた挑戦の現代版である。もっとよい答えを出すことが、私たちにできるだろうか。

本当はまったく答えになっていない一つの「答え」は、挑戦を無視することである。多くの人々はそうしている。これらの多くの人々は、自分の目標が何であるかを自問したこともなく、また自分が現にしていることをするのはなぜなのかを自問したこともなく、深く反省せずに生きて死んでいく。もしあなたが、今送っている自分の人生に完全に満足しており、これこそ自分が送りたい人生だとまったく確信しているのであれば、これ以上先を読む必要はない。この先の話はあなたの心を乱すだけであろう。しかしながら、ソクラテスが直面した問題をあなたも自分自身に問うのでない限り、あなたは自分がどう生きるかを選択していないのである。

「いったい何のためにこんなことをしているんだ」

今日、「私たちはどう生きるべきか」という問題は、今まで以上に強く、私たちに対決を迫っている。私たちは八〇年代を――「貪欲の一〇年」として知られるようになった年代を――通り抜けてきたが、まだ九〇年代の特徴を確認してはいない。八〇年代を定義するのに一役かったのは、ボウスキーその人である。それはカリフォルニア大学バークレー校の経営学部で卒業式の式辞を述べたときのことであった。彼は聴衆にこう語った――「貪欲大いに結構……貪欲は健康であります。貪欲でありながら、自分を立派だと感じることができるのです」(6)。大学が言論の自由の運動によってアメリカの急進思想の中心になってから二〇年、バークレーの経営学の学生たちはこの貪欲の賞賛に拍手喝采をおくった。学生たちは、大金を今すぐにでも稼ぐ期待に胸を躍らせていた。マイケル・ルイスが評判の著書『ライアーズ・ポーカー』の中で述べているが、当時は「金をもうけて消費するという、高度に予測可能な経済の歴史の中でも稀有でかつ驚くべき異常事態」が起こっていたのである。ルイスのような頭のよい債券業者たちは、二五歳にもならないのに給料とボーナスで年に百万ドル稼いでいた。「ここ一〇年、ニューヨークとロンドンでは、未熟な二五歳の若者たちが大勢、わずかな時間で大金を稼いだ。こんなことはこれまで一度だってなかった」(7)とルイスは断定したが、これは真実をついていた。しかし、それですら、もっと年上の大物――カール・アイカーン、T・ブーン・ピケンズ、ヘンリー・クラヴィスといった企業侵略家、ドナルド・トランプのような開発業者、ジャンク・ボンド金融業者のマイケル・ミルケン、ソロモン・ブラザーズ社のジョン・グートフロイントのような財界のボス――が稼いだ額と比べれば、ケシ粒のようなものにすぎなかった。

金銭志向の八〇年代、温室のような合衆国では、これらの人々は英雄として雑誌に書き立てられ、とめどもなく話の種になった。しかし最終的には、多くの人々が「そうしたことはみな、何のためなのか」という疑問を抱くようになった。ドナルド・トランプは次のように告白している。

人生最大の目標をなしとげた人で、その目標達成とほぼ同時に、寂しく虚しく、放心に近い感情を抱き始めることのない人はめったにいない。記録――この場合は新聞、雑誌、テレビのニュースのことだが――を見ればわかることであるが、エルヴィス・プレスリーからアイヴァン・ボウスキーに至るまで、成功をとげたたいへんな数の人々が自分の方向や自分の倫理を見失っている。

実際、他人の人生を見るまでもなくそれが本当だということは私にはわかる。私も他の誰にも劣らず、その落とし穴に陥りやすいのだ……(8)。

八〇年代の間に、ピーター・リンチは一日一四時間も働き、フィデリティ・マゼラン相互基金を一三〇億ドルという巨大基金にまで築き上げた。しかし、まだほとんどの経営陣がもっと上を狙っているときに、リンチは四六歳で仕事を辞めて同僚を驚かせた。なぜだろうか。彼は自分にこう問うたからである。「いったい何のためにこんなことをしているんだ。」そして、この問いに答えようとして「死の床で〈もっと多くの時間を会社で過ごせばよかった〉と願った人など一人も知らない(9)」という考えがわき起こったのである。

見解が変わりつつある徴候を示しているのは、オリヴァー・ストーンの映画『ウォール街』である。主演のマイケル・ダグラスが扮するのはいかにも意地の悪そうなゴードン・ゲッコーという財界のやり手で、そのやり方はボウスキーに似ているが、おまけにカール・アイカーンのような企業侵略家の要素までいくらか加味されている。チャーリー・シーン演ずる野心的な若手の株式仲買人バッド・フォックスは、一時は大物になれるという見込みにつられているのだが、自分の父親が機械工として働いている航空会社の乗っ取りと資産奪取の手続きを例によってゲッコーが企てると、怒って次のように問い詰めるのである。

教えてくれよ、ゴードン、いつになったらすっかりおしまいになるんだ。何艘のヨットがあれば水上スキーができるっていうのさ。どれだけあれば十分なんだよ。(10)

この問いは、哲学者たちならいつでも知っていたこと、そして八〇年代の富豪たちがあらためて再発見しつつあったことを示唆している。すなわち、富には限界がないということである。「いったい何のためにこんなことをしているんだ」という疑問を抱き始める人が多くなってきていた。彼らもリンチと同じように、経済的な、また社会的な期待によってお膳立てができているような進路をただ追い続ける代わりに、自分の残りの人生について決断を下していた。彼らは、目的のある人生を歩み始めていたのである。

にわか景気の後で景気は後退したが、このことは多くの人々に、経済が回復したときにどのような世界が現れてきてほしいかを再び考えさせる手掛かりになった。もう一度景気をふくらませてまたパーティーを開きたいと思うむきも中にはあるかもしれないが、そうした考えは多くの人々にとって、いまだに尾をひいている後遺症を思い起こさせるだけである。いずれにしても、九〇年代においては、他の国の人々がお祭り気分に耽る気になったとしても、日本という脅威の影がそれに水をさしてしまうだろう。一九九二年のジョージ・ブッシュの東京訪問は異例の出来事であった。軍事的にいえば今でも文句なく地球上の最強国の大統領が、ホンダを合衆国の自動車販売第一位にのしあげた日本の優秀な水準に対抗して合衆国の製造業者たちが生き残れるようにと、日本の首相に貿易上の譲歩を請うているのである。ブッシュの訪問は、何が日本社会をこれほどまでに団結させ、調和と秩序を保たせ、成功させたのかを西洋人たちに今一度考えさせた。日本についての大量の本が、日本人の特異性の分析を試みた。日本人は、共同でうまく生きていくすべを私たちよりもよく知っているのだろうか。日本の成功こそ、西洋が自らを疑い始めたもう一つの理由である。

歴史の終わりか、それとも非宗教的な倫理の始まりか

この時代に「私たちはどう生きるべきか」という問題がいつになく強く私たちの前に立ちはだかってきたが、この直接の理由は、短期的に見れば、八〇年代における西洋の理想の失墜である。しかしながらさらに重大で長期的な背景もあり、それがこの問いに独特の深刻さと、おそらく世界史的な重要性をも与えている。マルクスによると、共産主義は「人と自然、人と人との間の反目の本当の解決であり、個と種――(中略)――の間の葛藤の本当の解決」(11)であるはずだった。換言すれば、マルクスはグラウコンの問いに、私た

ちが社会の本質を変えない限り満足のいく答えは出てこない、と言うことで答えようとしたのである。特定の階級の利益を満たす方向へと経済生産が向けられている社会に生きている限り、個人の私益と社会全体の利益との間に衝突が起こるのは必至である。そうした状況では、魔法の指輪を使って欲しいものを取ったり望みの相手を殺したりしたとしても、羊飼いはまったく合理的に行為していることになるだろう。しかしながら、ひとたび生産手段が全員の共通の利益の中で組織化されるなら、人間の本性は固定されたものではなく社会的に条件づけられるものなのだから、それとともに人間の本性も変わるとマルクスなら言うだろう。貪欲と妬みは人間の性格の中にいつまでも染みついてはいない。共有に基づく新しい社会の市民たちは、全員の善のために働くことに自らの幸福を見いだすであろう。

多くのマルクス批評家たちにとって、これが夢にすぎないことは初めから明らかだった。しかし、東欧や旧ソヴィエト連邦における共産主義社会の崩壊とともに、マルクスの思想がもつユートピア的性格は誰の目にも明らかとなった。今日初めて私たちは、先進社会のモデルとして優勢な社会モデルがただ一つしかないような世界に生きている。個人の私益と全体の善との葛藤を、自由市場経済に代わる社会を作り出すことによって解決する、という希望は、当事者たちも認めるように失敗であった。少数の果敢な人たちだけが社会主義的理想にいまだにしがみつき、レーニンやスターリンによる歪曲を否定しながら、この理想が適切な仕方で試みられたことは一度もなかったのだと主張している。私益という個人主義的な見地だけが、まだ実行可能な唯一の立場であるように見える。

私たちがとりうる道として、自由民主主義的な自由企業モデルしかないという考えが強まったことで、世間では、合衆国の国務省政策担当にあたった前副長官フランシス・フクヤマの見解が、尊敬をもって、また見方によっては熱狂をもって迎えられた。彼の見解は大胆なものであり、見事に理論武装はしていたが、結局はもっともらしさに欠けるものであった。フクヤマは、ある方向と終わりをもつ過程というヘーゲルの歴史概念を復活させた。ヘーゲルとフクヤマによれば、歴史には終わりがある。終わりというのは、そこで完全に止まってしまうという意味よりは、むしろ最終的な目標ないしは目的地という意味である。『歴史の終わりと最後の人間』においてフクヤマが論じているところによると、この終わりは、まさに、自由主義的で民主主義的な、自由な企業形態の社会を世界的に受け入れることである。(12) しかし、自分自身を政治的に現実的だと考えている人々の心をこのモデルがしっかりととらえてしまったちょうどそのときに、人々は一つの時代の終わりに近づきつつあることに徐々に気づき始めているのである。六〇年代に新左翼が勃興し急進的イデオロギーが復活する直前にダニエル・ベルは「イデオロギーの終焉」を予言してしまったのだが、(13) 同じようにフクヤマは、自由主義的自由企業システムがまさに重大な危機に直面しようとしているときに、逆にその永久性を予言してしまったのかもしれない。

「歴史の終わり」というフクヤマのヴィジョンへの反論として、まったく異なるおもしろい見方が二つある。一つは、ビル・マッキベンの本の題名に要約されている。マッキベンによると、私たちの時代が直面しているのは、歴史の終わりではなくむしろ『自然の終焉』だという。マッキベンはニューヨーク州のアディロンダック山地に住んでおり、人類史上初めての事態として、人間の手つかずの自然界はもはや存在しないという事実を強く自覚している。[14] アディロンダック山地でも、アマゾンの熱帯雨林でも、南極を覆う氷の上でさえも、人間の文明の影響から逃れることはできない。私たちは、太陽の放射線から地球を守るオゾン層を減らし、大気中の二酸化炭素量を増加させている。こうして、植物の生長、雨の化学的な構造、雲を形成させる力にまで、部分的には人為的な作用がおよんでいる。

人類の歴史を通じて、これまでは海や大気を、私たちが出す廃棄物の広大な掃きだめとして自由に利用することができた。これを人間が永遠に続けることができるという考えがあって、全歴史の最終的な結末としてフクヤマが提案している自由民主主義的な自由企業社会もこの考えの上に築かれているのである。これに対して、今の信頼できる科学的な見解は、私たちが頭から奈落につっこんでゆく脱線列車の乗客にほかならないことを教えている。私たちが今までどおりにやっていくことは不可能である。人間が自発的に変わるか、この惑星の気候が変わってあらゆる国々を道連れにするか、二つに一つであろう。しかも、その変化は小さなものではない。二〇世紀末の自由企業社会の基礎にある、基本的な価値や倫理観も変化するだろう。おそらく、自由民主主義的な自由企業社会はこの挑戦に耐え、挑戦に対処できるよう適応してゆくだろう。しかし、もしかりにそうなるとすれば、それは相当違った形の自由民主主義的な自由企業社会になるだろうし、その社会に生きる人々は非常に違った価値や生き方を身につけなくてはならなくなるだろう。そこで、人生の倫理的な基盤の再検討を迫る圧力は、いまだかつてないような仕方で私たちにのしかかってきているのである。

歴史が終わりにきたという見解に対するもう一つの反論とみるべきおもしろい考えが、数年前にデレク・パーフィットによって提唱された。彼はオックスフォードの哲学者で、学界の外では知られていないが、倫理理論の中でも最も難しい問題のいくつかをそれまでの他の誰よりも深く考えぬいたことで仲間内では尊敬されている人物である。パーフィットは、主著『理由と人格』において四五〇ページにわたる詳細で複雑な議論を展開し、結論の部分で、倫理学に進歩はありうるか、という幅の広い問題に少しふれている。倫理学で言われるべきことはすでに言いつくされたという主張に対し、彼は、倫理学の研究はごく最近まで主として宗教の枠組みの中で行われてきたと論じる。非宗教的な人で倫理学を生涯の仕事とした人の数は驚くほど少ない（パーフィットはこれら少数の人々として、ブッダ、孔子、一八世紀のスコットランドの哲学者デイヴィッド・ヒューム、ヴィクトリア朝末期の功利主義哲学者ヘンリー・シジウィックをあげている)。多くの専門的な道徳哲学者たちが無神論者となったのは二〇世紀になってからであるが、この世紀のほとんどを通じて、「私たちは何をすべきか」という問題に哲学者が取り組むことはやらなかった。代わりに彼らは、道徳語の意味を研究し、倫理学は主観的であるか客観的であるかを論じた。したがって、多くの人々が非宗教的な倫理学を体系的に研究し始めたのはだいたい一九六〇年以降のことにすぎない。その結果、パーフィットによれば、この学問は諸学の中でも「最も若く最も進歩していない」のである。こうして、パーフィットは次のような期待をもってこの本の結末としている。

地上は少なくともあと一〇億年は住むことができるであろう。文明はほんの二、三千年前に始まったばかりである。もし私たちが人類を滅ぼさなければ、この二、三千年の年月は、文明化された人類史全体のほんの一部にすぎなくなるだろう。……神ないし多数の神々への信仰によって、道徳的な推論の自由な発展は妨げられた。神を信じないことは、大多数の人々によって公然と認められたものの、ごく最近の出来事であり、まだ完全に広まったわけではない。これは本当に最近の出来事なので、非宗教的な倫理学はまったく初期の段階にある。数学のように、皆が意見の一致に至るかどうかを私たちはまだ予言できない。私たちは倫理学がどのように発展していくかを知りえないのだから、望みを高くもつことは不合理なことではない。(15)

もしパーフィットの言うことが正しく、非宗教的な倫理思考の発達がまだ始まったばかりなのだとすれば、歴史がその最終目的地に到達したというのは明らかに早まった言い方である。宗教と倫理がほとんど同一視されていた過去を私たちはようやく今断ち切ろうとしているにすぎない。倫理の本質をよりよく理解するなら、これから先にどんな変化が待っているかを言うのは早すぎる。けれども、その変化は奥ゆきの深いものになりそうである。

宗教的でない人々は宗教についての懐疑を倫理にまで広げる傾向をもっていたため、倫理の領域を宗教的な正義の味方に譲り渡してしまった。このことが、「道徳」と称して中絶とホモセクシュアルの撲滅運動ばかりをとりざたすることを、宗教的な正義を守る人たちに許してしまった。しかし、女性の利益のほうが胎児の潜在的なものにすぎない利益に優先するとみなす人たちのほうが道徳的に揺るぎない立場に立っているし、[16] 互いに同意した大人どうしの——他人に害を与えない——性的関係に賛成する道徳的議論はそれ以上に明快である。今こそ、道徳の詐称者たちの手から、重要な道徳の基盤を取り返して再生させるときである。彼らがこの基盤を占拠したのは、進歩主義者のおかげでこの基盤に立つ者が誰もいなくなってしまったときであった。進歩主義者たちは、代わりに「あらゆる矛盾が解決される変容した社会」というマルクス主義的な夢を信奉したのであった。今日の決定的な道徳問題は、同性愛や中絶に関するものではない。その代わりに道徳家は次のように問わなければならないのである——ソマリアで人々がじわじわと飢えていくというき、豊かな世界にいる私たち全員の義務は何だろうか。ボスニアで、アゼルバイジャンで、ロサンゼルスで人々の共存を妨げている人種差別の憎しみに関して何がなされるべきなのか。人間以外の何十億もの動物たちを、味覚を楽しませるための単なるモノとして扱って飼育工場に閉じ込め続ける資格が私たちにあるだろうか。また、この地球全体を支える生態系を守るために、私たちの行動をどのように変えることができるだろうか。

もっと啓発されたキリスト教徒である読者は、教会が性にこだわりすぎたのは誤りであったことを今では自ら認識している。カンタベリー大主教のジョージ・ケアリー師は、教会が、「他の罪より性的な罪のほうが〈もっと重要〉であるという考えにとらわれた」という点で有罪であったことを認め、その代わりに世界的な貧困といった地球全体の問題をもっと考えるべきであると言っている。このように言うとき、大主教は、応用倫理をやっている哲学者たちが七〇年代から言い続けてきたことを遅まきながら説いていたのである。(17) 倫理は、保守的なキリスト教の性にとらわれた道徳とは必然的な関係はない。ひとたびこのことが一般に理解されたなら、人道的かつ建設的な倫理が、私たちの社会的、政治的、エコロジー的な生活を一新するための基礎となりうるだろう。

今日優勢になっている政治経済モデルは、市民が（主として物質的な富として理解されている）自分自身の利益の追求を人生の主要な目標とすることを容認しているし、事実奨励している。この主流の考えが賢明なものであるかどうかについて私たちが反省することは、集団としても個人としてもめったにない。この主流の考えは私たちすべてに対して最善の人生を本当に提供しているだろうか。私たちは一人一人、どう生きるかを決めるさい、富こそがめざすものであると考えるべきなのだろうか。そのような決定において、倫理の占める場所はどこにあるのだろうか。「過去のユートピア的理想の失敗は、価値が人生の中心的な役割を果たすべきではないことを意味する」と思い込む誤りを犯してはいけない。倫理学の発展にこそ、世界史における新しい、より希望に満ちた転換の可能性がある。この点で私はパーフィットと見解を共にしている。しかし、それは単に倫理学の理論の発展だけではなく、倫理的な実践の発展でもなければならない。

変革のためには新たな力が必要である。人生における倫理の役割についての見方を変えることは、個人の人生を変えはしても、より広い社会や政治の世界には手をつけないままにしてしまうように見えるかもしれない。そのように見えるとすれば、それは誤解である。九〇年代の初めに明らかになったことであるが、自由市場の支持者による貪欲の奨励は、経済の繁栄をもたらすという狭義の経済目標すら達成できなかった。より広い社会や環境の面からいっても、このやり方は惨憺たる失敗であった。いまや、これに代わる唯一の道を試してみるときである。十分な数の個人が私益という狭い物質主義的な考えを拒否するならば、互いの信頼をとりもどし、より大きい、より重要な目標に向けて一緒に働くことができるかもしれない。そうすれば政治家たちも、有権者たちに対してより豊かな物質的繁栄を約束するよりはもっとましな政策がとれるようになるだろう。（ニュージーランドでは一〇年もの間、所得税率を引き下げて政府の支出を削減することが主要政党の一致した政策だったが、最近できた連立政党は当選したら税を引き上げると約束した――国のヘルスケア、社会保障、教育に関するよい制度には税金を払う価値があるという根拠からである。世論調査によれば、その連立政党は健闘しており、主要政党に脅威を与えるまでになった。）

よりよい生き方が私たちの前に開かれている――よいことの基準として所得増進をおしすすめた消費社会のおかげで主流となった「よい」の意味とは別の、「よい」の語のあらゆる意味でのよりよい生き方である。よい生き方に関して主流となったこの概念をひとたび捨て去るならば、地球の生態系の保護や世界規模の正義に関する問題を再び表舞台に引き出すことができる。そうしてこそ、貧困、犯罪、地球資源の短期的破壊の根本にある原因を扱おうという意志をよみがえらせる望みが出てくる。倫理学に基づく政治は、言葉のもとの意味においてラディカル［＝根本的］でありうる。すなわち、物事を根元から変えることができる。

倫理と私益

しかし、もっと個人的な観点からすれば、倫理とは依然として疑わしいものであるように思われる。倫理的に生きることは、難しい仕事であり、気詰まりで、自己犠牲的で、概して報われないだろう、と考えられている。倫理は私益と対立するものと見られている。つまり、インサイダー取引で大金を得る者は、倫理を無視してはいるが、(捕まらない限り)私益の追求には成功しているとみなされるのである。私たち自身、他よりもうかる仕事につくことができるなら、かりにまったく役に立たないような、あるいは実際に人々を病気にするような商品を製造したり売り込んだりするのに手を貸すことになるとしても、同じことをする。その一方で、その仕事の性質に対して倫理的な「気のとがめ」を感じたために昇進の機会を逸する者や、立派な運動のために財産を寄付する者は、倫理の命令に従ったばかりに自分自身の利益を犠牲にしているのだと考えられている。さらに悪いことに、そういう人たちは、何にもならない寛大ぶりにつけこまれていることも知らないで、もてたはずの楽しみをすべてふいにしたおめでたい人と思われているかもしれないのである。

私益と倫理に関する現在のこうした正統的見解によれば、倫理は何か私たちの外側にあるもの、自分自身の利益に敵対的ですらあるもののように描かれている。人は自分自身の姿を、私益を推し進める衝動と、他人にとがめられたり罰せられたりするようなことをして捕まりはしないかという恐怖との間で絶えず引き裂かれているものとして描いている。このように描写される倫理像や人間像は、私たちの文化において強い勢力をもつ多くの考え方の中ですでに確立したものとなっている。この倫理像は次のような伝統的な、宗教的な考えに見いだされる。それは、よい行動は報われ悪い行動は罰せられることが約束されているが、この賞罰は別の世界に設定されていて、したがってこの世の人生の外にある、というのである。また、この人間像は、人間は天と地との中間におかれていて、天使のものである精神界を分けもっていながら、この動物界の中で獣的な本性をもつ身体に閉じ込められている、という考えにも見いだされる。ドイツの哲学者イマヌエル・カントも「私たちが道徳的存在であるのは、理性能力を使うことによって知覚する普遍的な理性の命令に、自己の自然的な肉体の欲求を従わせるときだけである」という人間像を描いたとき、同じ考えをとっていたのである。この考えと、フロイトの人生像との間の関連は容易に見てとれる。フロイトの描く人間は、イドと超自我とのあいだの葛藤によって分裂しているのである。

倫理と私益の間の葛藤という同じ仮定が多くの現代経済学の根底にもみられる。この仮定は、人間本性に応用された社会生物学の通俗的な読み物を通して広まった。ロバート・J・リンガーの『ナンバー・ワンをめざして』は、かつて「ニューヨーク・タイムズ」紙の年間ベストセラー・リストに載り、今でも安定した売れ行きを見せているが、この種の本は何百万もの読者に対して、他人の幸福を自分自身の幸福より優先させることは「自然の法則に逆らっている」と教えている(18)。テレビでは、番組でもコマーシャルでも、倫理的内容を欠く物質主義的な成功者像が映っている。トッド・ギトリンはアメリカのテレビについて研究した『ゴールデンアワーの内側』の中でこう書いている。

ゴールデンアワーには個人的な野心に心を奪われた人々が出てくる。これらの人物は、敗者になってしまう恐怖心と野心とに完全に心がとらわれているとは言わないまでも、野心も恐怖心も当然のものと思っている。中産階級が揃える消費財に囲まれていなくとも、彼らの存在そのものが魅惑的な欲望の権化である。彼らが望んでやまない幸福は私的なものであって公的なものではない。彼らは社会全体に対する要求をほとんどもたないし、困ったときでも現行の制度の秩序に満足しているように見える。個人的な野心と消費活動こそ彼らの人生の原動力である。たいていのシリーズに出てくる豪華できらびやかな舞台装置は、消費中心型のよき人生の宣伝広告になっている。

しかしこれでもまだ、ひっきりなしに出てくるコマーシャルのことを考えて言っているわけではない。コマーシャルの伝える考え方ときたら、自由、快楽、達成、地位を求める人間の念願は消費の領分でこそ実現できるといわんばかりなのである。⑲

テレビが伝えるこうしたメッセージは強く心をとらえるが、何かが間違っている。「人生は無意味だ」という主張を実存主義者たちは衝撃的な発見として扱ったが、今日ではこの主張を彼らから聞くことはもうなくなった。退屈しきった若者たちから聞くことはあるが、彼らにとってはそれはわかりきったことである。おそらくここで非難されるべきなのは、私益を中心におく考え方であり、自分自身の利益に対する考え方である。私益の追求は、標準的な見方では、自分自身の快楽や個人的満足という以上の意味をもたない生き方である。こうした生き方が自滅的な企てにすぎないことはよくあることである。古代人は「快楽主義のパラドックス」を知っていた。このパラドックスによると、人が自分の快楽への欲求を表だって追求すればするほど、ますます欲求充足が得られなくなるというのである。人間本性が劇的に変化したからこの古代の知恵は当てはまらなくなった、と信じる理由はない。

問題は古代からあるが、これを問う現代人が古代の答えに制限されるわけではない。倫理学の研究には医学や遺伝学ほどの目覚ましい進歩がないかもしれないが、この一世紀の間に多くのことが研究されている。哲学の進歩だけでなく、科学の進歩も倫理学の理解に貢献した。進化論は利他主義の限界に関する古代の問題に答えるのに役に立っている。「合理的な選択理論」――すなわち、不確実性を伴う複雑な状況の中で合理的に選択するとはどういうことかについての理論――は、古代の思想家たちが論じなかった「囚人のジレンマ」と呼ばれる問題をひときわめだつものにしている。この問題についての現代の論議から次のことが言えるようである。二人またはそれ以上の人々が別々に各自の利益を追求しているときには、きわめて合理的に、熟慮しながら、かつ手に入る限りの情報をもって行為していても、もっと合理的でもなく利益も求めないで行動した場合と比べて、結局が、人間本性は双方とも不利になることがある、というのである。この問題を探究すると、人間本性がどのようにして偏狭な私益以上のことをできるように進化してきたのかがわかってくる。現代のフェミニストの思想が私たちに反省を迫っているのも、倫理についての以前の考えは世界についての男性的な見方によって支配されてきたために限られていたのではないだろうか、という点である。同じことは私益の概念についても言えるかもしれない。囚人のジレンマ、快楽主義のパラドックス、倫理的思考にみられるフェミニズムの影響は、より広い新しい私益概念を発展させるために、本書の後のほうでまとめて論じる話題の一部である。

ここで、倫理に戻って私たちの倫理像を仕上げることにする。本書で描く倫理的な生き方とは、もっと広い他の目標に自分自身が同一化することによって、人生に意味を与える生き方である。「倫理的な生き方は啓発された私益を追う生き方と同じものである」という古代人の見解がある。この見解は、そのような調和などまるで信じない皮肉な人々によって今ではよく嘲笑されることがある。倫理的理想主義に対する皮肉な見方は、最近の歴史に対する反応としてはもっともなものである——たとえばマルクスや彼の信奉者たちが抱いてきた理想主義的な目標は、ロシアの共産主義指導者たちによって歪められ、まずスターリン主義の恐怖に、ついでブレジネフ時代の頽廃しきった独裁制に至ったが、こうした悲劇的な歩みに対する反応がそうである。そのような例を前にすれば、よりよい世界への希望よりも皮肉な見方のほうがはやっても不思議ではない。しかしながら、私たちは歴史から学ぶこともできるかもしれない。前述の古代人の見解は、「倫理的によい生き方は当人自身にとってもよい生き方である」ということであった。この古い見解を受け入れる理由が広く理解されるべきである――このことはかつてないほど緊急なことである。そのためには、長い間西洋社会の主流となってきた私益についての見解を問い直さねばならない。そのうえで、もしこの見解に代わる有効な見解があるならば、究極の選択はついに合理的な解決を見いだしたことになるだろう。

（奥野訳）

第2章 「そのどこが私のためになるんだ」

私益についての西洋での標準的な考え方のために、現代では、一つどころか二つの違う種類の危機を招くことになった。その第一の危機としてこの章であらましを述べるのは、西洋社会全体の危機である。この危機の縮図は、アメリカ合衆国における近年の発展に見られる。第二の危機は、すべての生命が拠って立つこの地球の生物圏を脅かす危機である。これは次の章で扱うことにする。これら二つの危機が合わさると、私たちが現在抱いている私益の概念にとって皮肉なことになる。これは、否応なしに認めざるをえない、しかも悲劇を秘めた皮肉である。すなわち、私たちが自分の利益を物質的な面でばかり考え続けるならば、各人の私益の追求がもたらす集合的な影響力によって、そうした利益を推し進める試みはみな確実に水泡に帰すことになる、ということである。

失敗に向かいつつある社会実験

アメリカこそ、個人の私益に基づく社会がどういう方向に進んでいくかを示す標識であるといえよう。アメリカ社会が発展していく中で、個人にとてつもないほどの自由が与えられた時代があった。当時、自由の女神像はまさに、この社会が他の諸国に言わんとしていることを端的に物語っていた。しかし九〇年代の初めになると、ロサンゼルス暴動の火炎から立ちのぼる煙がアメリカの象徴となってしまった。

アメリカにおける犯罪は、諸個人が自己の利益だけを追求している社会が進んでいく方向を最も鮮明に示している。一九九〇年に行われたニューヨーク市の住民調査ではこんな質問がなされた。「どのくらいひんぱんに犯罪を心配することがありますか。」「めったにない、あるいはまったくない」と答えられたのはたったの一三パーセントであった。ゆうに六〇パーセントの人々は、常に、ないしはひんぱんに犯罪を心配すると言った。これは何ら不思議なことではない。この年、人々は新聞を開くたびに、二二歳のブライアン・ワトキンスがマンハッタン中央地区の地下鉄のプラットホームで刺殺されたといった犯罪事件の記事を目にしていた。ワトキンスは、三人の男性を含む家族の人たちと一緒にディナーに向かう途中、八人の非行少年グループに襲われたのである。「タイム」誌によると、そのグループは「ローズランドという近くのダンスホールで一晩浮かれ騒ぐ」資金がほしかったとのことであった。[1] しかし、ニューヨークではそういった利己的で無情な殺害事件は定期的に発生する。いまや銃は、合衆国の十代の若者たちの死因の主たるものである。一九九二年三月に「ニューヨーク・タイムズ」紙が報じたところによると、この年度の上半期に市内の学校の内部および周辺部で五六件の発砲事件があり、生徒一六人と親二人、警察官一人が撃たれ、子どものうち六人が死んだとのことである。ニューヨークの二一もの高校では、学校に来る生徒が武器をもっていないかどうか金属探知器を用いて検査していた。(2)

ニューヨークは特別な例ではない。ニューヨークの殺人発生率はその他の八つのアメリカの都市よりも低いのである。アメリカのほとんどどの大都市でも、犯罪の可能性が日常生活を毒している。私はオーストラリアで育ちオックスフォードで四年間過ごした後、一九七三年に、ニューヨーク大学の哲学科で客員職につくためにニューヨークにやってきた。ワシントン・スクエアに面した大学の本館の正門をくぐると、衝撃的な光景が私の目に入った。大学の警備員たちが腰に銃をぶらさげていたのだ。その年の暮れ頃には、私も大学構内の凶器の存在を当たり前と思うようになっていた。時間帯の遅い授業で教えた後でブリーカー通りの自分のアパートに帰るときには、ワシントン・スクエア・パークをつっきらずに遠回りすることを覚えた。暗くなった後で都心から離れた地区にいた場合には、西四番街の地下鉄の駅を経由して引き返してからグリニッジ・ビレッジの賑やかな通りを歩いたほうが、レキシントン通りの経路を利用するよりもよいことを知った。レキシントンの経路のほうが家の近くまで行けるのだが、ビレッジの東にありすぎて安全とはいえない区域に入るからであった。今では、そういう「立ち入り危険」区域の地図が、アメリカのすべての都市生活者の間で教育の一部として教えられている。地元の公園を夕方にぶらつくような自然なことが、界隈によっては危険なこと、もしくは狂気の沙汰としか言いようのないこととなった。下のほうの階にある窓では、人は柵越しに外を眺める――牢獄はその外側にあるのだ。金に余裕のある人は、二四時間態勢の警備員が、誰が出入りしたのかを管理するアパートに住んでいる。子どもたちは「強盗用のお金」を携帯しておくようにしつけられる。なぜなら、強盗は何も手に入らないと余計にたちが悪くなりがちだからである。「タイム」誌はこう報じている。「市内でも特に無法者の多い界隈の一部では、保育園の先生たちが、かろうじて喋れる程度の年齢の子どもたちに、銃撃の音を聞いたら床に伏すように訓練している。(3)」

ロサンゼルスではこの地域特有の覆面殺人がある。それは、高速道路での発砲である。一九八七年を皮切りに、個人ないしグループで、高速道路の橋の上に駐車して下を通り過ぎる車に発砲する事件が起こった。道路を走りながら手当たりしだいに車を撃つ者もあった。ロサンゼルス警察からは次のようなメッセージが出された。「並んで走る車のドライバーの目をのぞき込まないで下さい。(4)」

比較的脅威の少ない犯罪はほとんど無視されているが、そういう犯罪も一つのメッセージを伝えるものである。毎日、一五万五千人もの地下鉄の乗客が無賃乗車をしている。運賃のごまかしによって、少なくとも年に六千五百万ドルが市の負担となっている。それだけの金があれば公共輸送の改善に使えたはずである。(5) この運賃のごまかしも、「公益事業から恩恵を得る者は、事業を支えるために貢献するべきだ」という考えに対する軽蔑を公然と示す例といえる。しかし、見つからずにすむのなら、なぜ無賃乗車をしてはいけないのだろうか。他人もみなやっているではないか。だったら、あなただけ違うふうに行動するのは愚かなことではないだろうか。八〇年代半ばのアメリカ人の価値について研究した『心の習慣』という本は大きな影響をおよぼしたが、この本の中でインタヴューをうけた一人のアメリカ人はそれを次のように言い表している。

誰もがトップにたって自分の思いどおりにしたいんです。人との関係で決まるようなもので……つまり私が言いたいのは、自分だけが苦しむのはいやだということです。私一人だけがおめでたい人になるのは御免です。自分のやるべきことをしない人たちのカモにはされたくないのです。⑥

今日の合衆国では、社会機構は腐敗の一途をたどり、もう引き返せないところまで来てしまったのではないかと恐れてもおかしくないほどになってしまった。問題は、自分一人だけがおめでたい人になるのは御免だという態度をとり始めた人々は新しい出会いがあるたびに人を疑いながら接しがちになるということである。そして、この態度をとる人が増えれば増えるほど、公共の利益［＝共通の善］にむけて協調的な努力をするのが難しくなるのである（これについては第7章で詳しく述べる）。今日の合衆国のように、人口が多く、自己本位で、たくさんの凶器で武装した社会の腐敗をくい止めた先例は一つもない。したがって、変革に努力している人も誰一人として、社会的な無秩序へと向かう当今の流れを逆転できるという確信をもつことはできない。とはいえ、無秩序へと向かう道は考えるだに恐ろしいものなので、成功の望みがある以上、くい止める努力をしてみようとしないのはどうかしていると言わざるをえない。

社会の指導者たち自身が、他人はふところを豊かにしているのに自分は公共のために働くようなおめでたい人になりはしないだろうか、ということを確認するのにやっきになっている間は、状況は救われない。一九九一年には、何十名もの合衆国議会の議員が下院銀行からの預金の引き出しを超過していたことが明らかになった。そうした議員の中には、議長や下院の民主党指導者や下院の共和党幹事も含まれていた。引き出し超過額がかなりの高額にのぼる者も多く、しかも利子も罰則もまったく課されていなかった。この無利子の金のコストは納税者が負担していたのである。ある世論調査が示したところによると、アメリカ人の成人のうち八三パーセントが、国会議員たちが預金の引き出しを超過したのは過失ではなく「見つかっても無事にすむことを知っていたから」だと考えている、とのことであった。(7)

合衆国議会でのこの発覚事件はひと騒ぎとなったが、それでもアリゾナ州での調査で発覚した州議員の行状と比べればこの事件などおとなしいほうだった。警察の機密ビデオテープからの筆記記録をみると、人生と倫理に対する態度について驚くほど遠慮なくものを言う議員たちの様子が示されている。キャロリン・ウォーカー上院議員はこう説明した。「私はよい人生を望んでいるの。そしてよい人生を送ることができてもっとお金を持てる立場につこうとしているのよ。」彼女は、二万五千ドルの賄賂を受け取るために手を伸ばしながらこう付け加えた。「私たちの中で買収されない人なんていないわ。」ボビー・レイモンド州代議士はさらに無遠慮だった。「世の中の問題なんか構うものか。〈そのどこが私のためになるんだ〉というのが私のお気に入りの台詞だよ。(8)」

この他にも、自分のために得られるものばかりを気にかけているらしい人々がいる。多くのアメリカの大会社の重役もそれに含まれる。彼らは、自分の会社が資産を失って職員を解雇しているというときに、自分自身の給料は大幅に増額させていたのである。たとえば、一九九〇年にはITT社の株価が一八パーセント下落したのに、ITTの会長で社長兼重役であるランド・アラスコグはこの年一〇三パーセントもの昇給を受け取っていて、年収一千百万ドルにも達している。「GQ」誌の記者であるジョゼフ・ノセラは、アラスコグの給料に関する質問に彼がどう答えるのか聞こうとしてITTの年次会に足を運んだ。ノセラによれば、アラスコグは「この種の金をつかめる立場にある限りは、その金をもらうつもりだと言っているように見えた。そして、他人がそれをどう考えようと大して気にしていなかった(9)」。こうした態度は会社組織という気風の中ではよく見られることに違いない。IBMの株主たちは一九九〇年までの六年間にわたって複利計算で年間一パーセント以下の収益しか得られなかったが、ＩＢＭの社長であるジョン・エーカーズの給料は同じ期間に四百パーセントも上昇し、一九九〇年には八百万ドルにまでなっている。この額でさえ、タイム＝ワーナー社の共同の重役であるスティーヴン・ロスとＮ・Ｊ・ニコラスの所得と比べれば少なく見える。一九九〇年の彼らの手取りは二人あわせて総額九九六〇万ドルである。それはタイム＝ワーナー社が赤字を計上した年だった。合衆国の重役たちの給料は、アメリカの平均的な労働者の給料の少なくとも八五倍である——これは一九七五年の三五対一という平均比率よりも上であるが、この一九七五年の比率だけでも同じ年の日本（一六対一）やドイツ（二二対一）の上役たちの比率より高かったのである。最近のいくつかの試算によれば、合衆国における比率はいまだに重役たちのほうにずっと有利になる傾向にあり、労働者賃金の一六〇倍にもなっていると指摘されている。[10]

労働組合の指導者というものは本来は会社役員の反対者なのだろうが、彼らもその敵である会社役員を見習いかねないことは明らかである。ニューヨーク・ビル・サービス組合の会長ガス・ビヴォナは、組合員の大半が二万五千ドル以下の給料であったというのに、一九八九年には四一万二千ドルを受けとっていた。[11] 一九九二年二月には、ニューヨーク市から市の職員が一時解雇される一方で、市の職員組合は予算の会合をバハマで開催することにして、リゾート・ホテルに百室以上の部屋と贅沢なスイートルームとを予約し、会合に出席する組合役員のための費用の全額を負担したのである。[12]

大学までも貪欲になっていった。一九九一年にジョン・ディンゲル率いる国会分科委員会の調査が明らかにしたところによると、スタンフォード大学、ハーヴァード大学、MIT［マサチューセッツ工科大学］、ラトガース大学その他の多くの大学が、連邦政府の研究基金に対して──したがって納税者に対して──研究とは何の関係もない物資に相当する何百万ドルもの代価を要求していた。ディンゲルは次のように問うた。「果樹の木材でできた整理ダンスや、学長夫人のためのおかかえ運転手や、すでに死亡した大学職員のための住宅や、レイク・タホーにある別荘や、学長の自宅用の花々がどうして科学の支えとなるのか教えていただきたい。」誰もディンゲルの質問に答えなかった。さらに調査すると、ハーヴァード大学の医学部では、退官する学部長の送別会のために「研究費用」として連邦政府に千八百ドルを要求していたことがわかった。ダラスにあるテキサス大学医学センターでは、彫刻の施されたワイン用デカンター一〇個のために二〇九五ドルの公債を費やしていた。セントルイスのワシントン大学では、個人の寄付によってすでに支払いずみの彫像の代金を請求していた。またピッツバーグ大学は、学長夫人のアイルランドとフロリダへの旅行の費用を受け取っていた。⒀

レーガン＝ブッシュ時代は、倫理と正義に対する冷笑がまさしく頂点に達したことを決定的に証明して幕を閉じた。任期終了まであと一カ月もないというときになって、ブッシュ大統領は、レーガン政権時代にイラン・コントラ事件に加担した六人の役人に対して特赦を認めた。特赦を受けたこれらの人々の中には、前国防長官キャスパー・ワインバーガーも含まれていた。特赦によって、ブッシュ自身も救われた。裁判で証人として呼び出されずにすむことになったからである。これらのことはまた、大統領が、正義が行われることよりも、また正義が見届けられることよりも自分自身の利益を優先させたことを証明したのだった。(14)

頂点をきわめた貪欲さは、公共の利益という感覚をすっかり失いつつあると見られる社会の一つの側面である。もう一つの側面は、アメリカのどの都市でも容易に見ることができる。ある日の早朝、私はワシントンDCで、地下鉄の通気溝の鉄格子の上に段ボール紙を敷いて横たわっている人々の一団に出くわした。彼らは下から吹き上げる風で体を暖めようとしているのだった。木々の向こうには、見慣れたホワイトハウスの形が見えた。ホームレスの人々と、アメリカ合衆国の大統領とは隣人だった。それは政治的な抗議ではなく、単なる寝場所であった。ホームレスはもうアメリカの生活の一部となっている。また社会支援事業がはるかに進んでいるイギリスのような国々でも増加している。イタリア人の写真家レティツィア・バッタリアは『アメリカの生活の一日』という本でホームレスの人々を撮っているが、その後次のように語っている。「私はあれほど悲しい感じを味わったことはなかった。上を見上げればマンハッタンの超高層ビルがそびえ立ち、そして下には自暴自棄な人たちがいた。パレルモでも、あれほどの惨めさを目にしたことはない。(15)」

乞食にしても、かつてはアメリカ人がインド旅行から帰る途中の話の種になるようなものであった。今では、街角の乞食から、親しげに、あるいはケンカを売るような調子で、声をかけられずにニューヨーク通りを歩くのは難しいくらいである。ホームレスや乞食の人々の数が激増したことには多くの原因がある――家賃の値上がり、失業、ドラッグやアルコールの乱用、家族を支援するネットワークの衰退、レーガン政権による無情な生活保護法の変更と住宅のための資金提供の削減などがそうである。しかし、社会システムの本質に興味をもつのであれば、ホームレスの原因よりも、その受け止められ方のほうが私たちに多くを物語ってくれる。レーガン時代に路上生活者の数が激増し始めたとき、初めは衝撃的な反応をもってむかえられ、何らかの対策を講じなければならないという要求がなされた。しかし、その衝撃はじきに消え失せた。「タイム」誌が述べているように、「何年間も、鉄道の駅の構内で人の身体を飛び越えて走ったり、路上の物乞いから押し売りをされたりしているうちに、多くの都市生活者のかつての哀れみは軽蔑に変わり、もはや苦しみを目にしても痛みを感じなくなっている[16]」。

目に見えて増えたホームレスの存在は、今ではアメリカの生活の別の一面であるにすぎない。何とかしようという多くの局地的な動きはあったものの、この問題に取り組もうという大規模な国家的努力はまったくなされていない。連邦政府が住宅供給のために費やした金額は、ホームレスがはるかに少なかったカーター政権が終わる頃の年間三二〇億ドルと比べ、レーガン時代の終わりには年八〇億ドルになっていた。しかし、この時代の間に所得税率は低下していった。レーガン時代の終わりには、社会で最も富裕な人々——年に二〇万ドル以上の被課税所得を稼いでいる人々——でも、連邦所得税の税率はたった二四パーセントであった。一九七九年の比率で課税されていたとすれば、余分に八二〇億ドルの税収があったはずである——これは住宅の予算の削減で浮く額よりもはるかに多い。貧民とホームレスを救うよりも大金持ちの税率を削減することのほうを選好する社会は、共同体という言葉の真の意味では、共同体ではなくなってしまっている。

共同体の喪失

個人の視野が狭くなった主な要因は共同体の意味が薄れたことである。この原因は、他の場所から引っ越して来てはたいがい二、三年のうちに別の土地に再び移転していくアメリカ人が非常に多くなったことにある。経済効率という名で、会社は経営スタッフを会社の都合であちこちに移転させる。そして、移転の誘いを断ると自分の出世を真剣に考えていないとみなされるという危険を冒すことになるのである。『心の習慣』の著者たちは、彼らのインタヴューをうけた人々が両親からの恩恵を忘れてしまったように見えることが多く、また同じように成人した自分の子どもとつながりを保つことにも落ち着かない感じを抱いていることに気づいた。この著者たちの指摘によると、日本人にとって「家庭を出る［＝出家する］」という言葉は、修行生活に入って俗世間のすべてのしがらみを断つというめったにない出来事にしか使われないのに対し、アメリカ人にとって家庭を出ることは誰でも予期している事柄であって、子ども時代はその準備期間と見られている。これはアメリカ社会の昔からの傾向のようである。というのも、このことについてはすでにトクヴィルが気づいていて、次のように書いているのである。アメリカの文化遺産は「人々に自分の先祖を忘れさせ……彼らが子孫に向けるまなざしを遮り、同時代の人から彼らを孤立させる[17]」。

フランシス・フィッツジェラルドはサンシティーというフロリダの退職者たちの共同体の住民を取材したが、そこでわかったのは、子どもに頼るなどは弱いことだと彼らが考えていることだった。サンシティーの住人の一人が言うには、子どもと一緒に暮らすことは彼らには向かないのだった。――「他の人々――黒人やキューバ人――はみな一緒に暮らしているけれど、私たちはそうする必要のないところまできているのです」。もう一人は、北部の州で子どもたちのそばに住むことの利点を、フロリダでの自分たちの生活と比較して「五カ月もの好天候の日々を、三日間――感謝祭、クリスマス、イースター――のために犠牲にしたいかね」と語り、アメリカ社会では退職者居住地の内でも外でも家族の絆が重要でなくなってきていることの証拠を次々にあげるのだった[18]。

比較文化人類学の先駆者で、ニューヨーク州立大学バッファロー校の教職にあったラウル・ナロールは、世界中のさまざまな社会を比較した注目すべき著作の中で、彼の言う「道徳網」——すなわち、人々を結び付け、各個人の行動に対して倫理的な基礎となる環境を提供する、家族や共同体の結合——の重要性を強調している。道徳網は各個人が倫理的な選択をするさいの支えとなり、その道徳網が正しいとみなすものを彼らが容易に選べるようにしてくれる。ナロールによると、強固な道徳網は、深い社会的結び付きや、共同体の成員の間の感情の温かさや、不運な目にあった人々に対する社会的経済的な支援あるいは「保障」、そして社会を結束させるさまざまな共通の象徴物、儀式、伝統、神話、イデオロギーによって築かれる。獲得欲に満ちた私益だけで結び付いた、孤立した諸個人の連合では、強固な道徳網を築けそうにない。もちろん、強固な道徳網をもつ社会も——特にその網の外にいる人々に対して——あらゆる種類のはなはだしく非倫理的な行為を行ってしまうことはありうる。したがって、強固な道徳網があるというだけではよい社会であることを保証するには十分でない。それでも、道徳網が弱ければ、犯罪がより多くなり、ドラッグやアルコールの乱用、自殺、家庭内暴力や精神の病が生じるとナロールは論じる(19)。恐ろしい考えだが、道徳網が弱くなりすぎて倫理的な生活を支えられなくなってしまった最初の大社会を、私たちは今日の合衆国に見ているのかもしれない。

一八八七年、ドイツの社会学者フェルディナント・テニエスは『ゲマインシャフトとゲゼルシャフト』という著作を出版し、その中で社会の概念を二つに区別した。ゲマインシャフト——ふつう英語では「コミュニティー」〔=「共同体」〕と訳される語——とは、強い共同体意識によって結ばれた伝統的な集団である。これは、各成員がより大きな全体に一体化しており、この全体を離れて意味のある生活を送ることは彼らにはほとんど考えられないという意味で、有機的な共同体である。他方、ゲゼルシャフトというのは諸個人の連合である。この社会の人々は、自分たちを、この連合の外でも容易に生きていける独立した存在とみなしている。それゆえ、社会は、人間の創造物、おそらくはある種の社会契約の結果としてできたものと考えられており、個人は自分で判断して参加するか出ていくかを選択してよいのである。

テニエスの「共同体」と「連合」との区別は、部分的には、ドイツ最大の哲学者の一人ゲオルク・ヴィルヘルム・フリードリッヒ・ヘーゲルの著作に由来するものである。ヘーゲルの考えでは、古代ギリシアの人々は共同体の利益と切り離された利益を自分がもつとは思っていなかった。彼らには、自分自身の利益については、成功した共同体の成員であることの利益の一部としてしか考えられなかったのである。こういう共同体的な私益の概念が存在していたのは、ヘーゲルによれば、ギリシア人たちがまだ個人的な自由や個人的な自己意識の可能性に気づいていなかったからである。ヘーゲルの見解では、ソクラテスこそ、アテナイ人たちがそれまで当然とみなしてきたことについて批判的に考えるようにさせた中心人物であった。このため、ソクラテスが保守派の人々から危険な破壊活動家とみなされたのも当然のことであった。ひとたびソクラテス的な問いが提起されると、この問いは古代ギリシア社会で受け入れられていた枠組みの中では答えられなかったのである。ソクラテスは、慣習に基づく社会を必然的に破壊する自己意識的な思想を示す精神を代表する人であった。西洋史の流れはこの時点で慣習的な社会を離れ、個人としての自己をもっと反省し意識する方向へと向かった。この動きは、宗教改革と市場経済の増大をへて完全に実を結んだ。しかし、この動きは、ヘーゲルの哲学では、本書の関心事である次のような問題をもたらした。慣習や共同体という絆がないなら、個人はどういう理由をもって倫理的に行為するのだろうか。

この問いに対する、最初の、そしてある意味では今でも最も印象的な答えは、トマス・ホッブズのものである。ホッブズは、一六五一年に彼の最大の著作『リヴァイアサン』を出版した。それは、ピューリタン革命が起こり、王権神授説を唱えて統治を行っていたスチュアート王朝が倒れた直後であった。伝統的権威の崩壊を省みて、ホッブズが議論の初めに仮定したのは、すべての人類はある一つの基本的な欲求をもつというものであった。それは、「権力から次の権力へと、死に至るまで止むことのない、不断不休の権力への欲求」である。(20) このために、人類の自然状態においては、人間はみな戦争状態の中で生きることになる。「そこでは万人が万人にとっての敵であり……そして人の生活は孤独で、貧しく、汚らしく、野卑で、しかも短い。」[21] このことはただちにある問題を生じる——そういう凄絶な状況の中で人々が生き、そんなふうに妥協もしないで思い思いの方向に向かおうとしている中で、いったいどうやって社会ができるというのだろうか。あるいは、社会ができたとしても存続しうるのだろうか。ホッブズの答えは、人間本性についての彼の見解と同じくらい簡単なものだった。社会は、もっと上の力を行使することによってのみ生じるのである。社会が存在するのは、平和であることが私たち全員の利益になるからである。そして、平和が広まるためには、無制限の権威と平和を破る人を罰するのに十分な権力とをもつ一人の主権者を立てなければならないのである。

おそらく、いかなる社会も、ホッブズが描いた社会ほど純然たる諸個人の連合であったわけはないだろう。ほとんどの社会は、自由な諸個人の連合というよりはむしろ有機的な共同体であったし、今でもそうである。テニエスの分類を現代の世界に当てはめるならば、アジア、アフリカ、中東、ラテンアメリカには有機的な共同体が相当残っている。ある試算によると、世界の人口のおそらく七〇パーセントは、家族や部族への忠誠心のほうが私的な目標に優先する社会に生きているとのことである。[22]

これに対して西洋社会は、少なくとも宗教革命以降、共同体から離れて、個人の結び付きのより緩い連合へと向かう傾向にある。ホッブズの社会契約説という権威主義的な社会理論の次に出てきたのは、ジョン・ロックの理論である。ロックの人間本性についての見解はホッブズより楽天的であった。そのためロックは、個々の市民が政府に対抗する権利をもっているという、もっと制限された形態の政府を支持した。しかし彼もやはり、社会を、結び付きの緩い、参加するかどうかはまったく任意の諸個人の連合として考えていた。ロックの社会概念はアメリカの革命家やアメリカ憲法の起草者たちに強く影響を与えた。トクヴィルは一八三〇年代に、アメリカがすでに目覚ましいほど諸個人の国家となっていることを認め、市民の自負と自主性に感心しながらも、この先はどうなるのかと恐れている。「各人はいつまでも自分一人に頼るほかはない。ここには、自分自身の心の孤独の中に閉じ込められてしまう危険がある。[23]」ヨーロッパ北部の新教国では、英国、および北米、オーストラリア、ニュージーランドにあるその分家も含めて、個人主義が共同体という伝統的理念を打ち負かした。しかし、二〇世紀末のアメリカでは個人主義は今までにないほど極端に推し進められた。いろいろな社会が個人主義と集団主義の間のどのあたりに位置するかを測定する指標が社会科学者によって開発されたが、このテストを使うと合衆国はあらゆる社会の中でも最も個人主義的な社会であるという結果が出た。[24]これは、誰もが「自分のことをする」あるいは「自分のものを得ようとする」社会である。ここでいう「自分のもの」とは、「何でも自分が欲しいもの」のことである。アメリカの多くの大都市では、テニエスの言う意味での共同体はないというほかないのである。

バークレーの社会学者で『心の習慣』の主著者であるロバート・ベラーの見解では、アメリカはずいぶん前から個人主義であったが、現代のアメリカ社会は今までにないほど偏った個人主義になっているという。

初期の頃は、アメリカの個人主義は共同体の価値をも尊ぶものであった。今日では、私たちがもっている個人主義のイデオロギーは、私的な利益の最大化を奨励するだけのものである。これは消費中心型の政治につながる。こうした政治においては、「そのどこが私のためになるんだ」ということが問題のすべてであり、公共の利益を考慮することはますます関連のないものになる(25)。

皮肉なことに、東欧やソヴィエト連邦の共産主義体制が見向きもされなくなって崩れだし、改革家が急いで自由市場の力を導入しつつあったときに、西の社会学者や哲学者は政治や倫理的生活における共同体の重要性を主張する理論を復活させつつあった。カール・マルクスが行った資本主義批判は、よりよい社会形態についての彼の実り少ない積極的提案よりもはるかに有効なものである。『共産党宣言』は、諸個人の自由な連合という社会の理念に対する強烈な攻撃である。確かに、マルクスとその共著者フリードリッヒ・エンゲルスは伝統的ないし封建的な社会形態の支持者ではなかった。それにもかかわらず彼らは、そのような社会が貨幣社会の勃興によって破壊されてしまったことへの怒りと畏怖との交じり合った思いで次のように書いた。

ブルジョア階級は、それが優勢となったいたるところで、封建的、家父長的、牧歌的関係を一切断ち切ってしまった。人とその「自然に目上にいる人」との間の密接な関係を保っていたさまざまな封建的結び付きは無慈悲にも引き裂かれ、人と人との関係は露骨な私益や冷淡な「現金払い」以外には残されなかった。

こうして、資本主義は無情にも自由な諸個人の社会をつくり出した。しかし、それは自由な社会ではなかった。それどころか、それは制御のきかなくなった社会であった。

独自の生産関係、交換関係、所有関係をもつ現代のブルジョア社会、そのような巨大な生産手段や交換手段をたちまちのうちにつくり上げた社会は、魔術師に似ている。この魔術師は自分の呪文で呼び出した地下の勢力をもはや統制できないでいる。[26]

マルクスの考えでは、この「地下の勢力」の一つがプロレタリアートであった。それは、ブルジョア階級にとっては、労働力が必要になれば買い、不景気になればがらくたの山に投げ出す商品の一つにすぎない大勢の無産労働者の階級であった。資本主義システムはプロレタリアートを創造したことで自らの破滅の種を生み出したのだ、とマルクスは確信していた。

これについては、マルクスが単に間違っていた。資本主義の矛盾は容赦なく強まるわけではなかった。資本主義は大部分の労働者の状況を改善し、そうして最も発展の進んだ資本主義国においては労働者層のかなりの部分の支持を得たのである。これと対照的に、マルクスの名において革命を達成した人たちは、大多数の人々の必要を満たす社会を自分たちが創造できないでいるのに気づき、反対勢力を軍の力によって抑えつける覚悟で臨むことでかろうじて権力を維持していた。こうして資本主義は生き残り、二〇世紀の終わりを迎えた今日では勝ち誇っているかのように見える。しかし、制御できない力を生み出した社会というマルクスの資本主義像には妥当な点もある。この資本主義像は、八〇年代のにわか景気の後に続いた不景気に再び見ることができる。経済的な自信が誰にもまったくわからない理由によって傾き、物価が下落し、職を求める人々が何百万人も出ている。しかし、これらの人々の労力も技能も資本主義システムにとっては無用なものである。

自由市場社会は、伝統的な結び付きを壊してあらゆる絆を金のつながりに変え、個々人の私益の力を野放しにすることによって、手に負えない化け物を呼び出してしまったとマルクスは指摘したが、これは正しかった。この化け物は、政治が経済に左右される社会をもたらした。選挙のたびに時事問題として大きく取り上げられるのは経済である。「わが国は海外の競争相手と経済競争をしなければならないから、環境を破壊するような開発もやむをえない」と私たちは聞かされる。よりよいヘルスケアや貧しい人々のための生活保護や住宅供給の提案は、投資意欲をもっと誘うための減税の要求によって退けられてしまう。ますます肥大していく物質的繁栄から目をそむけることはもう考えられなくなってしまった。政治指導者たちは、そんなことをすれば選挙で自分の首を絞めることになると思い込んでいるのである。

今、ガット——世界的な経済上の合理主義の聖典となった「貿易と関税に関する一般協定」——はこうした経済の支配を地球全体に広げている。ガットの長官はヨーロッパ共同体の国々に対し、国内の小作農を北米やオーストラリアの大農場との競争にさらすように求めている。確実にこれらの小作農を消滅させ、西ヨーロッパの風景を取り返しのつかないほど変えてしまうような競争をさせよというのである。ヨーロッパの特許庁が「生きた動物は特許を受けられるのか」という倫理的な問題にためらっているときに、合衆国はガットの交渉の席上で「動物の特許を受けつけないのはアメリカの発明家が正当な報酬を受けとることを妨げる不法な取引制限だ」と論じるのである（合衆国の行動は、「オンコ・マウス」などの動物の特許を得た合衆国の科学者たちがその仕事から得られる利得を守ろうとしたものであった。オンコ・マウスとは、科学者の研究のために癌が発達するように遺伝子操作を施された不幸な生き物である）[27]。しかし、倫理に対する経済の勝利のもう一つの事例では、合衆国自身が同じような理屈でやり返されることになった。合衆国の船団で現在廃止されている方法を用いてメキシコの漁業船団が年間五万頭ものイルカを不必要に殺しているという根拠に基づき、合衆国は「海洋哺乳類保護法」に訴えてメキシコマグロの輸入を禁じた。メキシコはその禁令が不公平な貿易障壁であると主張してガットに訴え、そして勝ったのである[28]。

露骨な私益を奨励することによって解き放たれた化け物が、共同体への帰属感をむしばんでしまった。誰もが「自分の利益だけを求める」風潮を推し進めている。私たちは他人を利益の源泉となりうるものとみなし、また自分のことを他人は同じようにみなしているのだと思っている。ここで私たちが仮定しているのは、「他人は隙あらばいつでもあなたを利用しようとするのだから、あなたは世話を自分でやいたほうがいい」というものである。この仮定は勝手に的中する予言ということになる。なぜなら、長い目で見た互いの利益のために自分の一時の利益を犠牲にしよう、という考えのない人たちに協力しても意味がないからである。しかし、地縁意識でも、広範な親縁関係でも、雇い主への忠誠心でもなく、私益のつかの間の結び付きによってしか拘束されない孤立した諸個人の連合は、よい社会ではありえない。そのような社会が、社会の役目は個々の市民に「生命、自由、幸福の追求」を認めることだけだと公言したとしても、うまくいきはしないだろう。貧乏人ばかりでなく金持ちにすら、生命や自由や幸福の追求を認めることはできないであろう。ロバート・ベラーとその同僚たちが『心の習慣』の中で書いているように、「包囲された状態にあり、見知らぬ人々のすべてを疑ってわが家を武装キャンプに変えてしまっているようでは、豊かな私生活を送ることなどできはしない」(29)。倫理と共同体の構造の中には、有徳の要素と悪徳の要素とがからみ合って存在している。「私たちは徳をなすことによって有徳になる」とアリストテレスが言ったのが正しかったとすれば、有徳の行為をし始めるように人々を励ましてくれる社会が私たちには必要なのである。物質的な私益という個人主義的な風潮が人々に染み込んだ大都市では、互いの信頼や有徳な性向の若芽が枯れずに残るだけでもやっとのことであり、それが育って繁茂するのが難しいことは言うまでもない。奇異に思えるかもしれないが、現代の都市に住む互いに名も知らぬ人どうしよりも、第一次世界大戦中の塹壕から互いに顔を突き合わせた敵兵どうしのほうが、互恵関係を実践するにはよい基礎ができていたことが第7章でわかるだろう。私たちは、互いに敵意をもつ諸個人の集合にすぎない社会を創造しつつあるところであり、ホッブズのいう万人の万人に対する戦争の瀬戸際でぐらついている。持ちこたえるだけの力を主権者が出せなくなれば、いつでも戦争が起こりかねず、人々はホッブズがかつて想像した以上に凶器に身を固めている。自分以外のものに献身する感覚を取り戻すという困難な仕事を今私たちが始めない限り、それが私たちの直面する未来である。

私は右の文を一九九二年の四月の初めに書いた。そして読者がこれを大袈裟だと思うのではないかと思った。しかし、その月の末、テレビを見ていた世界中の人々は、ロサンゼルス暴動でこのことがあまりにも鮮明に確証されたのを目にしたのである。この暴動に火がついたのは、ロドニー・キングを殴っている現場をビデオテープに撮られた警官たちが無罪放免となったことがきっかけであった。この無罪放免は確かに正当な憤激を引き起こしたが、やがて暴動は独り歩きを始めた。一つのきっかけは、暴動によって代価を払わずに消費財を持ち去るのが可能となったことである。誰もがそれをやっていて、警察も一度に全部の場所にいることはできなかった。警察のほかに、暴動が起こったとき、ロサンゼルスには三千五百の私立の警備会社があって五万人の警備員を雇っていたが、それでも足りなかった。[30]あるジャーナリストはこの光景を次のように描いた。

ウエスタン・アヴェニューからハリウッド大通りまでの五マイルの区間は、異様でかつ現代的な、略奪者の路地となっていた。略奪する者たちはロサンゼルスの通勤者さながらに車でやってきて、ドアとトランクを開けっぱなしで歩道に停め、靴や洋服やテレビやCDプレーヤーや酒ビンをその中に投げ込むのだった。

大型ショッピングセンターの駐車場は、さながらたくさんの閉店セールが一堂に会したように見えた。略奪者たちは収穫物をスーパーのワゴンに積み込み、それを自分の車まで押していくのだった。ベッドやソファがトラックに無造作に積み上げられ、意気揚々と運び去られた。ラ・シエネガに面した巨大なフェデコ・ディスカウント・ストアに略奪に入ろうとする車で交通渋滞がおき、またシアーズ・ストアの一つでは、略奪者たちがタクシーで乗りつけてきたところをテレビのヘリコプター取材班がフィルムに収めた……サンセット大通りで木曜日の夕方に私が見たのは、携帯電話を持った子どもたちが、警察が近づいたときは略奪者たちに警告しながら、警察と消防車がやってくるのにあわせて仲間の動きを調整しているところであった。[31]

リチャード・シッケルが、略奪と、国民の獲得欲とを関連づけて次のように述べたのは正しい。「〈倒れるまで買え〉という現代アメリカの一大指導原理が訂正されかかっていて、〈へたばるまで盗め〉のほうが現状に近かった。[32]」しかし、ロンドンの「オブザーヴァー」紙のアンドリュー・スティーヴンはもっと重要な関連を見いだしている。

レーガン、ブッシュの両大統領のもとでの無力な下層階級の急激な増大、――世界で最も節度を欠く浪費と第三世界的なゲットーとが隣り合わせに存在する都市における、貧富の二極化――この縮図を最もよく示している都市でこうした一切のことが起こったのは……偶然の一致ではない。[33]

獲得欲に満ちた利己性を最高の徳に祭り上げた社会には、一皮むけばホッブズが言ったような万人の万人に対する戦争が潜んでいる。このことをこれ以上はっきり示したものはないであろう。

（奥野訳）

第3章　世界を使い果たす

ジャン＝ジャック・ルソーかアダム・スミスか

デニス・レヴァインは、レヴロン社の買収の取引をまとめるのに一役かったが、フェラーリ・テスタロッサを買ってその成功を祝った。彼はその運転を楽しんだかもしれないが、本当のところは成功のしるしに一二万五千ドルも費やしたのである。ドナルド・トランプは、レヴァイン以上に自分の自由になる資産をもっていたが、三千万ドルのヨットを買い、自分でそれを「トロフィ」と名づけた。彼らほど収入のない人たちも、それなりに精一杯のことをしなければ気がすまない状態にある。自動車産業が成り立っているのは、人々がひんぱんに自分の自動車を買い換えるからである。それも、たいていの場合手持ちの自動車が安全で確実な移動手段としてまだ役に立つかどうかにはおかまいなく買い換えるからである。一九九一年の不況のさいに人々は車を買い換えるのを少しだけ控えたのだが、それだけでアメリカの自動車産業は数十億ドルの赤字を抱えることになった。

これと同じ態度が多くの消費領域にはっきり現れている。社会のある階層では、同じ服を二度着て社交上の集まりに行くことはできない。もっと低い階層でも、二、三年前に流行したものは着ないようにすることが重要になっている。アフリカの飢饉や熱帯雨林の破壊の記事と並んで、新車、最新流行の服、家具やクルージングの広告が、ぴかぴかした色刷りの雑誌にのっている。しかも、その二つがうまくそぐわないことに気づいている一かけらの兆候すらうかがわれない。借金を払うために自分の腎臓を売らざるをえなくなったインドの村人の記事がのっている新聞に、美食を煽りたてる付録や、家の模様替えの仕方を教える付録がついている。新聞の読者は広告主にとって手近な市場であるから、このような付録をつけることは新聞社にとっては経済的な意味がある。しかし、私たちは立ち止まって「総合的に見て自分たちはどのような方向に向かっているのであろうか」と問うべきである。

自由な企業活動に基づく経済が進むことになる方向を示した人がいるとすれば、それはアダム・スミスである。彼は一七七六年に出版された『諸国民の富』というきわめて影響力をもった著作の中でその方向を示した。スミスによれば、市場経済においては、競争相手よりも効率的に消費者や顧客の欲求を満たすことができる人だけが、富を多く手に入れることができる。この考えは「肉屋の善意ではなく肉屋の私欲に訴えなければ夕食を期待することはできない」という彼の有名な言葉に要約されている。自分の利益を得ようと思えば、すでに出回っている品物よりも安くてよい品物を生産しようとするであろう。それに成功すれば、市場の仕組みの報酬として富が与えられ、失敗すれば廃業するしかない。

したがって、スミスによれば、私益に対する無数の個人の欲求は、あたかも見えざる手に導かれているかのように、一つにまとめられて公益に役立つようになる。富に対する個人の欲求が集積されると、一つの繁栄した国ができあがる。その国では、富める人々ばかりでなく「文明化された国の最も卑しい人」も恩恵を受ける。この最後の点に関して、スミスは次のように叙情的に語っている。

一人のヨーロッパの君主の家財は、一人の勤勉で質素な農夫の家財よりも多いが、その農夫の家財は多くのアフリカの王たち――一万の裸の未開人の生命と自由を絶対的に支配する王たち――の家財をしのいでいる。この場合、ヨーロッパの君主の家財と農夫の家財の差のほうが、農夫の家財とアフリカの王の家財の差に比べて、はるかに大きいとは限らない。①

自由な企業活動に基づく制度のもとでは富の追求から不平等が生ずるが、スミスのこの言葉はこの不平等の正当化として一般的に用いられるようになった。工業化された社会の最も貧しい人々でさえ、工業化されない社会にとり残された場合より豊かになったのであるから、不満を言える根拠はどこにもない、と言われることがある。そういった貧しい人々でも事実アフリカの王よりはましなのである。②

『諸国民の富』を出版する二〇年前に、スミスは出版されて間もない本の批評を書いた。その本とは、当時大陸の知識人たちの間にちょっとした旋風を巻き起こしたジャン＝ジャック・ルソーの『人間不平等起原論』であった。このルソーの評論は、近代文明を「気高い未開人」の生活と比較して批判的に論じているのであるが、後でスミスが擁護することになるあらゆることを攻撃している。ルソーの描いた人類の原初状態では、地球は「自然の豊穣さ」にゆだねられ、「いまだ斧の打ち込まれたことのない木々からなる、限りなく広がった森に」覆いつくされていた。このような環境の中では、「あらゆる動物のための食料と隠れ家がどこにでも」あった。気高い未開人そのものについて、ルソーは次のように書いている。

彼が最初に目にしたオークの木のもとで空腹を満たし、小川を見つけるとすぐに喉の渇きをいやし、食事を与えてくれたその木の根元に寝床を見つけるのを私は思い浮かべる。こうして、彼の欲求はすべて満たされるのである。(3)

このような牧歌的な状態から人々を連れ出したという理由で、ルソーは私有財産制度を批判した。私有財産制度によって人々は必要以上のものをたくわえることができるようになった。そうすると、自分のもっているものを他人のもっているものと比べ、他人よりも多くの富を手に入れたいと思うようになった。ルソーの見るところによれば、このように人々の欲望がふくらんでいったことが原因で、不平等はおろか、憎悪、内乱、奴隷制、犯罪、戦争、詐欺、その他近代的生活に伴うありとあらゆる悪が生じたのである。

しかし、アダム・スミスは、蓄財への欲求に関してまったく異なる見解をとっていた。

ルソーへの批判書とそれよりも大著である『道徳感情論』(彼は当時グラスゴー大学でこの本の内容を講義していた)の中で、彼は欲望の拡張と蓄財への欲求を擁護した。彼の考えによれば、今まで私たちの祖先が技術や科学を発展させたのは、より多くのものをたくわえたいという欲求をもっていたからなのである。私たちの祖先は技術や科学を発展させることによって、

地球の全表面をがらりと変え、手つかずの自然のままの森を快適で肥沃な草原にし、誰も渡ったことのない不毛の海洋から生存のための新たな資源を得ることができるようにした。……富める人々は……見えざる手に導かれて、地球のあらゆる住人の間で地球が平等に分割された場合とほぼ同じような具合に、生活に必要なものを人々の間に分配している。こうして富める人々は、意図せず無意識のうちに、社会の利益を増進し、人類の繁栄の手段を提供しているのである。

現代の読者は、森林や自然一般に対するルソーとスミスの態度がこのように異なることにきっと衝撃をおぼえるであろう。世界はルソーよりもむしろスミスに従ってきたので、森林が破壊され続けてきたとしても不思議ではない。しかし、いまや立ち止まって、「なぜ私たちはいまだにルソーではなくスミスに従っているのか」と問うべきときがきている。スミスが蓄財への欲求を擁護するさいに、蓄財が幸福への道であることを根拠にしなかったのは重要である。逆に、そう信じることは「欺瞞」であると彼は考えていた。人々が努

力して得ようとしている大きな家や財産について、スミスは次のように述べている。

> それらすべてが与えてくれる実際の満足感をよく考えてみると、……いつでもその満足感はきわめてくだらなくつまらないものに見えるであろう。しかし、私たちはこのように抽象的で哲学的な見方でその満足感を見ることはめったにない。

逆に、「富や高い身分を手に入れたときの喜び」を思い描くと、その喜びは「崇高で美しく高貴なものとして」心に迫ってくる。「私たちはその喜びを獲得するためには苦労や心配をおしまないものだが、その喜びの獲得はそのような苦労や心配に十分値するものに思える。」以上のことをまとめると次のようになる。富を手に入れれば実際に満足感が得られると思っているとき、人は騙されているのであるが、それは幸運なことなのである。なぜなら、「そのように騙されているからこそ、人類は勤勉さを奮い起こして止まることをしらない」からである。[4] このように、近代経済学の父であり、自由な企業活動に基づく社会の最も偉大な最初の提唱者は、充足しても実際には満足感をもたらさない空しい欲望の追求から、このような［近代］社会が生まれたことを認めていた。

このような経済の発展はすべて、人類が「生み、ふやし、地にみち、地を従わせ、また、海の魚と天の鳥と、地上をはうものをつかさどるのは」よいことであるという聖書の考えと事実一致してはいた。[5] しかし、これ以上「人類を繁栄させる」ことが望ましいかは、今日きわめて疑わしくなっている。それに、森林をこれ以上「快適な草原」に変えることに賛同する人はほとんどいない。私たちは、アダム・スミスの経済学の背後にある自然観の正当性を疑ってかかる必要がある。

遺産をたよりに生きること

私たちの世代は、この惑星に蓄積された資源、たとえば肥沃な土地、森林、石油、石炭、鉄やボーキサイトのような鉱物を遺産として受けついでいる。二〇世紀の初頭、地球の自然環境は比較的きれいで安定していた。この土台の上に私たちは経済を築き上げ、おかげで先進国の上流または中流階級の人々はかつてないような贅沢な暮らしができるようになり、驚くほど多くの便利な道具に囲まれるようになった。現在の地球全体の経済力は、今世紀初頭に私たちの祖父や祖母たちが一年間で生産していたものを一七日間で生産してしまうほどになっている(6)。私たちはこの発展が際限なく続くと思い込んでいるが、私たちが築いた経済の存続は、自分たちの遺産を使い果たしてしまうかどうかにかかっているのである。今世紀中頃と比べると、エネルギー、鋼鉄、銅、木材の一人当たりの消費量は二倍になっている。同じく、肉の消費量は二倍、自動車の所有者数は四倍に跳ね上がっている。これらのものは、すでに一九五〇年にはかなり消費されていた。プラスチックやアルミニウムといった比較的新しい素材の消費量は、もっと急速に伸びている。一九四〇年以来、

アメリカ人だけで、それ以前の人類全体が消費した地球の鉱物資源と同じ量の鉱物資源を使い果たしてしまった。(7)

会社で最も成績の上がらない課のある課長の話をかつて読んだことがある。生産性はひどく、その課が赤字を出すのは無理もないと思われた。しかし、その課が相当の収益を上げているという会計報告が毎年なされていた。その秘密は、以前の課長が将来の発展を見込んで広大な土地を購入していたことにあった。周辺が都市の郊外になって、その土地の値が跳ね上がった。そこで、現職の課長が、毎年その土地のかなりの部分を売って、収益をきわめて健全なものにしていたのである。彼の直属の上司は、その課が年度末の決算を黒字に収めるこのからくりに気づいていたが、それをやめさせる気はまったくなかった。

というのは、そのようにして収益が上がれば、自分が管理しているいくつかの課全体の営業成績が見かけ上よくなったからである。私たちは、国家レベルの会計において、これと同じからくりを利用している。自分たちが生産したものを糧に生きているというよりはむしろ、元手を喰いつくしているのである。森林を伐採し、鉱物を安く売りさばき、肥沃な土地を使い果たすことを速めれば速めるほど、国民総生産は伸びる。愚かなことに、これを自分たちの繁栄のしるしとみなし、どのくらい速く元手を使い果たしているかを示す指標であるとは考えていない。食品から排気ガスにいたるまでパターンは同じである。ほしいものを地球から奪い取ったあげく、有毒な化学廃棄物、汚染された河川、油膜でおおわれた海、数万年間生命を危険にさらす核廃棄物をあとに残す。経済は生物圏に含まれるシステムであり、生物圏というより大きいシステムの限界に急速につきあたっている。

経済成長の代償の多くは、イングランド中の工場が煤煙を吐き出していた産業革命の頃からよく知られていた。ウェスト・ミッドランドのかつての緑地帯が工業の粉塵によってひどく荒され汚染された結果、今でもその地域はブラック・カントリーとして知られている。しかし、今ようやく私たちは、自分たちにとって最も貴重な有限の資源は大気そのものであることに気づきつつある。一九世紀は大気を汚染する汚れた工業の時代であると考えられているが、一九五〇年から現在までの大気中の二酸化炭素濃度の上昇率のほうが、それ以前の二世紀間の上昇率よりも高いのである。その結果、気候が不安定になり、その直接の影響として人類史上かつてないほど地球の温暖化が進む可能性が出てきている(8)。大気汚染のもう一つの結果として酸性雨が発生し、ヨーロッパや北アメリカの原始林が破壊されている。三番めの大気汚染の問題として、オゾン層を破壊するガスの使用がある。合衆国の環境保護局によれば、このガスのために、あと五〇年間で合衆国だけでも二〇万人が皮膚ガンで死ぬことはすでに確実になっている(9)。

食物を考えてみよう。食物は生きていくために実際になくてはならないものなので、ふつう消費第一主義と結び付けられない。今世紀の初頭、合衆国には世界で最も肥沃で厚い土壌があった。現在では、合衆国で行われている農法のために、毎年およそ七〇億トンもの表土が失われている。たとえば、アイオワ州では一世紀にも満たない間に表土の半分以上が失われた。乾燥地帯では、これらの農法によって地下水脈が枯渇した。テキサス州西部からネブラスカ州に至る牧畜地帯の下を流れるオガララ帯水層がその例である。この水脈は水をたくわえるのに数百万年もかかったかけがえのない資源である。最後に――またこれが最も重要なことなのだが――これらの農法は、機械を動かしたり化学肥料を生産するのに化石燃料に頼っているため、大量のエネルギーを使う。伝統的には、農業は土中の養分や太陽光線のエネルギーを利用する一つの方法があって、おかげで人々が利用できるエネルギーが増した。たとえば、メキシコの小さな農家で育てられたトウモロコシの場合には、化石燃料を一カロリー使えば八三カロリーの熱量が得られる。アメリカの飼育場で生産される牛肉の場合には関係が逆になる。つまり、一カロリー分の食物を作るために三三カロリーの化石燃料を使うのである。太陽エネルギーの獲得による農業形態ではなく、蓄積されたエネルギーの消費によって成り立つ農業形態が開発されてきたのである。

以上のことは、深刻な飢餓や栄養失調への対処としてなされているのではない。そうなったのは主に大量の肉――特に牛肉――を食べたいという欲求のせいである。赤肉の消費量は、合衆国や他の先進国では近年減っているが、それでも歴史上現れたほとんどの文明をはるかにしのぐレベルを保っている。西洋人が心に抱くよい生活とは、どの皿にも分厚いステーキがのっていて、どのホイールの袋にも鶏肉が入っている生活である。このような生活を実現するために、まったく新しい飼育形態が開発された。そこでは、豚や鶏や食肉用仔牛は、日光を見ることもないし、外を歩くこともない。牛は一生のほとんどを飼育小屋に閉じ込められたままで過ごし、自分たちの胃に合う草の代わりに穀物を食べさせられている。もはや動物たちは、感覚をもつ私たちの仲間とはみなされていない。代わりに、動物たちは安い穀物を高価な肉に変える機械として扱われている。[10]だが、動物をどう扱うべきかということに関する倫理を私は他のところで論じたので、ここでは動物の集中飼育の非効率性だけにふれておこう。

私たちは、最良の土壌を使って穀物や大豆を育て、それを牛や豚や鶏の飼料にしている。しかし、それらの肉を人間が食べても、食物としての価値はほんの一部しか戻ってこない。たとえば、飼育小屋で牛を育てる場合、牛に与えた穀物の一一パーセントしか肉にならない。あとの穀物はエネルギーとして体内で燃焼したり、排泄されたり、食用にならない部分に吸収されたりする。飼育小屋にいる牛に七九〇キログラム以上の植物性蛋白質を与えても、その牛からは五〇キログラム以下の蛋白質しか取れない。[11]工業化された国における牛肉への巨大な欲望は一種のきわだった消費形態となって、より多くの土地や資源を求めるように人々を駆りたてる。豊かな国々では、毎年国民一人のために一トン近い穀物が消費されている。一方、インドではその数値が四分の一トンを越えることはない。この違いは、私たちがより多くのパンやパスタを食べているから生ずるのではない（パンやパスタを食べてそれだけの穀物を消費することは物理的に無理である）。それは、私たちが消費するステーキ一枚一枚、ハム一枚一枚、鶏のもも一本一本が、もとは多量の穀物からできているために生ずるのである。

よい生活とは食卓に肉がのっている生活であると考えられているために、今では人類の三倍の数の家畜が地球上にいる。世界には十億二千八百万頭の牛がいるが、これを合わせると全人類よりも重くなる。この三〇年間で、中央アメリカの二五パーセント以上の森林が伐採され、牛の牧草地に変えられた。ブラジルでは、今でもアマゾンのジャングルがブルドーザーによって先へ先へと切り開かれ、数年間だけしか使われない牛の放牧場になっている。すでに四千万ヘクタール以上の森林が失われた。その面積は日本よりも広い⑫。土地が痩せると牛飼いたちは移動するが、森林はもとには戻らない。これらの森林が切り開かれると、数十億トンもの二酸化炭素が大気に放たれることになり、その結果温室効果が高まるのである。

食用のために飼育されている莫大な数の動物は、熱帯雨林を破壊するという仕方だけで［地球という］温室の温暖化を進めているわけではない。牛の放屁は、温室効果をもたらすガスのうちで最も強力なメタンガスを大量に放出する。大気中のメタンガスのおよそ二〇パーセントは、世界中の牛から放出されたと考えられている。そして、メタンガスは二酸化炭素と比べて二五倍もの太陽熱を閉じ込める。食用動物の飼料となる作物を育てるために使われる化学肥料によって、亜酸化窒素が発生する。これも温室効果をもたらすガスの一つである。化石燃料の大量使用も温室効果を進める。大量の動物や動物性食品を食べることによって、私たちは地球の温暖化に一役かっているのである。これが個々の地域にどのような影響をもたらすかを予測することは難しいが、雨量が増す地域がある一方で、現在多くの人口を抱えている地域では干ばつに見舞われるところもあるであろう。海面――この一世紀間にすでに一〇から二〇センチ上昇している――が極地の氷が溶けるにつれてさらに上昇するということは予測できる。気候変動に関する政府間パネルは、二〇七〇年までに海面が四四センチ上がるという見積りを出している。[13] そうなれば、ツバル、バヌアツ、マーシャル諸島、モルジブといった島国は消えてしまうであろう。報告によると、モルジブ政府はすでに四つの島から島民を疎開させせなければならない状態になっている。合衆国の国立海洋大気局によってなされたマーシャル諸島に関する報告の結論は、一世代たたないうちに「マーシャル諸島の大部分は危険で住めなくなる可能性がある」というものであった。[14] これは十分深刻な事態である。しかし、ナイル・デルタやベンガルのデルタ地帯のように人口が密集している低いデルタ地帯での人命の損失のほうが、もっと深刻なものになるであろう。ベンガルのデルタ地帯は、バングラデシュの国土の八〇パーセントを占めるが、すでに暴風雨や洪水が起こりやすくなっている。富める人々の利己心が結果的に海面の上昇をもたらし、これら二つの地域だけでも、国土と四千六百万人の生命が危険にさらされている。[15] さらに、生態系全体とそれに組み込まれている動物や植物の種の消滅が予想される。なぜなら、生態系のようなシステムは、人工的に生み出された気候の急激な変化についていけないからである。

流し台があふれるとアダム・スミスは時代遅れになる

私たちの経済は、端的に言って、このままでは維持できない。先進国だけに限ってもそう言える。しかし、先進国のことばかり言っているわけにはいかない。イギリスの〈環境保護団体〉グリーンピースで科学局長を務めているジェレミー・レガットは、中国は今後四〇年間に石炭使用量を六倍にする計画をもっており、この計画を実行すれば温室効果をもたらすガスを現在の合衆国の三倍放出することになる、という警告を発した。このような危惧から、一九九二年にリオデジャネイロで開かれた地球サミットでの気候変動に関する協定の調印に至ったのである。しかし、その気候変動に関する協定は、温室効果をもたらすガスの量を二〇〇〇年までに一九九〇年の水準に抑えることを、各国に対して要請するのではなく奨励するにとどまった。気候変動に関する政府間パネルによれば、大気中の二酸化炭素濃度を安定させるためには、二酸化炭素の放出を今の六〇パーセントにまで下げる必要がある。[16]

さらに、放出量を固定するためにせよ切り下げるためにせよ、現在の放出量を指標にした問題解決には根本的な倫理的欠陥がある。アメリカ人一人当たり年に平均四トンから五トンの炭素を燃やしているが、インド人や中国人の平均はおよそこの一〇分の一である。そのおおがかりな中国の計画が成功したとしても、中国人一人当たりの大気中への二酸化炭素放出量は、大半の富める国の国民一人当たりの現在の放出量よりも少ないのである。それなのに、富める国の国民が、中国に対してその計画を中止しろといったいどうして言うことができるであろうか。

第三世界の経済学者が、第三世界の経済発展が環境に与える影響を西洋が懸念するのは新たな植民地主義である、という見解をもち始めているのも不思議ではない。ニューデリーの科学環境センターのアニル・アガルワルは、このことを次のように力強く訴えている。

今日インドと中国は、世界の人口の三分の一以上を引き受けている。問わなければならないことは、この二つの国の人々が世界の資源の三分の一を消費しているか、大気や海洋の汚染の三分の一を生み出しているか、ということである。もしどちらでもないとすれば、この二つの国は賞賛されるべきである。というのは、西洋が世界の資源を強奪し略奪している一方で、これらの国がつつましく資源を使っているからこそ、世界の均衡が保たれているからである。

アガルワルは、地球の浄化機能を巨大だが限りのある地球の流し台《シンク》とみなすことを提案している。世界の人々はこの流し台を平等に共用すべきである。地球に住むあらゆる個人は、たとえば、半トンの炭素をその流し台に捨てる権利をもつと考えることもできるであろう。この基準によれば、アメリカ人は自分たちに割り当てられた量の六倍以上を現在その流し台に捨てていることになる。一方、ほとんどのインド人や中国人は割り当てよりも少ない量しか捨てていない。最も貪欲にこの流し台を使っているのは、合衆国、カナダ、オーストラリア、ドイツ、旧ソヴィエト連邦地域に住む人々である。(17)

富める人々が貧しい人々に割り当てられたこの世の富の取り分を奪うことはない、とアダム・スミスは主張した。この章ですでに引用した一節の他のところで、彼は次のように書いている。

富める人々は、その集積の中から最も貴重で快適な部分を選び出すだけである。彼らは貧しい人々とほとんど同じ量しか消費しない。そして、彼らは生まれつき自己中心的で強欲であり、自分たちの便宜だけを考えているにもかかわらず、さらに、自分たちの虚栄や飽くことのない欲望の満足だけのために何千もの雇い人を働かせているにもかかわらず、自分たちのあらゆる改良の成果を貧しい人々と分かち合っている。(18)

スミスは、こう書いた後に「見えざる手」に言及している。スミスによれば、世界が世界中の住民の間で平等に分割された場合と「ほとんど同じ」具合に、生活必需品が見えざる手によって分配されるわけである。私は、スミスの時代においてさえそうは言えなかったのではないかと思っている。まして、現代に目を向け、あらゆる先進国の国民を「富める人々」の一員であると考えれば、スミスの議論があてはまらないのは明らかである。

スミスは、大気という資源が汚染物質を吸収する能力の点で限界をもっているとは夢にも思わなかった。だから、彼は富める人々が自己中心的で強欲であることを知っていても、彼らが地球の大気という流し台を割り当て分の六倍も使うことが起こりうるとは想像だにしなかった。富める人々は、自分たちのあらゆる改良の成果を貧しい人々と分かち合うどころか、運悪く海岸線沿いの低地帯に住んでいる何千万もの人々を水没の危険にさらしつつあるし、さらに、気象の変化によってますます乾燥しつつある土地では、住んでいる無数の人々を餓死に追い込んでいる。たとえ富める人々が気候変動に関する協定に従い、温室効果をもたらすガスの量を一九九〇年の水準に抑えたとしても、結果は変わらないであろう。万が一奇蹟的にこのような災害を避けることができたとしても、富める人々が温室効果をもたらすガスの放出量を徹底的に減らさない限り、富める人々がたどってきたのと同じ発展の道を貧しい人々が事実上たどれなくなるのは確実である。というのは、貧しい人々が富める人々と同じように振る舞えば、地球上のガス放出量は急激に増加し、地球の流し台が確実にあふれてしまうからである。

どのようなときに私たちは裕福なのか

経済成長は現代世界における聖なる偶像になった。経済の継続的拡張の望ましさは、六〇年代末から七〇年代初めの環境保護運動によって持続的に批判された。しかし、この批判は、政治家、実業界のリーダー、労働組合の指導者たちによってただちにはねつけられた。彼らにとっては、成長というイデオロギーがあらゆる問題に対する解答であった[19]。成長に制限を設けるべきだと唱えた初期の人々のコンピュータモデルは粗末であった。彼らは、当時の傾向がそのまま未来も続くと早まって推測してしまった。その結果、すぐに資源が枯渇し始めるという見通しを立てた。エネルギーや他の資源をより有効に使うことによって、私たちはきびしい決断をしなければならない時期をうまく先に伸ばしてきた。人口抑制は、地球の生態系の損害を抑え、生態系の損傷が誰の目にも明らかに取り返しのつかないものになる時期を遅らせる一つの鍵である。しかし、これでもまだ十分ではない。首都ワシントンのワールドウォッチ研究所の研究員であるサンドラ・ポステルとクリストファー・フラヴィンは、経済成長を念頭において次のように書いている。

成長がここ数十年と同じ調子で続くとすれば、その圧力で地球のさまざまなシステムが崩壊するのは時間の問題にすぎない。……物質的な消費――自動車や空調機の台数や紙の使用量など――がこのまま伸び続ければ、ついには効率性から得ていた利益を圧倒し、資源の全使用量が増大する（そして、それにともなうあらゆる環境破壊が進む）。……成長から持続可能性への切り替えのこうした局面は、このように人々の消費形態の核心にふれるので、きわめて困難になる。[20]

ワールドウォッチ研究所の所長であるレスター・ブラウンは、次のように書いている。個々の優先順位や価値が変わらない限り、永続的な社会への移行は起こりえない。……物質主義は資源への重い負担になるので、物質主義が残っていては持続可能な世界への移行はまず不可能である。[21]

あるブラジル人の行った研究によれば、もし化石燃料を効率的に使い、資源の再利用をもっと進めれば、世界のすべての人々が、つつましいが快適な家に住み、食料用の冷蔵庫をもち、公共の交通機関を利用し、たまにはある程度自動車も使う、といった生活を送ることは可能になるかもしれない。しかし、たとえば今日のアメリカ人の生活のように、それよりはるかに贅沢な生活をすべての人が送れるようにすることは絶対に無理である。アラン・ダーニングが述べているように、「地球が数十億の人間を支えきれるかどうかは、結局は、私たちが消費と満足とを同一視し続けるかどうかにかかっている」。[22]よい生活に関する私たちの考えが、絶えず上昇していく消費のレベルに左右される点が問題なのである。ハーヴァード大学の有名な経済学者J・K・ガルブレイスが一九五八年に『ゆたかな社会』という本を出版したとき、その本の題名が合衆国を正しく描いていることに異論を唱える人はいなかったし、前世代の人々が夢にも思わなかったほど裕福の極みに達した、そこに描かれている国の様子に異議を唱える人もいなかった。それでもなおアメリカはそれ以来、物質的な財の面では、二五年前に比べてかなり豊かになってきた。八〇年代初めまでに、〔五八年当時と比べて〕アメリカ人一人当たりが所有している空調機の台数は五倍、乾燥機の台数は四倍、皿洗い機の台数は七倍になった。[23] 一九六〇年にはアメリカの家庭のたった一パーセントしかカラーテレビを持っていなかったが、この数字は一九八七年までに九三パーセントにまで上がった。アメリカの家庭が電子レンジやビデオ装置を持ち始めたのは七〇年代から八〇年代にかけてであるが、一〇年もたたないうちにほぼ三分の二の家庭でこれらの電気製品を目にするようになった。[24] 物質的な財のこのような劇的な増大にもかかわらず、人々はより豊かになったとも、より幸せになったとも思わなかった。シカゴ大学の世論調査センターは、アメリカ人にどのくらい幸せであるかという質問を長年してきている。「とても幸せである」と答えた人の比率は、一九五〇年代以来ずっと三分の一あたりを行ったり来たりしている。[25] その比率が物質的な豊かさのレベルとともに上がらなかったのはなぜであろうか。それは、本質的には、社会は今でもますます豊かになっているにもかかわらず、その速度が鈍ってきたからである。

　どの程度自分たちが経済的に豊かであるかを判断するさいに、……人々は、新しい刺激を自分たちの「順応レベル」に合わせてしまう。多くのアメリカ人にとって、一台から数台のカラーテレビ、二台以上の車、一人一部屋以上の家を持つこと、……などといった生活の特徴は、「中性点」として経験される。そういったものを手に入れても大して嬉しくないし、なんとも思わない。そのレベルから離れた場合だけ、そうだと実感する。基本的なレベルの物質的な快適さからはある程度の快楽は得ることができるかもしれない。しかし、蓄財にしか生活の主な喜びや楽しみを見いださなければ、人々は単調な繰り返しに陥ってしまう。——しだいにわかってきたように、単調な繰り返しは健康を害し、命を縮めかねないのである。[26]

現代の心理学者は人間心理のこのような特徴を探究し、それがまったく一般的なものであることを発見した。

持続的な状態に順応する（あるいは慣れる）という現象は、生物学上の基本的な規則性であり、あらゆるレベルの機能において観察される。……これらすべてのレベルにおいて、一定の状態に長くとどまったり、一定の刺激を繰り返しひんぱんに受けたりすると、それにともなって刺激に対する反応が鈍くなる。……順応は主観的な経験に対して二つの一般的な結果をもたらす。第一に、刺激に繰り返しさらされると、中性的な主観的状態、あるいは無感覚の状態が生まれる傾向がある。……順応がもたらす第二の結果は、主に対照が経験を決定するようになる、ということである。[27]

順応は、心理的レベルで起こるばかりでなく、まったく単純な生理的レベルでも起こる。

劇場の赤く照らされたステージをしばらく見た後では、赤と緑が等分に混合された光は緑に見える。だが、その光は、そういった順応をへずに劇場に入った人には無色に見えるであろう。同様に、宝くじに当たっても、しばらくすれば嬉しさも薄れ、はずれた人と大差がなくなる。確かに順応には限度がある。事故で下半身不随になった人は、事故からかなりたっても、他の人のようには幸福感を味わえない[28]。しかし、一般的に言えば、どんなレベルの快適な刺激、贅沢な刺激、ないしは楽しい刺激を得たとしても、以前経験したものより強い快楽を得られなくなるまでには、そう時間はかからない。

ここで言いたいことは、基本的な必要を満たしてしまえば、どんなレベルの物質的な快適さを享受しようとも、他のレベルよりもきわだって大きな満足感を長期にわたって覚えることはない、ということである。一九九二年の「タイム」誌の「なぜ憂鬱?」という特集記事を見ると、自分の幸福度に関する判断と自分が順応しているものとの間には確かに相関関係があることがわかる。一九五九年から一九七三年まで、アメリカ人の所得は実質年に二・七パーセント伸びた。一九七三年から一九九一年までは、その伸び率は年に〇・三パーセントに下がったが、それでも所得そのものは伸び続けている。つまり、八〇年代には負債金融投資や消費混乱による後退があったかもしれないが、七〇年代初期の水準以下に落ち込むことはなかったわけである。しかし、現代のアメリカ人に「前の世代と同じ水準の生活を享受できているか」という質問をすると、はっきり答えた人のうち三分の二は「ノー」と言った。その「タイム」誌には、第一級の経済学者アレン・サイナイの「一九七三年頃、アメリカ人の生活水準が落ち込み始める分岐点を迎えた」という発言がのっていた。心理的にはどのように見えようと、アメリカの経済学者が成長率の低下そのものを［生活水準の］落ち込みとみなすほど成長第一主義に傾倒してしまっているのならいざしらず、このサイナイの発言は以上の［所得に関する］数字からすれば明らかに間違いである。(29)

私たちは、自分たちの成功の度合いを少なくとも部分的には自分たちの生活水準の上昇率によって判断しているが、隣人や友人や同僚との比較によって判断することもある。この場合も同じように、社会全体が豊かになっても、平均的な幸福感は増大しない。なぜなら、私たちの物質的な財が増えれば、まわりの人々の物質的な財も増えるからである。前年の自分の富と比べようと、あるいは、まわりの人の富と比べようと、たいていの人にとって多くの場合、物質的な豊かさを追求しても幸福にならないことは明らかである。おそらくこのようなわけで、ナイジェリア人と西ドイツ人、あるいはフィリピン人と日本人の間に目をみはるほどの貧富の差があるにもかかわらず、自分たちの幸福度に関する彼らの評価に違いが生まれないのであろう。ペンシルベニア大学のR・A・イースターリンは、富と幸福の関係に関する国際比較研究を行った。彼の結論は、両者はほとんど関係がない、というものである。「経済がいくら成長しても、社会がもうこれで十分だという状態に達することはない。むしろ、その成長の過程そのものが飽くなき欲望を生み出し、その欲望が成長を絶えず促進するのである。(30)」

したがって、世界がこのまま西洋をモデルとして物質的な豊かさを追い求め続ければ、経済成長は達成されるとしても、環境を破壊する危険を冒すばかりで幸福が増すわけではない。このように言ったとしても、経済成長に反対しているわけではない。環境を維持しながら成長していくことはできる。化石燃料を使ってどんどん汚染を生み出すやり方に比べて、自然にやさしいやり方はとかく多くの労働力を必要とする。ワールドウォッチ研究所の見積りによれば、一年に毎時千ギガワットの電力を生み出すためには、原子力発電所では一〇〇人、石炭火力発電所では一一六人、太陽熱発電所では二四八人、風力発電場では五四二人の人が働かなければならない。(31)これらの数字を見ると、原子力発電所や石炭火力発電所のほうが、環境にやさしいやり方よりも、金額の点だけで言えば安あがりな理由が部分的にはわかる。しかし、地球の生態系の損失はこの金額に含まれてはいない。森林やボーキサイト鉱床のような天然資源に依存する工業と、再生紙や再利用アルミ缶に依存する工業を比較した場合にも同じことが言える。天然資源を利用するほうが安あがりかもしれないが、かけがえのない資源を使い果たすことになる。リサイクルを利用するほうは、労働力がもっと必要だし、したがって費用がもっとかかるが、持続可能なのである。

持続可能な経済に移行すると、いくつかの産業で失業者が出るであろうが、しかし、全体としては仕事が増えこそすれ減ることはない。だが、厳密に物質的な面だけに限って言えば、今よりも悪くなると思わなければならない。かけがえのない資源を消費することは豊かさへの容易な近道である。また、廃棄物を地球という流し台に捨てたほうが、生態的に持続可能なやり方よりも安あがりである。豊かさへのこのような道を放棄すれば、経済的な損失がどこかで感じられるに違いない。現在かけがえのない資源を消費したり環境を汚染することによって作られている生産物は、もっと高価なものになり、したがって、だんだん手に入れることが難しくなるであろう。たとえば、自動車、消費財、空調や暖房や交通のためのエネルギーの使用がそうである。また、莫大なエネルギーと土壌と水を使う農法で生産されている飼育牛肉、集約的工場による豚肉や鶏肉などの食料についても同じことが言える。

自分自身の利益に関する狭い見方、特に消費第一主義の発展によって第二次世界大戦以来形作られてきた考え方をもち続ける限り、物質的な豊かさの減少は後退にしか見えないであろう。豊かさの減少が避けられないことを認めたとしても、また現在の経済はこのままでは持続できないことを認めたとしても、私たちはそのことをしかたのないことだが残念なことであると考えるであろう。つまり、世界全体の利益にとっては望ましいが、自分たちの生活に悪い影響をおよぼすと考えるであろう。しかし、私益に関してより広い見方を私たちがもつならば、地球の環境のためばかりでなく自分たちのためにも、その変化を喜んで受け入れるであろう。歩いたり、自転車に乗ったり、公共の交通機関を使ったりすることは、空調の効いた自家用車で渋滞の中を移動するより資源の節約になるであろう。しかし、資源をあまり使わないからといって、歩いたり、自転車に乗ったり、電車を利用したりする人々のほうが全体として不満を覚えるであろうか。これだけ見てもわかるように、国民総生産の大きさは国民の幸福度の指標にはけっしてならないのである。

私益に関する私たちの考え方を変える必要がある。以上はその理由の一つである。しかし、そうしなければならない他のもっと深い理由がある。何世紀にもわたって、西洋社会は物質的な豊かさという聖杯から満足を得ようとしてきた。その聖杯を探し求めることはおもしろかったし、探し出すに値するものをたくさん発見してきた。しかし、私たちの目標が良識的なものである限り、その目標はかなり前に達成されていたのである。不幸なことに、他に目標となりうるものがないと私たちは思ってしまった。他人より金持ちになる、あるいは以前の自分よりも金持ちになるということ以外に、そのために生きると言えるものがあるだろうか。物質的な意味での成功という点で目覚ましい成功をおさめた人の中には、一生懸命働いてそれなりの報酬を得ても、その報酬はいったん手に入れてしまうとつまらないものになる、という経験をもっている人も多い。アダム・スミスだったらこれを聞いてもまったく驚かないであろう。物質的な富による幸福の追求は欺瞞に基づいている。私たちにとって本当の利益は何かという観点だけから考えても、よい生き方に関する私たらない強力な論拠がある。さらに、この考えを変えなければならないまったく異なる理由があることも、今では理解できる。この考えは、物質的な富や消費に限界があるなどとは誰も考えなかった時代に構想され確立されたのである。成長には限界がないという考え方がすでに擁護できなくなったのであるから、それにともなって、よい生き方に関する私たちの考え方ももはや擁護できなくなったのである。では、私たちは何を目標とすべきなのか。生態学的に見て現状の経済を早急に変える必要に迫られている今こそ、この問題を考え、よく生きるとは本当にどのようなことなのかを見いだす、数世紀に一度の絶好の機会なのである。

（成田訳）

第4章　この生き方の由来はどこにあるのか

よこしまな本能

八〇年代のアメリカにおいて、金もうけの気風は、ごく短期間で多額な金銭が稼ぎだされた点でも、金もうけという目標があからさまに追い求められた点でも、新たな歴史上の高みに達した。このような社会は何もないところから一〇年間で生まれはしない。このような社会の基礎は何世紀にもわたって念入りに築かれてきたのである。八〇年代のどこが間違っていたのか、またその一〇年間がよい生き方の追求に関してどのような幅広い教訓を残したのかを理解するためには、このような社会の基礎を知ることが必要となる。合衆国の生活を支配するようになった考え方は、程度の差はあれ、いまやすべての先進世界に広がって影響を与えている。その考え方は、いわゆる「発展途上の」世界をも引きつけている。

資本主義的心情の起源に関する最も有名な評論——今でも最も啓発的な評論の一つ——は、一九〇四年に初版が出たマックス・ウェーバーの『プロテスタンティズムの倫理と資本主義の精神』である。ウェーバーは、ドイツの社会学者であるが、古今東西を問わず、宗教的、倫理的、経済的な生活についての文献を広く読んでいた。彼は資本主義の精神の独特な点に気づいた。それは、資本主義の精神が異常に貪欲であるということではない。むしろ「中国の官吏や古代ローマの貴族、あるいは近代の農夫の貪欲さのほうが比類がない」とウェーバーは書いている(1)。資本主義に特徴的なのは、財の取得自体のために財を取得するという生き方が倫理的に要請されている、という考えである。金銭と財産は、近代以前は、金銭や財産は、それによって何かができたからこそ価値があった。最低のレベルでは衣食住に困らないということを意味し、裕福なレベルでは広大な地所や召使い、贅沢な娯楽や旅行を意味し、またおそらく恋人を引きつけ政治的権力を得る力をも意味した。資本主義の時代になると、金銭は、金銭で買えるもののためばかりでなく、それ自体で価値をもつようになった。高所得者層では、ものごとの自然の順序が逆になっている。つまり、金銭の価値が金銭で買えるものによって決まるのではなく、ものの価値がものにかかる金額によって決まるのである。オーストラリアの富豪アラン・ボンドは、ヴァン・ゴッホの『アイリス』を五〇万ドルで買うことができたとすれば、それに大して興味をもたなかったであろう。彼がそのほぼ百倍の金を払わなければならなかったからこそ、『アイリス』は世界一高価な絵画になった。そして、世界一高価な絵画を所有することこそ、芸術のことはほとんどわからないボンドが最盛期に望んだことだったのである(ボンドは今では破産しているので、もっと安い値段で手を打つかもしれない)。資本主義的人間にとって、生涯の仕事の唯一の目的は、ウェーバーの言葉を借りれば、「ずっしり重い金銭と家財を持って墓に入ること」なのである。生きるために財を取得するのではなく、財を取得するために生きているのである。アイヴァン・ボウスキーは、「死ぬときに財産が一番多い者が勝ち」とプリントされたティーシャツを持っていた。この言葉は、ウェーバーが頭に描いていた「資本主義的な」態度をたくみに要約している。ウェーバーによれば、前資本主義的な社会では、このように本末転倒して財の取得自体を目標にすることは軽蔑すべきつまらないことであり、「よこしまな本能のなせるわざ」であった(2)。

資本主義の発展は、人々の価値観や目標に対して、また人生における成功とは何かに関する人々の考えに対して、どのような変化をもたらしたのであろうか。財の取得や金もうけに対する人々の態度に資本主義がどのような相違をもたらしたかをよく知るためには、西洋思想の根源にさかのぼる必要がある。

アリストテレスにおける金もうけの技術

西洋的な考え方の起源は、古代ギリシアとユダヤ・キリスト教の伝統という二つの場所に見いだすことができる。まずギリシアに目をむけると、よい生き方の本性に関する活発な哲学的論争が見られる。しかし、この論争に参加した主要な哲学者のうちで、金銭や物質的財の取得を基準にして成功をみている者は一人もいない。プラトンは、『国家』の中で理想的な共同体を描いたとき、それが三つの階層からなるものとした。そこでは、最も低い階層――農民や職人の階層――だけが利益のために働き、財をたくわえる。支配者と守護者は自分の家庭さえもたずに共同で暮らすことになっている。堕落をもたらす金銭の影響を受けなければ、彼らは賢明に正しく統治することがいっそううまくできるであろう。このユートピアの提案はアテネの市民生活とはまったく関係がなかった。アリストテレスの哲学のほうが当時の人々の実情に合っていたし、現代の人々の実状にも合っている。共有というプラトンの構想のもとでは必要な仕事が平等に負担されない、とアリストテレスは反論した。一生懸命働いた人は、「少ししか働かないのに多くを受け取ったり多くを消費する人々」を恨むであろう。[3]アリストテレスは、ものを所有する喜びも認め、それを正当であると考えていた。というのは、「自愛は自然によって与えられた感情であり、無意味に与えられたわけではないからである。もちろん自分本位であることは非難されて当然である。だが、自分本位は単なる自愛ではなく、守銭奴の金銭欲のように過度の自愛である[4]」。

　正当な自愛と自分本位とのこの区別にしたがって、アリストテレスは、「財取得の自然な技術」を金銭への過度の欲望から区別した。財取得の自然な技術は一種の「家政術」である。つまり、それは一家に生活の手段を提供する。アリストテレスはこの技術に明確な限定を設けてはいないが、人々には一家の必需品として適切なものは何かということを見分ける分別を養う能力がある、と考えていたようである。金もうけは、必要なものを一家に供給するという目的の手段になりうるが、それはあくまで手段にすぎないから、その目的自体の本性によって限定を受けるのである。

アリストテレスは、この適切な金もうけの仕方と、それとは異なる行動を比べ、次のように述べている。

……金もうけを家政術の目的であると思い込んでしまう人がいる。そして、そのような人々は、自分たちの金銭を際限なく増やすか、さもなくば、ともかく減らさないようにすべきだ、と生きている間中いつでも考えている。……すべての素質や技術を金もうけの手段にする人がいる。彼らは金もうけを目的にし、その目的の達成のために一切をつぎ込まなければならないと考えている。⑤

アリストテレスによれば、このような人々は目的と手段を取り違えているのである。彼らは金銭こそが富であると信じている。この信念が正しいはずがないことを示すために、アリストテレスはミダス王の寓話に言及している。ミダス王は触れたものは何でも金に変わればよいという欲張りな願いをもっていた。そして、食べ物が口の中で金になったので飢えてしまった。ありあまるほど持つことができても人を餓死させるようなものがいったいどうして富となりうるであろうか、とアリストテレスはたくみに問いかけている。

アリストテレスにとっては、必要を満たすために財を取得することは自然なことであり、したがって「果実や動物で金をもうける技術は常に自然である」が、金銭自体のために金銭を取得することは不自然で誤りである。商売として、ないしは金もうけの手段として、ものを交換することは不自然であり、「互いに相手から利益を得る方法」であるから「非難されて当然である」とアリストテレスは考えていた。言い換えると次のようになる。作物を育てたり動物を飼育している場合には、自然から恵みを受けることで手元のたくわえを増やしている。一方、買った生産物をさらに高い値で売る場合には、その生産物の価値を高めているわけではない。買値よりも高い値で買いそうな他人から利益を得ているのである。

さらにアリストテレスは、金銭を貸して金もうけをする商売が最も嫌われる、と言っている。この商売が嫌われるのは、

金銭の自然な利用法によってではなく、金銭自体から利益を得るからである。というのは、金銭は利子を増やすためではなく、交換のさいに使うように作られたからである。……したがって、あらゆる金もうけのやり方のうちで、これが最も自然に反している。(6)

この考え方は、アリストテレスの金銭不妊の説として知られるようになった。動物や植物が子孫を増やすのは自然であり、それを私たちが利用するのも自然である。しかし、金銭

は子を生まないから、それを増やして金銭をもうけるのは自然に反するのである。

商人は神に気にいられるか

西洋思想のもう一つの主要な源泉であるユダヤ・キリスト教の伝統に目を移すと、古代ヘブライの聖典も金銭を貸して利子をとることを非難していることがわかる。しかし、多くの点でそうであるようにこの点でも、それらの聖典は他の部族に囲まれた小さな集団にふさわしい部族倫理を打ちだしている。たとえば、『第二法の書』には次のように書かれている。

あなたの兄弟から、どんな利子も取ってはならない。金の利子も、食べ物の利子も、一般に利子の取れるどんなもののためにも、利子を取ってはならない。異国人からは利子を取ってもよいが、あなたの兄弟からは取ってはならない。(7)

ずっと後になってユダヤ人のあいだにキリスト教が生まれたとき、キリスト教は普遍的な倫理を提唱した。イエスが人々に自分の敵を愛するように教えたのは誰でも知っているが、敵に利子を課してはならないと命じた事実は今日ではそれほど知られていない。

ところで、あなたたちは、敵を愛し、善を行い、返しをまたずに貸せ。そうすれば、大きな報いを受け、いと高き御方の子となることができる。(8)

誰からも利子を取ろうとしてはならないというこの戒めは、金もうけ全般に対するイエスの態度と一致する。その態度の最も有名な例としては、イエスがエルサレムの神殿から両替商ばかりでなく「神殿の中で売る人、買う人をみな」追い出した、という事実があげられる。そうしながら、イエスは追い出した人々に向かって、神殿は祈りの家であるべきなのに「あなたたちは、それを盗人の巣にするのか」と言った。(9) 商売で利益を得ることは一種の盗みであると言いたかったのであろうか。

永遠の生命を受けるためには何をしなければならないかと尋ねた金持ちの男に対するイエスの答えのおかげで、世俗的に富む者に対する彼の態度も同様によく知られている。その男は若いときからすべての戒律を守ってきた。にもかかわらず、イエスは彼に対して、それだけでは十分ではないと言った。そして、「あなたには一つだけ足りない。帰ってあなたの持ち物をみな売り、貧しい人々に与えよ。そうすれば、天に宝をつむだろう」と言った。弟子たちがこの言葉に驚いたとき、彼は弟子たちに「子どもたちよ、金をたのみにする人が神の国にはいるのは、実に難しいことだ。金持ちが神の国にはいるよりは、らくだが針の穴を通るほうがもっとやさしい」と言った。(10)

初期のキリスト教共同体は、これらの教えを守り、ほんのわずかな共有財産しか持っていなかったようである。教父たちの教えもこの事実に合っていた。ものを貧しい人々に施すのは慈悲の問題ではなく、正義の問題であった。というのは、大地は万人のものとみなされ、自分に必要な分を越えたものに対する権利は誰にもなかった。[11]もとは両替商であった使徒マタイがキリストの復活後、もとの職業に戻らなかったのに対して、もとは漁師であったペテロは戻ったという事実を、教皇グレゴリウスは指摘したが、彼は印象的な一節で、下水掃除のように体を汚す卑しい仕事があるように魂を汚す仕事があるが、両替はその一つであると言っている。[12]

このように、キリスト教の伝統が金もうけに対して冷淡であったとしても驚くにはあたらない。五世紀に、大教皇レオはナルボンヌの司教あての手紙に、売り買いをしながら罪を避けることは難しい、と書いた。この言葉は何度も引用されたので、カノン法、つまりカトリックの教会法の一部となった。「商売をしている者が神に気に入られることはほとんどない、あるいはまったくない」というよく引用される格言も教会法の一部となった。一二世紀の初めに、オータンのホノリウスは神学的な対話篇を書いたが、その中で、ある弟子が、さまざまな生計によって生きている人々の救済の見込みについて師に尋ねている。商人が救済される見込みを尋ねられたとき、師は、実は彼らのあらゆる財産はもうけたいという利己的な欲望に駆られて詐欺や嘘によって手に入れたものなので、彼らが救済される見込みはほとんどない、と答えている。一方、土地を耕す人々が救済される見込みのほうはずっと高い。なぜなら、彼らは簡素に過ごし、額に汗して神の民を養っているからである。[13]

キリスト教が支配していたヨーロッパに商業が発達すると、金銭貸付という罪は繰り返し非難を浴びた。ジョン・ヌーナンは、カトリック教会における金銭貸付をめぐる論争についての学問的研究の序文で、次のように指摘している。現代の視点から見れば、

……利子が「貸付による利潤」として定義され、西洋の社会のあらゆるところで金銭貸付が罪であると信じられ、ヨーロッパのあらゆる商人や地主が金銭貸付に罪の意識を感じるということが、かつてありえたなどと想像することは不可能である。(14)

しかし、少なくとも五百年間は、実際にそういうことが起こっていた。一一三九年のラテラノの公会議では、金銭貸付――金銭貸付は、どんなに低い利率であろうと利子付きで金銭を貸すことを意味した――は「恥ずべきこと」として糾弾された。四〇年後に開かれたラテラノの他の公会議では、金貸しを破門し、彼らにはキリスト教の埋葬を行わず、彼らからの進物や献金を拒否すべきである、という決定が下された。この頃までには、利子の定義は広くなり、現金払いの人よりも信用払いの人のほうに高値でものを売ることも含むようになった。一三一一年のヴィエンヌの公会議では、破門の範囲が広がり、金銭貸付を公認したかあるいは保護した人は誰でも破門の対象になった。その中には金貸しを保護していた諸侯たちも含まれていた（多くの諸侯たちは、戦争のために金が必要になった場合、利子を払ってもよいと考えており、そのようなときには金貸しを保護した）。また金銭貸付の禁止は、反ユダヤ主義に決定的なはずみを与えた。キリスト教徒は金貸しにはなれなかったた

めに、金貸しはユダヤ人の役割になった。すでにさげすまされていた「キリストの殺害者」に対する当時の偏見に、金銭貸付に対する嫌悪感が油を注いだ。

金銭貸付に対する非難の根拠のいくつかを現在の考え方と比べると、そこには興味深い対照がある。中世の神学者であるチョバムのトマスは、「金貸しは、まったく働かなくとも、また寝ているあいだでさえも、もうけたいと願っていて、これは「あなたは、額に汗することでパンを手に入れる」という主の教えに反する」から、金銭貸付は非難に値すると考えていた。さらに、トマスは続けて、彼らが売っているものは本当は一切彼らのものではないと述べている。つまり、彼らは時間しか売っていないが、時間は神のものであるというわけである。これは金貸しを泥棒扱いしているが、事実金貸しは略奪や盗みの一種に分類されることが多かった。一方で金貸しはもう一つのよく知られた恥ずべき職業であった売春と同列に扱われることも多かった。トマスは、この扱いは売春に対して公正でないと考えた。売春婦は、仕事はいかがわしいが、少なくとも働いて金を稼いでいたからである。これだけでは十分でないかのように、トマスは他の文献で、農夫は日曜日には自分の家畜を休ませるが、金貸しは自分の金銭――金銭は金貸しにとっては自分の家畜であるが――に安息日を与えない点を指摘している。

金貸しのみじめな死の話は、この時代に説教師が最も好んだ話題の一つであった[15]。金貸しがあの世でどうなったかという話もそうであった。シエナの聖ベルナルディーノは、審判の日の金貸しのありさまを次のように書いた。

それから、天国のあらゆる聖人と天使は彼に向かって「地獄へ、地獄へ、地獄へ」と叫んだ。星きらめく天空たちも「地獄の火へ、地獄の火へ、地獄の火へ」と叫んだ。惑星たちも「地獄の深みへ、地獄の深みへ、地獄の深みへ」と騒ぎたてた。[16]

金銭貸付は強欲と結び付けられた。最初の至福一千年を迎えるために、信者が悪に陥らないように警告することが望ましいと考えた宗教家がいたが、数えられないほどのそのような警告の中で悪徳の筆頭にあげられたのは、たいていの場合、貴族の悪徳である高慢であった。しかし、商業が発達するにつれて、強調点が変わった。中産階級の悪徳である強欲が、高慢とともに筆頭にあげられるようになったのである。一〇四三年に聖ピエトロ・ダミアーニは、強欲はすべての悪の根源であると明言し、「キリストと金銭は相いれない」ようなキリスト教の生活を送るように努めよと修道僧に忠告した。ソールズベリーのジョンは強欲にまさる悪徳はないと書き、ベルナールは強欲な人は「地獄のようだ」と端的に言った。

彫刻家や画家は、世論のこのような動向を反映して、作品の中で強欲を擬人化し、それが罰せられている姿を喜んで表した。強欲は、口をあけ財布を握りしめてうずくまっている像として描かれることが多かったが、首にぶらさげた財布の重みで前かがみになっている太った化け物として描かれる場合もあった。パルマの近くの教会のレリーフには、そのような化け物の罰せられている姿が彫られている。その強欲像は、首の周りに財布をぶら下げているうえに、それが背負っている金庫を悪魔が押さえつけて重みを加えている。おまけに、もう一人の悪魔が彼の歯をペンチで引っ張り出している。モアサックの修道院のポーチには、ルカによる福音書の中で語られているラザロと金持ちの物語が描かれている。上のほうでは、金持ちが贅沢な宴会を楽しみ、貧しい病気のラザロのほうは外の地面に横たわっている。金持ちの犬がラザロのはれものをなめている。しかし、物語がすすむと、ラザロはアブラハムの胸に抱かれ、金持ちのほうはもう死んでいて悪魔から拷問を受けている。(17)

金貸しや強欲ばかりでなく、金銭自体の評判もかんばしくなくなってきた——文字どおり金銭は臭いものとして扱われたのである。ブルターニュのある司祭は、献金からコインを数枚抜き取ったかどで告発されたが、そのさいそればかりでなく十字架を大便で汚したかどでも告発された。この二番目の異様な告発は、金銭と大便の間に象徴的な連想があったために生じたに違いない。このような連想が確かに存在したことは、写本の余白にコインを排泄している人間の絵(また、猿の絵)を書くという、一三世紀の終わり頃に顕著だった慣習を見ればわかる。(18)

一三世紀には、中世のスコラ哲学者によってアリストテレスが再発見され、ユダヤ・キリスト教の伝統に新しい考え方が吹き込まれた。ヨーロッパでは何世紀にもわたって、アリストテレスの著作は論理学に関するものしか知られていなかった。一三世紀になると、アラビアの学者たちが保存していたアリストテレスの『倫理学』や『政治学』が読まれ、議論され、広範な倫理的問題や社会的問題を扱った論文の中に取り入れられた。トマス・アクィナスは、アリストテレス――トマスはアリストテレスを、あたかも議論に値する哲学者が他にはいないかのように、単に「哲学者」と呼んでいた――の見解をキリスト教の教えと混合調和させることを生涯の仕事とした。経済学の領域では、その両者を混合調和させることは難しくなかった。スコラ哲学者がアリストテレスを読んだとき、利子付きの金銭貸付という中心的な問題に関するアリストテレスの見解が、金銭貸付に関するカトリック教会の一般的見解と完全に一致することに気づいた。アクィナスは、財の自然で合理的で正当な取得に対する制限についてのアリストテレスの見解も容易に受け入れた。このために、アクィナスは、彼に関して一般的に抱かれている像――つまり、きわめて保守的な教会の広範な秩序を支えるゆるがない大黒柱という像――には驚くほどそぐわない見解をもつようになった。というのは、アクィナスは、必要を満たすために取得してもよいものもあるが、取得し保持すると余計なものになるものもある、と主張しているからである。寄付を行う義務についての議論の中で、彼はこの考え方を次のように説明している。

与える者の側は、ルカによる福音書第一一章第四一節の「あなたたちのもつものを施せ」という言葉にしたがって余計な分を与えるべきだ、ということを覚えておかなければならない。……一人の個人が必要に迫られているすべての人を救うことは不可能であるから、必要に迫られているすべての人を救済しなければならないわけではない。しかし、自分が助けなければ助からない人だけは救済しなければならない。というのも、そのような場合には、アンブロシウスの「飢えで死にかかっている者に食物を与えなさい。もし食物を与えなかったら、あなたはその人を殺したことになる」という言葉があてはまるからである。[19]

これは過激な説であるが、アクイナスはさらに論を進める。アクイナスは「必要に迫られて盗みをはたらくことは合法的か」という問いも提出している。この問いに対する答えの中で彼は、所有に関する自然法の見解から、きわめて革新的な結論を引き出している。

……ある人々はものをありあまるほど持っているが、自然法によれば、その余計な分はどんなものでも、貧しい人々の救済という目的のために使用されるべきである。このことを理由にアンブロシウスは次のように述べ、その言葉は『法令集』にのっている。「あなたがひとりじめにしているのは飢えている人のパンであり、あなたがしまいこんでいるのは裸の人の外套であり、あなたが地面に埋めているのは貧しい人を救済し解放するために払われる金である。」

しかし、必要に迫られている人は多くいるのに、同じものによってすべての人を助けるのは不可能であるから、各人は自分の持ち物の使い道を任されており、したがって、その持ち物によって必要に迫られている人を助けるかどうかも各人にゆだねられている。だが、今必要なものに対して何でもその場で手に入るもので対処しなければならないことが明らかなほど必要性が緊急で明白な場合（たとえば、危険がすぐ迫っており、他の仕方で対処できない場合）には、あからさまに、あるいはひそかに他人の財産を奪い、その財産によって必要を満たしても、法を侵すことにはならない。これは、適切に言って、盗みでも強奪でもない。……まわりの誰かが同じような必要に迫られている場合にも、その人を助けるために他人の財産をひそかに奪うことは許される。[20]言い換えれば、所有には制限があるということである。私有財産制度は一定の目的のためにあり、その目的を満たしてもなおあまるほど所有している場合には、そのあまったものは、十分に所有していない人々にまわされるべき余計な分なのである。[21]他人がひどく必要に迫られているときに、自分だけ余計な富を保持する正当な権利はまったくない。飢えにひんしている人々、あるいは、そういう人々を助けに行こうとしている人々は、余計な富をもっている人々から富を奪う資格がある。キリスト教で使われる「隣人」という言葉には地理的な境界はないから、世界のどこかで飢餓に苦しむ人々がいれば、それがどこであろうと、その人々を助けるためには裕福な人々から富を奪ってもよい。そうすることは盗みでも強奪でもない。なぜなら、そのさいに奪われるものは、自然法によれば、余計に所有している人のものではなく、必要に迫られている人のものだからである。

このように、古代ギリシア時代から初期キリスト教時代をへて中世の終わりに至るまで——言い換えれば、西洋文明史の四分の三以上にわたる期間——金もうけは全般的に、けがらわしいものとされることが多かったし、また、もっともうけるために金銭を使うことは特にきびしく非難された。しかし、金銭を増やすために金銭を使うことは、資本主義——少なくとも過去二世紀にわたって西洋世界を支配し、現在では世界で他に並ぶものがない経済体制——には欠かせない。資本主義が発達し結局勝利をおさめるとともに、金銭や財取得に対するまったく異なる態度が生まれてきたのである。

ルターの召命とカルヴァンの恩寵

中世ヨーロッパにおいて商人階級の影響力が増大するにつれて、金もうけに関する伝統的なキリスト教の見方はだんだん押さえ込まれるようになった。だが、この古い見方を一掃したのは新教の誕生であった。マルチン・ルターは、僧侶たちは堕落していて、自分のことしか考えず、信者と神の間の障壁になっていると考えた。その結果、ルターは、キリスト教の共同体を二つの階級に、つまり、僧侶（これには、教皇から最も身分の低い修道僧や修道女にいたるまでのすべての聖職位が含まれる）とふつうの平信徒に分けることを拒否した。カトリック教会においてこの区別を支えていたのは、聖職についている者たちは「召命」［＝神から与えられた天職］にあずかっているが、残りの者たちはアダムの罪のせいで世俗的な労働をしなければならない、という考えであった。ルターはこの考えを退け、聖職者ばかりでなく商人や農民をも含めて、各人が「召命」にあずかっており、それをうまくまっとうするのが宗教的義務であると言った。したがって、商売をすることは本来恥ずべきことであり、商売をすると救済されにくくなる、という古い考えを完全に捨てる必要があった。この考えの放棄が、新教改革者にも大いに役だったのは確かである。彼らには、カトリック教会の確固たる権力に抵抗するために、台頭しつつある中産階級の支持が必要であった。当時の中産階級の富や経済力は、教会が彼らに与えた評価と反比例して伸びていた。

宗教改革の指導者のうちで、商人階級に対する伝統的な宗教的態度を最も徹底的に変えたのは、ジャン・カルヴァンであった。彼の神学を特徴づける（また、反感を招く）要素は、救済予定説である。この説によると、善行を行っても、あるいは道徳的に申し分のない人生を送っても、救済を手に入れることはできない。救済はかならず神の恩寵――アメリカの教会の集会でよく歌われる歌に出てくる「驚くべき恩寵《アメージング・グレース》」――によって与えられるものなのである。地獄で火あぶりになるかもしれないと本気で考えていた人にとっては、恩寵を得たか得ないかということは、絶えない深刻な心配の種であった。このことが、富についてのカルヴァンの見解についての最も顕著な事実――彼が世俗的な成功を恩寵のしるしとみなしたという事実——の背景となっている。こうしてカルヴァン主義者たちは、それまでのキリスト教の見解を逆転した。つまり、彼らによれば、富は救済の見込みをあやうくするどころか、むしろ救済のしるしであり、富めば富むほどそのしるしは確かなものになるのである。

また、カルヴァン主義者は、金もうけのために金銭を使うことによって自然法を侵しているのではないか、という恐れを抱く必要もなかった。カルヴァンは、多くの聖人、教皇、スコラ哲学者の書いたものを無視し、金銭は単に交換の手段として作られているので、金もうけのために使うのはその本質に反する、というアリストテレスの説をあざ笑った。箱の中にしまっておけば金銭が増えないことは子どもにでもわかる、とカルヴァンは言う。金銭を借りる人は、金銭をあそばせておくために借りるのではない。たとえば、金銭で土地を買えば、金銭がさらに多くの金銭を生む。商人は金銭を借りて在庫を増やす。また、ごく当然のことながら、彼らにとって金銭は他の種類の財と同じように実りをもたらす。

もちろん、以上の点に関してカルヴァンはまったく正しかった。封建的経済がおとろえ、都市が誕生し、職人や商人がますます自由に好きなところで売り買いできるようになり、これらのことがすべて原因となって、さらに複雑な経済が生じた。その経済においては、金銭は資本という形をとって、生計を立てるのに欠かせない道具となった。したがって、ますます金銭が資本として使用されるようになってきたことを考慮して、金銭貸付を禁じていた教義を修正すべきだ、と提案することはまったく理にかなっていた。

カルヴァンがスコラ哲学者の詭弁を侮蔑をこめて退けたことも、同じように説得力があった。スコラ哲学者たちは、すでにカルヴァンの時代には、金銭貸付を禁ずる規則に多くの例外を設けていた。これらの商業上の工夫の妙は、税金を最小限にする会計方法が近代に登場するまで類を見なかった。金銭貸付を禁ずる法に対するそれらの例外のおかげで、銀行家たちは、金銭を貸して利益を得ていながら、まったく別のことをしているようにうまく見せかけることができた。カルヴァンの指摘によれば、これは神をあざむくようなごまかしではない。しかし、金銭貸付は本当は罪深いことではないのか。カルヴァンは黄金律にまでさかのぼった。黄金律によれば、金銭貸付が罪深いのは隣人に損害を与える場合だけである。では、金銭貸付はどんな場合に隣人に損害を与えるのか。カルヴァンは、商売の詳細のすべてを一人の人が把握していると思うべきではないと説いた。信ずる者各人の良心に任せよというわけである[22]。商売の本性に関しても、また特定の原理によって導かれないまま利益への衝動と衝突したときの良心の効力に関しても、カルヴァンはおそらく少し単純だった。あるいは、彼は自分の教えが実業界で支持を得ることに主に関心があったのかもしれない。「信ずる者各人の良心に任せよ」ということは、利子を課すことに限って言えば、実際には何をしてもよいということを意味した。

現世での召命というルターの考えと現世の富についてのカルヴァンの見解は急激に新教

の国々に広まり、なかでもエリザベス一世とその継承者によって統治されたイングランドで最も急激に広まった。一六世紀末から一七世紀前半にかけて、多くのイギリスの牧師が「現世における召命に休むことなく精を出せば、神に仕えることになる」ことを読者に保証する著作を出版した。(23) 精神的かつ宗教的なこの動乱期に、ピルグリム・ファーザーズや他の清教徒移民がイギリスを離れ新世界に向かったとき、彼らは新教、特にカルヴァンの教義を抱いていた。

アンドレ・シーグフリードは、アメリカ人の生活を観察したフランス人であるが、現世の富に関するカトリックとカルヴァン主義の考え方の間にある驚くほどの対照と、富に対する態度への後者の影響を次のように書きとめた。

カルヴァンは、……古代以来初めて宗教と日常生活を統一した。というのは、彼の教義によれば、信者は日常の仕事をよく行えば行うほど、神の栄光に寄与することになる。カトリック教会は、いつでも金持ちと結び付いてきたけれども、貧しい人でも魂の高貴さを保ち、もっと神に近づくことさえできると信じていたから、富を敬虔のしるしとしてかかげたことはなかった。逆に新教徒は富を栄光とみなし、利益をたくわえると、神は心優しかった、とうぬぼれて言う。自分の目や隣人の目には、彼の富は神の承認の、目に見えるしるしとして映った。そして、ついには、義務感から行為しているときと、私益から行為しているときの区別がつかなくなってしまう。事実彼は区別したいとはまったく思っていない。というのは、自分の前進に大いに役立つあらゆるものを義務とみなす習慣を身につけているからである。このように自分の心を省みることを多かれ少なかれ意図的に避けているので、彼は偽善者のレベルにも達しない。(24)

宗教と世俗の接近

清教徒は、アメリカに建設すべき新たな共同体をもったとき以来、労働は神の召命であり、富は恩寵のしるしである、という考えを熱狂的に受け入れていた。ニュー・イングランドの説教師の中で最も影響力のあったコットン・マザーは、彼の集会で、キリスト教徒は「他人のために善を施し、自分のためにも善を獲得することによって、神をたたえる」べきである、と語った。(25) ペンシルベニア・クエーカーの創立者であるウィリアム・ペンは、富は「神の栄光に包まれて」生きていることの、目に見えるしるしである、と説いた。(26) もちろん、マザーとペンの両者にとって、この現世の召命は生活の一面にすぎなかった。それが神に気に入られるためには、しかるべき精神生活と釣り合いがとれていなければならなかった。しかし、より永続的な痕跡をアメリカ社会に残したのは、財の取得の生活への賛美のほうであった。こうなったことには、おそらくベンジャミン・フランクリンにも責任がある。

フランクリンは、署名するときにふつう「印刷屋、ベンジャミン・フランクリン」と書いていたが、今日では彼の名前を聞くと多くの肩書、たとえば、作家、哲学者、科学者、革命家、政治家、アメリカ憲法制定会議のメンバー、などが思いおこされる。だが、彼と同時代の一八世紀の人々の多くにとって、フランクリンは、独力独行の人、つまり「貧しい少年から身を起こして成功した人の最高のシンボル」として、また「貧しいリチャード」という貧しい農夫の作とされていた暦の発行者として、最もよく知られていた(27)。この暦をいっそうおもしろくて役に立つものにするために、「暦の重要な日々の間のわずかな余白を、主に勤勉や質素倹約を……説いた格言風の文ですっかり埋めた」とフランクリンはその自伝の中で述べている。この暦は、年間のベストセラーとなり、若きフランクリンに名声と富の両方をもたらした。一七五七年にフランクリンは、暦の発刊二五周年を記念して、暦にのせた数々の格言を編纂し、ファーザー・アブラハムという男が語る形式にして、『富に至る道』という書名で出版した。暦がよく売れたとすれば、この語り形式の本のほうは大当たりだった。この本は、一八世紀の終わりまでに七カ国語に訳され、少なくとも一四五回版を重ねた。そのうえ、この人気は長続きした。一九世紀にナサニエル・ホーソーンは、すでに故人となっていたフランクリンのことを称して「ほとんどアメリカ中の家庭の相談相手、家族ぐるみの友人」と呼んだ。さらに、一九世紀の終わり頃のある学者の計算によると、『富に至る道』はアメリカ人の著作の中で最も版を重ね、最も多く翻訳されたものであることがわかった。(28)『富に至る道』には次のような格言がのっている。

なまけ者が眠っているまに、深くたがやせ。

台所がふとれば、遺言書はやせる。

阿呆が作るごちそう、食う利口者。

稼ぐだけ稼いだら、稼いだものは手放すな。これが鉛を黄金に変える魔法の石だ。

倹約や勤勉に対するこうした態度、富の獲得と維持を重んずるこうした態度は、フランクリンの他の著作『若き商人への忠告』の中にも現れている。マックス・ウェーバーはこの著作からかなり長く引用しているが、その引用箇所には「ほとんど古典的な純粋さをたもった」資本主義の精神が表現されていると考えている。以下は、ウェーバーが引用した箇所の全部ではないが、十分その趣旨を伝えている。

時は金なりということを忘れてはならない。一日働けば一〇シリング稼げるのに、半日のあいだ外出したり、なまけて座っていたとしよう。この場合、気晴らしの間や、なまけている間に六ペンスしか使っていなくとも、出費はそれだけだと考えるべきではない。本当は、その他に五シリングを使っているか、むしろ捨てている計算になるのである。

つまり、「富に至る道」は、あなたが富を望むなら、「市場に至る道」と同じように明白である。富に至る道は主に「勤勉」と「倹約」という二つの言葉にかかっている。つまり、時間と金銭を無駄にせず、それら両方を最高にうまく使え、ということである。偽りなく得ることができるすべてのものを手に入れ、手に入れたものをすべて(必要な出費はのぞいて)たくわえれば、きっと「金持ち」になる。

ウェーバーの考えによれば、フランクリンのような態度は、古代においても中世においても「最も低級な強欲」とみなされた。[29] ウェーバーは、フランクリンを非難する理由として、より多くの財を取得するために生きるべきだという見解を提唱したことをあげている。この見解はウェーバーが引用した部分の特徴を正確に表しているが、フランクリンを責めるのは公正でない。ウェーバーは、ファーザー・アブラハムでも貧しいリチャードでもなかったのである。現実のフランクリンは、アメリカ哲学会や他の多くの公的なプロジェクトばかりでなく、フィラデルフィアの最初の大学や病院を創設したり、あるいは、それらの創設に手をかしたりした。[30] 彼は四二歳で実業界を引退したとき、すでに手にした「まあまあだが十分な財産」があれば「残りの人生において哲学の研究や楽しみのための閑暇を」もつのに不足はないと考えた。このように彼は、財の取得のための財の取得には興味がなかったことを、この上なくはっきりと示した。(彼は、ボウスキー、トランプ、ミルケンのような一九八〇年代における彼の再来と言われている人々よりもはるかに賢明であることも示した。これらの人々は、「十分」以上の財産を取得しながら、より多くの金をもうけること以上に楽しいことはないと思っていた。）フランクリンは、理論的なレベルでも実践的なレベルでも、当時の思想や政治の舞台に積極的にかかわった。しかし、当時のほとんどの人に彼が残したメッセージは、このような彼の面ではなかった。金もうけについての近代のアメリカ人の考え方の発展においてフランクリンが果たした重要な役割は、神の召命という清教徒の考え方の世俗化にはずみをつけた点にある。彼のよく読まれた著作の中では、勤勉や倹約は、神の栄光をたたえ神の意志にそう方法としてではなく、金持ちになる方法として推奨された。

一九世紀のアメリカでは、宗教的な根拠と世俗的な根拠の両方に基づいて、富の獲得が人生の本来の目的であるという考えを抱くことは正しい、と思われていた。ピーター・バイダは、『貧しいリチャードの遺産』という適切な題名のついた本の著者であるが、初期アメリカにおける富への執着はヨーロッパのきびしい階級構造からの断絶の結果であると理解している。「すべての人間は生まれつき平等であり、誰でも自分の努力しだいで自由にいくらでも上にのぼることができるという考えは、その若い国でその考えにふれたあらゆる人を奮起させた。少なくとも白人の男性にとっては、世界中でこの国ほど成功への障害が少ない国はなかったし、この国ほど機会均等という理想の実現に近づいた国もなかった。」(31)

フランクリンによって一般に広められた富の追求という世俗的な目的は、前章で見たように、アダム・スミスによって経済学的に正当化された。アメリカの宗教指導者は、自分たちが誰にも劣らず金銭倫理の支持者であることを証明し続けた。一八三六年にトマス・P・ハント牧師は、『富の書――金持ちになることは万人にとっての義務であることが聖書から証明される――』という本を出版した。一八五四年に「ハント・マーチャント・ジャーナル」誌上では、原罪とは商売に精を出さないことである、という議論をある作家が展開した。その議論は、「アダムが創造され、エデンの園におかれたのはビジネスのためであり、彼が生まれつき定められた仕事に忠実に精を出していたほうが、人類にとってよかったであろう」というものである。さらにボストン・ユニタリアン派の牧師であるトマス・パーカーは、実業家を「道徳の教育者、ビジネス界に入ったキリスト教の聖職者……」として聖人の列に加えることを提案し、さらに、「実業家をまつる聖堂を銀行、教会、市場、取引所に建てよ。商売の聖人より高みに立つ聖人はいない」と言った。一九世紀の大半を通じて、アメリカの学童の少なくとも半数がおそらく読んでいたマガフィー・リーダーズは、「金もうけは神慮によって設けられた道徳的義務であることを読者に保証した(32)」。

二〇世紀の初めには、ジョン・ロックフェラー・ジュニアが、現代の科学時代にいっそうふさわしい言葉で、自分が父から相続しようとしていた企業の規模を正当化していた。

巨大な企業が成長するのは、適者生存の一例にすぎない。……見る者に喜びをあたえるほど華麗にかんばしくアメリカン・ビューティというバラを咲かせるには、まわりのつぼみを早いうちに摘み取るしかない。このようなことは、ビジネスでは悪い風潮ではない。それは、自然の法と神の法が働いた結果にすぎないのである。[33]

このような思想の背後には、社会ダーウィン主義、つまり、イギリスの哲学者であり社会科学者であるハーバート・スペンサーを連想させる哲学的見解がある。ダーウィン自身は進化の過程に一定の道徳的な方向を見ようとするいかなる試みもかたく拒否したが、スペンサーは進化をモデルにした社会倫理学の考えを展開した。彼の見解では、生存競争こそが社会の進歩の主な原因である。したがって、国家の干渉を極力受けることなく生存競争が続けられるようにすべきなのである。莫大な富は莫大な危険ないしは苦痛の報酬であり、それがなければ社会は進歩しない。

スペンサーの哲学は、アメリカで異常な人気を博した。賞賛者の一人F・A・P・バーナードは、スペンサーを「現代の最も深遠な思想家であるだけでなく、あらゆる時代を通じて最も幅広く最も力強い知性」であると評した。[34] このような賞賛は、哲学者としてのスペンサーの功績にはおかしいくらいそぐわないので、このような賞賛が生まれたのはスペンサーの進化論的な考えとアメリカの風潮が見事に一致したためである、としか説明のしようがない。当時、合衆国の最高裁判所は、産業を規制しようという企てをつぶすために、合衆国憲法修正第一四条――いかなる国家に対しても「適正な法手続きをとることなくいかなる人の生命、自由、財産を奪う」ことを禁じている修正条項――を使っていた。スペンサーは、自由な企業活動、市場の力、進化上の生存競争に国家が介入することに反論するための哲学的な根拠を提示しているように見えた。このような文脈であまりにもひんぱんにスペンサーが引き合いに出されたので、ホームズ判事は、最も偉大な最高裁判所判事の一人であり彼自身スペンサーの賞賛者であったが、ついには判決文の中で「合衆国憲法修正第一四条は、ハーバート・スペンサー氏の『社会静学』を法律にしたものではない」という有名な抗議を行う気になった。(35)

スペンサーはまた、アメリカの最も偉大な実業家の一人であるアンドリュー・カーネギーの熱狂的な支持を得た。カーネギーは貧富の両方を経験したまれにみる人物である。彼は貧しいスコットランド移民の息子でありながら、カーネギー製鉄所を創設し、世界的な富豪の一人となった。稼ぎの多くを生涯にわたって公共の善のために投げ出すことが、自分の義務であると彼は思っていた。また、同じようにしない金持ちに対してきびしい累進相続税を課すことに賛同した。にもかかわらず、彼は自伝の中で自分自身をスペンサーの弟子と呼び、スペンサーの影響のもとで「富の福音」として知られるようになった評論を書いた。その評論の中で、彼は自由競争を次のように賛美した。「［自由競争の］法則は個人にとってはきびしい時があるが、人類にとっては最良の法則である。なぜなら、その法則に従えばあらゆる部門でかならず適者生存が行われるからである。」彼は、アダム・スミスのように――より遠まわしではあるが――金持ちがいることは貧しい人々のためになる、という議論を展開した。

貧しい人々は、以前には金持ちでも得られなかったものを享受している。……労働者は、今では数世代前の農民よりも快適な暮らしをしている。農民は、以前の地主よりも贅沢に暮らし、高価な衣服を身につけ、よい家に住んでいる。地主は、以前には王でも手に入れられなかった貴重な書物や絵画、それに芸術的な装飾品をもっている。……したがって、われわれは……工業であろうと商業であろうと、企業が少数の人の手に集中することを、……受け入れ歓迎しなければならない。……彼らは、富を蓄積するに違いない。個人主義、私有財産、富の蓄積の法則、競争の法則は、人類の経験の最高の成果であり、……人類が今までなしとげてきたもののなかで、最も素晴らしくて最も価値がある。(36)

アメリカを観察した人々は、金もうけの重視がアメリカ文化のきわだった特徴であることを久しく指摘し続けた。この特徴は、すでに一八三五年にアレクシス・ド・トクヴィルが『アメリカの民主政治』を出版したときにははっきりと現れていた。彼は、その本の中で「このように金銭への愛着が人の気持ちを強くつかんでしまった国を、本当に他には知らない」と述べ、同じ本の他のところで「したがって、富への愛着が、アメリカ人のあらゆる行動の根底では、もともと主な動機ないしは付随的な動機になっているはずである」と書きとめた。(37)一八五五年に出版されたアメリカ文化に関する本の中で、ドイツの作家フェルディナント・キュルンベルガーは、ベンジャミン・フランクリンのよく知られた教訓をからかった。キュルンベルガーによれば、それらの教訓は「家畜から脂を、人から金を」作りだす哲学を表している。(38)一八六四年にはトマス・ニコルズが次のように書いた。「これほど金銭が熱心に求められているところはない。アメリカが現実にしていることは、金もうけのために金もうけをすることである。金もうけは目的であって、手段ではない。(39)」フランス人アンドレ・シーグフリードは、二〇世紀の最初の四半世紀にアメリカを広く旅したのち、アメリカは「人々よりも物を生産するために組織され、生産物が神とされている物質主義の社会」であることを発見した。「アメリカと比べれば、物質の追求はヨーロッパの魂を完全に奪うところまではいっていないことがわかる。(40)」さらに後でイギリスの政治学者ハロルド・ラスキは次のように主張した。「合衆国ほど実業家が自分の手にした権力や名声を享受した文明は以前にはなかった。合衆国の大実業家は、資本主義以前のヨーロッパにおける地主、軍人、あるいは僧侶に匹敵する特権的な地位についている。(41)」

イギリスの歴史家R・H・トーニは、アメリカによって典型的に代表されるようになった社会形態の呼び名をみつけた。

このような社会は「獲得社会」と呼ぶことができるであろう。なぜなら、このような社会の全体的な傾向、関心事、専心の的は、富の獲得を増進することにあるからである。この考え方は心に強く訴えかけるに違いない。というのは、それが近代社会全体を魅了してしまったからである。……その考え方が勝利をおさめた秘密は明らかである。自然や社会、技能や好運によって与えられた力を、その使い方を制限する原則があるかどうかを問わずに、使うことは人間にとって一つの誘惑である。……そういった力をこのように行使することは、富の取得の範囲を際限なく広げ、したがって人間の最も強力な本能の一つを自由に解放することになる。

二〇世紀の初めまでには、アメリカは以上のような特性をもっていた。世界のどこにもアメリカほど自由市場が明らかな成功をおさめたところはなかった。世界のどこにもアメリカほど社会主義や他の左翼思想が影響力をもたないところはなかった。ヨーロッパでは、またオーストラリアのようなアメリカ以外のアングロ・サクソン系移民の国々でも、左翼政党は初めて政権をとったり、あるいは少なくとも保守的な与党にとって深刻な政治的脅威となるくらいの勢力をもっていた。しかし、合衆国では、「社会主義者」というレッテルはずっと罵倒の言葉であったし、それを真剣に受けとめれば政治的な自滅につながった。一八八七年にフリードリッヒ・エンゲルスがアメリカの労働運動を調査したとき、彼が真に社会主義的であるとみなした政党は一つしか見つけられなかった。その政党は、ドイツ系移民によって創設され、社会主義労働党と呼ばれていた。だが、その政党が党員数を増やして影響力をもつためには「何よりもまず英語を学ぶ」ことを党員に勧める必要があるとエンゲルスは考えており、この事実を見れば、その政党がどの程度アメリカ人の生活の一部になっていたかがよくわかる。(42)

消費者社会

富の重要性に関する宗教的な考え方と世俗的な考え方が以上のように組み合わさって、よい生き方に関する近代的な考え方の基礎ができた。合衆国においてこの考え方が現在の形をとったのは一九五〇年代のことである。合衆国において産業の生産力が拡大したのは、ナチズムと日本帝国主義との戦争を勝利に導くのに必要なものを満たすためであった。五〇年代になって、合衆国の産業は――部分的にではあるが――消費財の生産によって不況から抜け出した。しかし、買う人がいなければ消費財を生産する意味がない。だから、こうした消費財こそ自分たちが本当に欲しがっていたものだということを、人々に納得させなければならなかった。ヴァンス・パッカードの『かくれた説得者』はこの状況を次のように描いた。

五〇年代中頃までに、アメリカの生産者は信じられないほどの生産高を達成していたが、生産高がオートメーションによっていっそう途方もないものになることは約束されていた。一九四〇年と比べて、国民総生産は四倍以上に跳ね上がり、一人一時間当たりの生産性はほぼ四半世紀ごとに二倍になるペースで上がっていた。

この国民が達成しつつあったこのように豊かで充足した生活をどう見るか。一つの見方は、すべての人が絶えず上昇する生活水準を享受できるような輝かしい生活であるというものであった。この見方はすみずみまで広まった。しかし他の見方もあった。つまり、望もうが望むまいが、人々は自分たちの経済のために、ますます多くのものを消費せざるをえない状況にあるという見方である[43]。

パッカードの本で本当に評判になったのは、その頃急に勢いを得てきた広告業界が、心理学者を雇って、消費者に購買意欲をもたせる潜在的な動機の研究を始めた様子を描いた部分であった。いったんこの動機がわかれば、それに応じて製品のイメージがデザインされる。こうして、広告は、地位への欲求、まわりの人に遅れはしないかという恐れ、体臭がしないかという心配をうまく利用し始めた。

五〇年代のアメリカの自動車産業のことを考えてほしい。毎年出される新型車は、前年の型よりも大きかった。五〇年代を通じて、いや六〇年代になってもかなりの間、あいかわらずアメリカの自動車はばかでかく、危険で、燃料が無尽蔵だといわんばかりに燃料を喰い、大気を汚染し、頼りにならず、運転しにくかった。それでも驚くほどよく売れた。

巧妙な広告のせいで、人々は二、三年以上前の自動車に乗っているのがどこか恥ずかしいと思うようになった。今年の新車といっても、結局車体が長くなったり、低くなったり、ひれ状の部分が取りつけてあったり、というだけのことであった。新車を買った消費者は、よりよい交通手段よりもむしろ地位を買っていたのである。

社会改革運動家のラルフ・ネイダーという若い弁護士が、あの運の悪いコルベール——この自動車は曲がるときひっくりかえるという驚くべき性質をもっていた——をめぐってゼネラル・モーターズ社をきびしく追及し始めるまで、安全性は問題にもならなかった。(ゼネラル・モーターズ社はネイダーを陥れるスキャンダルをでっちあげるために、魅力的な若い女性を雇って彼を誘惑させるという致命的な誤りを犯したが、このことがなかったらネイダーの追及はまったく成功しなかったかもしれない。この小細工がばれたとき、会社の印象は悪くなった。)一九七三年に産油国がアメリカへの供給を減らすまでは、燃料の効率性は問題にならなかった。日本人が信頼性のある運転しやすい自動車の大量販売にのりだすまでは、アメリカの生産者は自動車のそういった質に関心をもたなかった。もちろん、それから後も地位が車を買う要因の一つであることには変わりはなかったが、そのことがほんの少しばかりわかりにくくなっただけである。

しおれた緑の新芽

六〇年代には、最初に公民権運動、次にベトナム反戦、最後に全面的なカウンターカルチャー運動のために、多くのアメリカの若者は自分たちが生きている社会について疑問を抱いた。彼らは、アメリカ社会が約束する未来の生活についてもすぐに疑問をもち、根本的に新しい答えを見つけつつあった。エール大学法学教授チャールズ・ライクは、六〇年代の終わりに『アメリカの緑の新芽』という本を書いた。その本は予言で始まっていた。

革命が起こりつつある。……その成功のためには暴力は必要ではないし、暴力でそれに対抗してもうまくいかない。その革命はいまや驚くほど急激に広がっていて、その結果われわれの法、制度、社会構造はすでに変わりつつある。……これは新しい世代の革命である。彼らの抵抗や反逆、文化、服装、音楽、麻薬、考え方、自由な生活様式は、一時的な流行でもないし、反対や拒絶の一形態でもないし、けっして不合理なものでもない。その革命が現れるパターンは、理想からキャンパスでのデモ、ビーズのネックレスとベルボトムのズボン、ウッドストックの祭典に至るまで、すべて意味をもっており、一貫した哲学の一部となっている。この革命は必然的で不可避的であり、いずれ若者だけでなくアメリカ人すべてを巻き込むであろう。(44)

ベルボトムのズボンがどうして一貫した哲学の一部なのかをライクは説明しなかった。それに、彼は予言者としても成功しなかった。彼は、六〇年代のカウンターカルチャー運動がちょうど頂点に達したときにこの本を書いた。数カ月の間、この本はヒットし、百万部以上売れた。誰もがこの本のことを話題にした。その後、この流行に現実が水をさした。『アメリカの緑の新芽』が書店に届く前に、ウッドストックの平和と愛はアルタモントのロック・フェスティバルの残虐な暴力に変わっていた。一九七二年の大統領選でリチャード・ニクソンが平和派候補ジョージ・マクガバーンに圧倒的な差をつけて勝ったとき、『アメリカの緑の新芽』の冒頭の一節は味気ないジョークに見え始めた。世界を変えることができないまま、夢から覚めた急進派は、まず自分自身を変える必要があると思うようになった。

ある意味でこれは論理的な前進であった。その前進の背後にある論理は、大いに好評を博した（後に映画化された）ペーター・ヴァイスの演劇『マラー／サド』の中で、マルキ・ド・サドの口を通してすでに語られていた。サドは、フランス革命の指導者ジャン＝ポール・マラーに向かって、マラーがどこで誤ったかを語った。

マラーよ

自己の内面というこの牢獄こそ

どんなに深い石造りの地下牢よりも悪いのだ

この牢獄が開かれない限り

君たちの革命はすべて
牢獄内の反抗にしかすぎない
買収された囚人仲間の手にかかって
いずれは鎮圧されてしまう[45]。

こうして、革命家たちは内面に向かった。カリフォルニア大学バークレー校での「自由言論運動」以来、「運動《ムーヴメント》」の側にいたマイケル・ロスマンは、一九七二年に次のように書いた。

これからの五年間を予想してほしい。意識というものが、この国で最も急成長する産業になるであろう。突然変異でできた花の万華鏡が、街のあらゆる所で見られるようになるであろう。あまりに多くの人が安易な逸楽《ロトス》のとりこになり、私たちが始めたことをまとめあげるという仕事をやめてしまうであろう[46]。

数カ月後、最も劇的な転向の一つが起こり、ロスマンの言ったことが誇張ではないことがわかった。レニー・デイヴィスは、実際に伝説的と言っていいほどの指導的な反戦運動家であり、「運動」のまとめ役であった。一九六八年の民主党大会における反戦抗議で果たした役割のために裁判にかけられていたシカゴ・エイトというグループがあったが、デイヴィスはその一員であった。一九七三年に、デイヴィスは、一五歳のヒンドゥー導師「完全なる師《パーフェクト・マスター》」マハラジ・ジから「悟り」を授かったことを表明した。マハラジ・ジの小太りでいつも微笑みをたたえた姿は突然どこでも目にするようになり、その信者は永遠に至福の状態にいるように見えた。転向から二カ月後、デイヴィスはバークレーのポーリー舞踏場で演説した。そこは、バークレー・キャンパスでの自由な言論、ヴェトナム戦争、急進的な政治をめざすための戦略、といった重要な問題をめぐって、過去一〇年にわたり多くの論争がかわされた場所である。デイヴィスは、「完全なる師」が地球に今すぐ、つまり、三年以内に――今年はアメリカに、その次は中国に（中国では毛首席がすでにマハラジ・ジから「悟り」を授かっているかもしれないと言われていた）、その後に世界全体に――完全性をもたらす、と聴衆に語った。[47] ロスマンの説明によると、ケント州立大学における学生運動家殺害事件の衝撃の後に「運動」は分裂したが、デイヴィスの転向はこの悲惨な現実からの逃避であった。

……ケント州立大学事件までに、「運動」がかつてもっていた組織的な結集力はすべて四散し、政治変革に精力を傾けるときにわれわれを導いた漠然とした共通の神話は崩壊しつつあった。……ヨガ、グループ治療、田舎生活、ダイアネティックス心理治療、自由学校、マクガバーン主義、イエス主義――人々を熱中させるこれら多数のイデオロギーは、疲れ果てた活動家の心をなだめ、至福をもたらす万能薬で若者を魅了し、ますます問題を抱えている社会の現実を扱うどころか、政治的な表明のエネルギーを吸いとってしまったように見えた。[48]

イッピーズとして知られた、いかれた急進的グループの元リーダーであるジェリー・ルービンは、こういった傾向を極端までつきつめた。

一九七一年から一九七五年までの五年間で私が直接に体験したのは、エアハルト・セミナー式訓練、ゲシュタルト治療、生命エネルギー学、ロルフ流マッサージ、マッサージ、ジョギング、健康食品、タイ・チ、エサレン式治療、催眠療法、モダン・ダンス、瞑想、シルヴァ式心理術、アーリカのプログラム、鍼治療、セックス治療、ライク式治療、それにモア・ハウスのグループである。つまり、「新・意識《ニュー・コンシャスネス》」をなんでもかんでも一通り体験したのである[49]。

「運動」はもはや「人間の潜在的運動」になってしまった。よりよい社会を作ろうと企てた人々の氾濫は、よりよい自己を作るという何百万もの個人の砂つぶのような企ての中に吸い込まれていった。

しまいには、いくらルービンでもこれに嫌気がさした。当初からルービンほど「新・意識」にかかわってこなかったあらゆる人々が喜んだことに、八〇年代の初めにルービンはウォール街で働き始めた。それは、二〇年以上前に始まった一つのサイクルの終わりのように思われた。そのサイクルは、ある物語の題名のように『「自由」列車から「あぶく銭」列車に』至るサイクルだった。あるいは、他の作家が呼んだように『ジャキューズ「われ告発す」からジャキュージ「発泡風呂」に』至るサイクルだった[50]。他の場所ではなくウォール街に行ったところに、ルービンはまたしても流行の波に敏感なところを見せた。というのは、ウォール街は八〇年代のシンボルになろうとしていたからである。貪欲は見直され、よいものになろうとしていた。

レーガン時代――「汝自身富め」

次の文は、キティー・ケリーがロナルド・レーガンの大統領就任祝典を描いたものである。

裕福なロナルド・レーガン支持者の大群が、……レーガン時代の特徴となるもの、つまり、きらきらして、ぴかぴかで、新しくて騒々しい富――長いリムジン、サラサラと音を出す毛皮、飾りたてたドレス、牛のふんほどもある宝石などに一番よく見られる富――を見せびらかしていた。彼らのお祭り騒ぎは四日間続き、一〇三の祝賀パーティーが開かれた。(51)

パーティーの後は陶磁器であった。レーガン家が移ってきたときに、ホワイトハウスには一万の陶磁器があったが、ナンシー・レーガンは二二〇組の新しい食器セットを注文することに決めた。そのセットは異なる形の七枚の皿からなり、フィンガーボールとラメキン用の皿などもついていた。それぞれの皿の中央には純金のシールがはってあった。ホワイト・ハウスのために二〇万九五〇八ドル相当の陶磁器を購入したことが注目をあびたのは、費用削減政策として連邦政府の補助による学校給食では今後ケチャップは野菜とみなす、という政策決定を夫が発表したちょうどその日に、ファースト・レディーがその陶磁器の購入を公表したからかもしれない[52]。

「タイム」誌は、ふだんは金持ちをそんなに敵視しないのだが、レーガン政権を評して「〈汝自身富め〉という言葉を高らかに鳴り響かせている」政権と呼んだ。また、レーガンが金銭を成功の目安とみなしていることをはっきり認めたことも記事にした。この記事のとおりレーガンは裕福な人々と付き合うことを好んだ。レーガンの「私設顧問団」の一員であった大富豪の実業家ジャスティン・ダートもその一人であった。厳密に言えば、八〇年代の特徴を示す「貪欲はよいことである」というテーマを最初に言い出したと言うにふさわしいのは、アイヴァン・ボウスキーではなくダートのほうであった。一九八二年の「ロサンゼルス・タイムズ」紙のインタヴューで、ダートは「貪欲は、われわれの行うありとあらゆることに含まれている。私は貪欲のどこが悪いのかわからない」と言った[53]。

八〇年代は、キリスト教が物質的な富を軽蔑する宗教から物質的な富を大切にする宗教に至る長い旅路を終えた一〇年間でもあった。L・ロン・ハバードはサイエントロジー教会の創立者であるが、アメリカで百万ドル稼ぐ最も手っ取り早い方法は新しい宗教を始めることである、とかつて書いたことがある[54]。しかし、古い宗教を磨き直しても、同じような効果があるように思われた。当時ヴァージニア州リンチバーグのトマス・ロード・バプティスト教会の牧師であり、レーガンびいきの超保守的な政治団体の「モラル・マジョリティ」の会長でもあったジェリー・フォルウェルは、資本主義のキリスト教的な基礎づけに関する小冊子を書いた。その中で彼は、金銭は神の恩寵のしるしであるというカルヴァン主義者のテーマを繰り返した。おそらくこのような理由で、フォルウェルは、一回につき五千ドルの料金で年におよそ十数回行うスピーチによるもうけに加えて、年一〇万ドルの給料を自分に払っていたのであろう。(55)しかし、フォルウェルは、彼の競争相手のいく人かに比べれば、まだ控えめなほうであった。一九八七年に「タイム」誌は過去一〇年間で最も成功したアメリカのテレビ伝道師たちの財政状態を調べた。(56)「タイム」誌がつきとめたのであるが、ルイジアナ州の説教師ジミー・スワガートは同族企業のような伝道師協会を経営し、そこで一七人の親族を雇っていた。ジミーと彼の妻は、三軒の豪邸を建てるためにその伝道師協会から二百万ドルを借り、二台のリンカーン・タウン・カーを乗りまわしていた。ロバート・シューラーは、カリフォルニア州のガーデングローブにある二千万ドルのクリスタル・カテドラルから毎週「神の時間」を放送していたが、出演料八万六千ドルと無税の住宅手当四万三千五百ドルをもらっていた。それに、彼の親族八人がロバート・シューラー伝道師協会から給料をもらっていた。もう一人の人気のある「テレビ伝道師」オーラル・ロバーツは、合わせて二九〇万ドル相当の家二軒の使用権をもち、二五〇万ドル以上もする家を一軒所有していた。しかし、金銭が神の恩寵のしるしであるとすれば、ジム・バッカーが秘書と密通したせいで失脚するまで、これらのテレビ伝道師のうちで最も多くの祝福を受けていた。内国歳入庁によると、バッカーは一九八三年に六三万八一一二ドルもうけた。彼は六軒の豪邸を所有し、その浴室の蛇口には金めっきがほどこされていた。

こうした状況の中で驚かされるのは、これらのキリスト教伝道師と言われている人々が富を誇示すればするほど、ますます多くのアメリカ人が彼らに群がったことである。このことは、富や名声とアメリカ人との間の恋がどのくらいすすんでしまったかを、何よりも雄弁に物語っている。裕福な宗教指導者に対するこのような肯定的な態度は、キリスト教信者だけのものではなかった。バハグアン・シュリー・ラジニーシュというインド人の導師——その信者は、身につけている色鮮やかなローブにちなんだ「オレンジ族」という名で知られていた——を見ると、東洋の伝統に基礎をおいた宗教指導者も八〇年代のアメリカに容易に順応できることがわかる。ラジニーシュは、子どもがミニカーを集めるようにロールスロイスを集めた。一九八三年には二一台持っていた。一九八五年の一二月には国外追放になり、財産は借金返済のために売られていたが、そのときには九三台になっていた。[57]

文化のあらゆる側面が、声をそろえて富の追求を賛美した。マドンナは自分がただの

「物質的な女《マテリアル・ガール》」であると歌い、シンディ・ローパは「お金はすべてを変える《マネー・チェンジズ・エヴリシング》」という曲をヒットさせた。たとえこれらの流行歌に何らかの風刺の意味が込められていたとしても、これらの曲に合わせて踊った多くの人々にはきっとわからなかったであろう。ニューヨーク・メトロポリタン美術館でさえ、寄付金集めのためにますます新しい手を使うようになり、美術品が利益になることをにおわす次のような手紙を企業に送った。

> ヴィンセント・ヴァン・ゴッホ、……カナレット、……フラゴナール、レンブラント、あるいはゴヤ……の作品で貴社の社名がわかるようにすることによって、貴社のマーケティングの目標にどれだけ創造的で効率的な答えを出せるか、この点をご理解いただきたいと存じます[58]。

同じ年に、ニューヨーク・メトロポリタン美術館は、美術館自体の賃貸しを発表した。三万ドルの料金で大ホールやデンドゥール神殿を取り囲む高い建物でもパーティーを開くことができた。この神殿は、アスワンダムによる水没からアブ・シンベル神殿を救うのをアメリカ国民が援助したことに対する感謝のしるしとして、エジプト政府がアメリカに贈ったものである。この美術館でパーティーがよく行われるようになったので、あるゴシップ・コラムニストはこの美術館を「クラブ・メット」と呼び始めた。金融業者ソール・スタインバーグの娘ローラ・スタインバーグと、CBSの首席役員ローレンス・ティッシュの息子ジョナサン・ティッシュの結婚は、この美術館で祝われた。そのとき、この美術館は五万本のフレンチ・ローズ、金メッキをしたモクレンの葉、手書き模様が描かれたダンス・フロアー、さらに、高さ一〇フィートのウェディング・ケーキで飾られた。その夜の祝宴にかけた費用は三百万ドルであった[59]。

福祉政策が削減される一方でこのような出費をすることに対して倫理的な憤慨を感じた人々がいたが、このような人々に対する裕福なレーガン支持者からの回答は、ジョージ・ギルダーの大いに好評を博した『富と貧困』の中にあった。ギルダーは、福祉は貧しい人々に悪く作用すると論じる一方で、裕福な人々を賞賛した。「貧しい人々が成功するためには、何よりも貧困というバネが必要である」とギルダーは書いた[60]。序文で、ギルダーはデイヴィッド・ロックフェラーとペギー・ロックフェラーが示した気前のよさと自分の著作への信頼に感謝している。本文では、裕福な人々を社会の「最大の恩人」と呼ぶことによって、彼らの気前のよさに返礼している。アダム・スミスの「最も卑しい農夫でさえアフリカの王よりもよい生活を送っている」という議論の現代版において、ギルダーをはじめとする「レーガノミクス」の支持者たちは、八〇年代の富豪によって築かれた富は必ず社会全体に利益をもたらし、貧しい人々にまで行きわたる、と主張した。詳細な経済統計がこの想定を打ちくずしたのは、レーガンが退任して八〇年代が終わった後であった。マサチューセッツ工科大学の経済学者ポール・クルーグマンが議会予算局の発表した数字を使って計算した結果、一九七七年から一九八九年までのアメリカのすべての世帯の平均的な手取り収入の増額の六〇パーセントは、一パーセントの最も裕福な家庭の増額分であることがわかった（これらの家庭は、四人家族当たり、平均で年収が少なくとも三二万ドルであった）。三四パーセントが所得ランキング上位二〇パーセントの家庭の増額分、所得増額全体の六パーセントが残りの八〇パーセントの国民の増額分であったことになる。クルーグマンの計算に対して異論が出された。批判者たちは、レーガン時代には税率が低く押さえられていたということに注目した。彼らの言い分によれば、だから金持ちはいっそう正直に所得申告をしたかもしれないというわけである。もちろん、そのようなことはありうる。しかし、このことは、所得全体の増額分のほんの一部分しか説明していないように思われる。なぜなら、会社が重役たちに与えた給料――これは税務署の目をのがれることはできない――がその一〇年間で急上昇したことが数字からわかるからである。それらの批判者たちのあいだでも、一九八〇年代には所得ランキング上位一パーセントの人々の成績が他の国民よりもよかったこと、また、八〇年代の終わりには所得ランキング上位二五〇万人のアメリカ人の毎年のもうけが下位一億人のアメリカ人の毎年のもうけと同じになっていたことは、一般に認められている。こんなことは、八〇年代の初めにはなかった[61]。

八〇年代は、貪欲がその不運な汚名をはらし、あらゆる人をより豊かにする市民の徳として、公然と復帰する一〇年間になるはずであった。しかし、結局そうはならなかった。九〇年代の初めまでに、ウォール街の巨人たち――アイヴァン・ボウスキーやマイケル・

ミルケンのような人々――は投獄された。ドナルド・トランプは、没落しないように、自分の資産を売り、債権者と交渉していた。アラン・ボンドは破産し、『アイリス』はとっくの昔に売られてしまった。それから、金持ちの富は、しょせん金持ちに集中し彼らの手を離れることはないことがはっきりした。急に貪欲が色あせて見え始めた。しかし、それに代わるアリストテレスや宗教改革以前の教会の理想は、何世紀にもわたってよい生き方を富や財取得と密接に結び付けてきた教えのもとに深く埋もれてしまった。いったいどこから、これに代わるよい生き方の理想が生まれ出てくるのであろうか。

（成田訳）

第5章 利己心は人の遺伝子の中にあるか

利己心の生物学的論拠

数年前アメリカで、「大金がトラックの荷台から落ちてきた」という話が本当に起こった。あまり裕福ではない一人の男がブリンクスのトラックが落とした現金袋を拾ったのである。男はブリンクスに金を返したが、ブリンクスでは金がなくなったことに気づいてすらいなかった。メディアは彼を英雄に仕立てあげた。ところが、彼は「おまえはばかだ。自分の先々のことを心配しろ」といった内容の手紙や電話を山ほどもらうはめになった。(1)

この話からもわかるように、「自分の利益を求めることだけが賢いことだ」という前提と、「そのための手段はもっと金を手に入れることだ」という前提が結び付いていて、社会はこれを当たり前のこととみなすようになってきている。私たちがこれらの前提を当然のこととして認めれば、「私たちはどう生きるべきか」に関する究極の選択をしていないことになる。私たちの代わりに私たちの文化がその選択をしているからである。つまり、真剣な考察に値するように思われる生き方の範囲を文化が制限してしまうのである。

また、悪いとわかっていることをして金など欲しいものが手に入るなら、正しいとわかっていることをするのに二の足を踏む人々がいるものだが、右の話はその理由の一端をも示している。ばかばかしいように思われるかもしれないが、そういった人々が正しいことをしたくないと思うのは、正しいことをすれば友人の目に悪く映るのではないかと考えているからなのである。彼らの心配はもちろん道徳的に悪く見えるのではないかということではなく、間抜けに見えはしないかということである。このような反応の背後にあるのは、倫理とはある種の欺瞞であるという考え方である。この考え方によれば、誰もが――あるいはほとんど誰もが――現に自分のことを第一に考えているのだから、また、その中には倫理と自己犠牲について日頃教えをたれている人も含まれているのだから、同じようにしないおまえはばかじゃなかろうか、ということになる。

　前に書いた『広がりゆく環』という題の本の中で、私は「倫理的に振る舞う人など一人もいない」という見解について論じた。そこで私が示唆したことは、ふつうの紅茶とビスケットをもらうだけで赤の他人に血を与える献血者は、皮肉な批評家の中傷から人間本性の名誉を守っている、ということであった。この単純な主張のおかげで、ミシガン大学進化生物学教授で、道徳問題を論じる代表的生物学者の一人でもあるリチャード・アレグザンダー教授から、私はきびしい非難を受けることになった。アレグザンダーによれば、献血者が献血するのは人助けのためであるという「常識的」な思い込みによって、私は道を誤ってしまったというのである。アレグザンダーが読者に断言していることだが、このような常識に訴えることは「十分に確立された生物学上の事実と理論」を考慮しておらず、「自分の行為の理由だと人が考えているものは行為の本当の意味を伝えていないかもしれないという可能性」を無視しているのである。[2]

私たちの生物学的本性の中に、強制的に人を利己的にする何かが本当にあるのだろうか。それは原罪に相当する生物学上の事実だろうか。確立された生物学上の事実によれば純粋な利他的行動はありえない、とすぐれた生物学者たちが言うとき、彼らの主張は正しいだろうか。非利己的に生きることは可能であるという常識は、確立された生物学的理論によってどれほど深刻な脅威にさらされることになるだろうか。本章および以下の二章では、人の生物学的本性が「どう生きるべきか」という究極の選択に対して課す――あるいは、課さない――制約について検討する。

人は利己的に振る舞うことを避けられないのだと多くの人々に考えさせる生物学的論証の要点は、わかりやすく言えば、以下のとおりである。

現代の人間は長く絶え間のない進化の闘争の産物である。その闘争において、自分の力で食べ、生存し、子どもを作ることに成功した個体もいれば、失敗した個体もいる。成功した個体は次の世代に自分の遺伝子を伝える。失敗した個体の遺伝子は個体群から滅んでしまう。徹頭徹尾自分自身の利益になるように行動した利己的個体のほうが利他的個体よりも進化の闘争において勝利をおさめる公算が大きい。利他的個体は自分の勝算を最大にするよりも、他人が勝つことを助けるからである。利己心のような特徴は、少なくとも部分的には私たちの遺伝子によって決定されているのだから、この事実が意味するのは、利己的個体の数は増大し、利他的個体の数は減少する、ということである。長期的に見れば――また、事実進化はすでに相当長期にわたって生じているのだから――、真の利他的個体はまったく存在しないだろう。

これは引用ではない。日常の会話や新聞の投書欄ばかりでなく、多くの書物や通俗的な記事に見いだされる一連の考え方の要約である。この考え方を科学的に支持するリチャード・アレグザンダーのような人たちがいる。社会生物学という分野（これは人間および他の動物における社会的行動の生物学的基礎を研究する学問である）の設立者であるエドワード・O・ウィルソンもまた純粋な利他心の可能性を否定している。カルカッタの貧民街にいる病人や死にひんした人々に生涯を捧げてきたマザー・テレサの例をつきつけられたとき、ウィルソンはこう言った。「彼女はキリスト教徒である。だからたぶん天国で報われると信じているんだろう」と。(3) 別の社会生物学者ピエール・ファン・デン・ベルグははっきりとこう言っている。「人は自分自身と自分の近親者のことだけを配慮するようにプログラムされている。」(4) アメリカの教授ギャレット・ハーディンは生物学を背景に、さらに論を進めて、社会制度や公共政策は「当人の私益に反する行為を人に要求するなという根本規則の厳守」に基づくべきである、とさえ言っている。(5)

もちろん、人間が他の動物から進化してきたことは真実である。私たちはサルである。私たちの遺伝子の九八・六パーセントはチンパンジーと同じである。遺伝学的には、人類とチンパンジーの距離のほうが、チンパンジーとオランウータンの距離よりも近い。人類とチンパンジーは共通の先祖から自然選択の過程をへて進化してきた。この過程は「適者生存」と呼ばれることがある。しかし、この表現が「口と爪を血で染めた自然」というイメージを与えるなら、そのようなイメージは捨てられるべきである。進化論では「適者」とは、生存し生殖をするような子孫をもつ能力を最もよく備えている個体を意味するにすぎない。他のサルおよび——もっと一般的には——霊長類と同様、人間は社会的動物である。社会的哺乳動物は集団で生活し、子どもの世話をする。そのようにして、常にというわけではないが多くの場合、子孫を残して死ぬ。

社会的哺乳動物の間で、全然利己的ではない行動の例を見いだすことは比較的容易である。おそらく最も有名な例は——この例が有名なのは、見習うべき手本として人間に示されてきたためである——イルカが集団内の傷ついたメンバーを死なせないように助けることである。イルカは呼吸するために水面に上がって来なければならない。一頭のイルカがひどく傷つき自力で水面まで泳いでこられなくなれば、他のイルカが傷ついた仲間を取り囲み、水面まで押し上げてやる。また必要なら何時間でもそうするのである。社会的動物は食べ物を仲間と分け合うこともする。狼やディンゴなどの野生の犬は獲物を仕留めたときその場にいなかった群れの仲間のために肉をもって戻ってくる。チンパンジーは熟した果実がなっている木に仲間を連れてゆく。チンパンジーの一つの群れ全体がよい木にいるときは、一キロメートルも離れた所にいる他のチンパンジーにも聞こえるような大声で騒ぐ⑥。社会的動物は互いに危険を知らせ合う。クロウタドリやツグミは、タカが頭上を飛ぶとタカの注意を自分に引きつけてしまう危険を冒しながら、群れの仲間を逃がすために警戒の鳴き声を発する。もっと顕著な例は、レイヨウの一種であるトムソン・ガゼルがアフリカの野生の犬の群れに追われた場合である。一頭のガゼルが野生の犬の群れに気づくと「ストッティング」として知られる、脚をつっぱらせたような奇妙な足取りで跳ねまわる。これは警戒のシグナルであると思われる。他のガゼルがみな一目散に逃げるからである。しかし、ストッティングは通常の走りよりも遅いので、ストッティングをしているガゼルは仲間に危険を知らせるために自分を不利な立場におくことになる。

動物が自分と同じ種の他の動物と争うとき、戦闘に関して中世の騎士が採用した倫理規則とよく似た規則を守っているように見えることが多い。争いに負けた狼は、首の下側の柔らかい部分を勝った狼の牙の前にさらして服従の身振りをする。勝った狼は、敵の急所を嚙み切る絶好の機会であるにもかかわらず、象徴的な勝利に満足して、軽快に走り去る。このような高潔な振る舞いは、純粋に利己的な観点からすればばかげて見える。どうして打ち負かした相手を殺さず、他日また戦うのを許すのか。この問いの答えは、勝った狼の

利益よりも大きい何かがあるということだろうか。(7)

要するに、自然は生死をかけた闘争であって、自分の食べ物と安全と性的満足のことしか求めていない動物は他の動物を排除せざるをえない、という考え方が間違っているのである。そのような考え方は生物学と進化論が私たちに教えていることではない。生存し遺伝子を伝えるために人が生きていかなければならない状況は、先に示したような大まかな素描で示されたよりもはるかに複雑である。言葉を換えれば、生存し遺伝子を伝えることは、単に食べたり交尾したりすることではなく、それ以上のことなのである。人は通俗的な見解に見られるほど狭い意味で利己的に考えて行動するように生物学的に決定づけられているわけではない。本章ではこの理由を三つ示すことにする。四つめの理由は、もっと複雑であるから、第7章で別個に論じる。そしてもっと純粋に理論的な五番目の理由は最終章で述べよう。

子どもに対する配慮

ディミティ・リードは、メルボルンの、私が住んでいる所からさほど遠くない所に住む建築家であり作家である。彼女はジョシュの母親でもある。ジョシュは一九歳のとき重病にかかった。医師の診断によれば腎不全だった。彼は透析に通ったが、その後三年以上にわたって健康がしだいに損なわれていった。彼は移植の順番を待つリストに登録された。ところが、彼と同じか、あるいは彼以上に病状の重い多くの患者もそのリストに登録されていた。ジョシュは大学を卒業したが、健康状態がその後どうなるかわからなかったために、望んでいた仕事につくことができなかった。ディミティは、親が子どもの腎臓提供者になりうるということを何かで読んで知っていた。彼女はジョシュの主治医にその可能性について尋ねた。医師は、「残りの腎臓一つでも健康に生きていくことはできますが、もしその腎臓に何か問題が生じるとあなたは死んでしまいますよ」と言った。彼女は「私たち家族はみな楽天家です」と答えた。それは三年前のことだった。ディミティとジョシュは今それぞれ一つずつ健康な腎臓をもっている。(8)

レヌカ・ナタラジャンはインドのマドラス近郊、ヴィリヴァカン村に住んでいる。レヌカはディミティ・リードと同様、子どもを助けるために自分の腎臓を提供した。しかしレヌカの子どもが腎臓病だったわけではない。レヌカと夫には仕事がなかった。彼らは借金を抱えていたし、持参金がなければ娘は結婚できないのではないかと心配していた。レヌカの夫は地元の新聞で腎臓一つに対しておよそ千五百ドルを支払うという広告を見た。それはインドの田舎に住む人の八年分の収入に匹敵するものだった。レヌカは腎臓を売り、借金を返済し、娘の持参金のためにいくらかをたくわえた。しかし彼女の手術はうまくいかなかった。後になって彼女は苦しみだし、治療を受けるために、受け取った金のうちのいくらかを支払わなければならなかった(9)。

これら二つの話は文化的、経済的、地理的に遠く離れた世界のものである。しかしこれらの話は、母親というものは誰でも同じように子どものためならよろこんで相当の犠牲を払うものだということを物語っている。そのような話には進化生物学者を驚かすことは何もない。種をまき、後は生まれてきた子どもが自分の力でなんとか生きていくのにまかせるというだけでは、人は遺伝子を伝えることはできない。子どもを作ることは第一段階にすぎないのである。遺伝子を残そうとするなら、子どもたち自身が生き延びて彼ら自身の子どもをつくり、さらにその子どもたちが自分たちの子どもをつくるということが繰り返されなければならない。したがって、ただちに明らかになることは、人は自分以外のきわめて重要な一つのグループ、すなわち子どもたちの世話をしなければならないということである。親の誰もが大手術を受けて子どものために腎臓を提供するわけではないだろうが、そうする親がいるという事実は、子どもの世話をすることによって私たちがある程度非利己的に――すなわち自分以外の人のために――行動することができるということを物語っている。

人々が自分の利益よりも子どもの利益のほうをしばしば優先させるという事実は当然のこととみなされている。私たちがこの事実に注目するのはディミティやレヌカの場合とか、逆に親が子どもを捨てたり世話をしなかったり、といった極端な場合だけである。子どもに対する親の愛情は人間の本性にとって基本的なものなので、人が自分の子どもの世話を怠ったり全然しなかったりする異常な振る舞いをしたとき、私たちにとってあまりにも当然のことを母親や父親がしないのはどうしてなのか理解できない。私たちに納得がいくのは、彼ら以外の人々には当然のことがどうして彼らには欠けているのか、これに対する説明が与えられた場合だけであろう――また、その説明自体、それらの親たちの恵まれない子ども時代の観点からの説明であることが多い。こうして親と子どもの双方にとって家庭生活がいかに大切であるかがもう一度立証されることになる。子どもを放ったらかしたり捨てたりする母親よりも、子どもに食べさせるために売春せざるをえない母親のほうを人は許す気になるものである（また現代よりももっと性に関して厳格な時代でもそうだった）。

今世紀の初めに、エドワード・ウェスターマークは種々の社会の道徳体系について発見できるだけの情報を集め、『道徳観念の起源と発展』と題する大部の二巻本にまとめた。彼は、その本の中で、自分の子どもの世話をする母親の義務は自明のことであるように思われてきたので、そうした義務についてわざわざ説明しようとした人類学者はほとんどいなかったと指摘している。自分の子どもを世話する父親の義務はどうだろうか。ウェスターマークは「自分の家族を養い守る既婚男性の義務は自分の子どもの世話をする母親の義務と同じくらい広く認められている」と言っているが、「母親の義務の場合と同じような形で父親の義務も当然のこととみなされている」とは言っていない。一般に、父親よりも母親のほうが自分の子どものために進んで犠牲になることがあると信じられているが、進化論はその根拠を与えている。第一に、母親は自分が世話をしている子どもが実際に自分の遺伝上の子どもであると確信できるのに対し、父親にはそれができないことが多い。第二に、多胎出産――つまり品評会で入賞するような牛のために使用されている現代の生殖技術の応用――を除けば、女性に産める子どもの数が限られている。多く見積もっても、およそ一三歳から四五歳の間、九カ月に一人の割合である(あるいは、もう少しだけ多いかもしれない。双子や双子以上の出産が数回あるかもしれないからである)。男性がもちうる子どもの数にははっきりした身体的制約がない。こうして男性は広く種をまき、しかも全然子どもを養わないなら、子孫をたくさん残すことができるかもしれない。子どもたちの母親のなかには一人で、あるいは他の男性に助けられながら、子どもを養うことのできる者もいるだろう。(もちろん、私は男性がより多くの子どもを残すために意識的にこの戦略をとっていると言っているのではない。男性に見られるこの行動パターンは未来世代にわたって男性の子孫に伝えられうると言っているにすぎない。)

他方、子どもの世話をせず、子どもを捨てた女性の場合、自分とよく似た行動パターンを示す子孫をもつ可能性がはるかに低い。女性は男性ほど多くの子どもをもうけることができないという事実に加えて、子どもはつい最近まで生存するために母乳で育てられる必要があったので、母親に捨てられた子どものほうが死ぬ割合が多いはずである。妊娠という生物学的事実が意味することは、女性は子どもをもつたびに必ずその子どもの父親よりも多くの時間とエネルギーを費やさなければならないということである。

それでも、父親が子どもの世話をするという事実は否定できない。比較人類学者のデイヴィッド・ギルモアは、「男らしい」とみなされる何らかの普遍的な特徴があるかどうかを明らかにするために広範囲にわたってさまざまな社会を調査した。彼が見いだしたことは、一人前の男として子どもをもつことと、自分の家族を養い守ることは普遍的に尊重されているということであった(10)。したがって、私たちは子どもに対する母親の世話だけでなく、子どもに対する親の世話について一般的に語ることができるのである。

親が自分の利益よりも子どもの利益を進んで優先させるものだという事実は、人は利己的であるという一般的な主張に対する明らかな反証になる。親が泣いている子どもをあやすとき、二〇年あるいは三〇年たって、自分たちが年老いたときに子どもが養ってくれるかもしれないと思ってそうするのではない。親は赤ん坊に対する愛情と、泣いている赤ん坊――特にその赤ん坊が自分の赤ん坊であるとき――が示している哀れな姿に対する感情移入から直接反応しているのである。親は自分の子どもの生活を快適にするためなら、自分が必要なものもなしですます。子どもに十分な食事と衣服と教育を与えるために、必要なら、取りたい休暇も取らず、乗りたい新車も買わずにすませる。親は子に言い訳をするとき「おまえのためを思って精一杯のことをしてきたんだよ」と言う。そして、たいていの場合、その言葉に偽りはない。多くの国々で、思慮のある人は生命保険に入り、万一自分が死んだとき家族に何がしかのお金が入るようにしている。毎年の保険料を支払えば、保険に入らなかったときよりも、当面使える金が少なくなる。親が家族のために保険に入ることは何も不思議なことではない――自分に対しては「思慮のある」とは言えないということを除いては。人が自分以外の少なくとも一人の人の幸福を気づかっていると考えない限り、将来に対するごく当たり前のこの備えは無意味なものとなってしまう。

親としての務めを果たすためには、自分の子どもが何を必要としているのか理解できなくてはならない。また、子どもが必要としているものを子どもに与えてやりたいと思わなくてはならない。私はたった今たっぷり食事をとったところであるかもしれない。その場合、もっと食べたいと思うことは私の健康を損ねることになる。ところが、私の子どもがお腹を空かしているとわかれば、もっと食べ物を手に入れようとするだろう。これは利己主義を越える第一歩である。一九世紀のイギリスの哲学者ジョン・スチュワート・ミルは家庭を「共感と優しさの、また愛情に基づく自己忘却の学び舎」と表現した。[11] ミルがこれによって述べようとしたことはそれほど単純ではない。しかし家庭における共感と優しさと、そして愛情に基づく自己忘却の大切さは、ある意味で、まさに生物学の諸理論が私たちに当然のこととして教えているものにほかならないのである。しかしながら、生物学者は、ある行為が人の「生殖的適合性」――つまり、人が自分の子孫を残せる見込み――を減少させる場合に限り、その行為を利他的あるいは非利己的なものとして分類する傾向がある。したがって、生物学者は親子間に生じることが利己主義を越える一歩であるということをしばしば認め損ねているのである。

親族に対する配慮

次のことを理解するのは容易である。

(a) 進化とは私たちの遺伝子を次世代に伝えることであり、

(b) 私たちの遺伝子を伝える一つの方法は子どもをもち、その子どもが生存しうるように最善をつくすことである。

これほど容易に理解されるわけではないが、次世代における私たちの遺伝子の生存を増大させる行為の仕方は他にもある——特に、

(c) 兄弟や姉妹、姪、甥、およびその他の私たちと共通の遺伝子を多くもっている親族の生存を確保するために最善をつくすことによって、次世代に存在する私たちの遺伝子の数を増大させることができる。

これを理解していない人がいる一つの理由は、私たちの親族が自分の遺伝子を伝えるときに生存する遺伝子は私たちの遺伝子と似た遺伝子である、つまり、それらの遺伝子は私

たちの遺伝子と似た別の一組の遺伝子ではあるが、私たちの遺伝子でもないということである。ところが、そうすると、私たちが自分の精子や卵子によって伝える遺伝子もまた私たち自身を成長させてきた遺伝子と似た一組の遺伝子にすぎない。もし私たちが遺伝子をソフトウェア・プログラムのような一連の情報であって、それらの情報が書き込まれている物質的形態ではないと考えるなら、遺伝子が私の身体を通して伝えられようと、あるいは、似た遺伝子をもつ私以外の人の身体を通して伝えられようと、私の遺伝子の生存にとっては同じであるということがわかるだろう。

もちろん、遺伝子を伝えることはコンピュータの上でソフトウェアをコピーすることと似てはいない。というのは、コンピュータは正確なコピーを作るが、異性生殖では両性の遺伝子が交じりあって新しい遺伝子が作られるのであり、もとの遺伝子は残らない。だからこそ、私たちは一人一人みな違うのである。この事実のもつ意味は、一九六四年に亡くなったイギリスの著名な生物学者J・B・S・ホールデンの話によって適切に表現されている。一杯やりながらとりとめない雑談をしているとき、ある人がホールデンに「進化生物学者として、あなたはあなたの兄弟のために命を投げ出すことができますか」と尋ねた。すばやく計算した後で、ホールデンはこう答えた。兄弟姉妹二人、甥姪四人、いとこ八人のためならできる、と。

この変な計算ずくの犠牲心の基礎は、私たちと私たちの親族の関係の度合い、もっと詳しく言えば、私たちが親族と共有している遺伝子の割合である。私の兄弟姉妹は私の遺伝子の平均五〇パーセントをもっている。兄弟姉妹は私と同様、私の母の遺伝子の半分と私の父の遺伝子の半分をもっているからである。（数字は平均した値である。遺伝のクジがどう転ぶかによって、兄弟姉妹がすべての遺伝子を共有していることもあれば、まったく共有していないこともある――しかし、関与する遺伝子の莫大な数を考えれば、このような両極端の例はほとんどありそうにない。）私は私の遺伝子の二五パーセントを甥姪と共有し、一二・五パーセントをいとこと共有する。ホールデンの機知に富んだ答えにはこの比率が反映している。彼の命と彼のいとこ八人の命を交換すれば、母集団から彼の遺伝子が失われることはまったくないだろう。したがって私の親族の命を遺伝的関係の近さに応じて救うことは私の遺伝子に似た遺伝子の生存率を増大させることになるのである。

人はこの事実の中に、自分の子ども以外におよぶ利他的行為の遺伝的基礎を見いだすことができる。「適者生存」のための進化論的闘争においては、私のゲノタイプ（私の体にある完全な一組の遺伝子）の中に、私が近親者の命を救う――その機会があったとして――見込みを高める一つの遺伝子あるいは一組の遺伝子があれば、それがない場合に比べて、私のゲノタイプは生存するのにもっと「適した」ものとなるだろう。したがって、自分の親族を助ける遺伝的傾向は母集団全体に広がるだろう。もちろん――ホールデンが十分承知していることだが――私たちは実際に自分の遺伝子を広めること自体に関心があるわけではない。だからこそ彼の計算に笑ってしまうのである。しかし、だからといって、私たちが親族関係の度合いにおおむね比例して自分の親族を守り、助けるよう動機づけられているという主張は全然論駁されない。私たちの現実の行動に関する生物学的説明が当てはまるのは、私たちが自分の行為の生物学的意味を知っていて、それに動機づけられる場合に限られる、といった間違った考えにけっして陥ってはならない。私たちの性的欲求は、性行為の相手に対して感じる愛情や性的魅力から直接生じるのであって、相手と一緒に子どもを作りたいという欲求から生じるのではない。まったく同じように、私たちが親族を助けることがあるのはその親族を愛し気づかうからであって、自分たちの遺伝子を広めたいと思ってそうするのではない。しかし、いずれの場合においても、私たちの行為を動機づける感情が私たちの間に広まったのは、そのような仕方で私たちに行為させる遺伝子のほうが、そうではない遺伝子に比べて、自分のコピーを次世代に残しうる見込みが大きいからである。

人間の道徳体系は驚くほど正確に親族の生物学を反映している。『倫理学の方法』の中でヘンリー・シジウィックは、ヴィクトリア時代のイギリスにおいて一般に理解されていたとおりの仕方で、仁愛の義務について述べている。彼は次のように述べてそのリストを始めている。

> われわれの誰しもが一致するであろうが、各人が親切なおこないをする義務を負う

のは、両親、配偶者、子どもたち、そしてこれらに対するほど強いものではないが他の親族に対してである。次に、彼に奉仕した人々、誰であれ親交を結び、友人と呼ぶ人々に対してである。それから、赤の他人よりも隣人と同郷人に対してである……。

[The Methods of Ethics, seventh edition, Macmillan, London, 1907, p.246]

仁愛の第一の義務が親族に対してであるということは、シジウィックの属している文化に特有なものではない。『道徳観念の起源と発達』において、ウェスターマークはあらゆる文化——ないしは、ほとんどあらゆる文化——において認められた義務について解説している。その解説はシジウィックの仁愛の義務の優先順位のリストときわめてよく似ている。そのリストでは、親に対する義務が子どもと妻に対する義務と同列におかれている。次に、兄弟姉妹を助ける義務がくる。より離れた親族を援助する義務は先の二つの義務に比べれば社会によって相当異なるが、それでもそのような義務ははっきりと存在している。もっと新しい人類学的報告でも、道徳的、文化的、政治的生活において親族が無条件に中心的位置を占めることについて一致している。指導的人類学者であり、社会に関する社会生物学的見方に批判的であるマーシャル・サーリンズはこう言っている。「親族関係は人類学者がこれまで研究してきた諸民族の多くで支配的構造となっている。家庭の領域だけでなく、広く経済的、政治的、儀礼的行為においても有力な規範である。」

正確な形態はさまざまであるが、家族は私たちの生活の避けがたい部分であるように思われる。家族は他の方法では満たすことのできない親近感や親密さへの欲求を満たす。家族と親族のネットワークは生存のための力強い助けにもなっている。シアトルにあるワシントン大学の人類学者ドナルド・グレイソンは悲運のドナー開拓団——一九世紀のアメリカ西部の開拓者たちの中で最も有名な悲劇の一つである——の生存者について調査した。一八四七年、ジョージ・ドナーとジェイコブ・ドナーはユタ州とネヴァダ州を陸路で越える八七名からなる開拓団を先導し、ほとんど知られていない山道を通ってカリフォルニアに向かった。些細な問題で出発が遅れたため、一行はシエラ・ネヴァダ山脈のまっただ中で一〇月の激しい降雪によって行く手を阻まれた。一行の大半は山中で越冬した。彼らは食料を食べつくした後、荷車を引かせていた牛や馬を食べ、それからペットを食べ、ついに一行の中ですでに死んだ者たちを食べた（食べられた人たちの何人かについては死因に疑問がもたれている）。四月の雪解けとともに救援隊がやって来たとき、生存者は四七名だった。グレイソンは、生存者がいくつかの大きな親族集団の一員である傾向があることに気づいた。開拓団の女性たちは全員そのような集団の一員であり、彼女たちの七〇パーセントが生存していた。男性の生存率は四三パーセントにすぎなかったが、生き残った男性たちには平均して四・六人の親族が開拓団の中にいた——死んだ男性たちには平均して二・一人の親族がいた。そして、一行の中にまったく親族がいなかった男性は一五人であったが、そのうち生存者は二人だけであった。このような極限状態の中にあって、それらの大きな集団は食べ物と水とを分かち合い、集団内の衰弱した者たちの世話をした。またそれらの集団は感情面で支えとなり、生きる意欲をもち続けるための助けになったとグレイソンは推測している。[12]

ほとんどすべての人間社会は、自分の子どもの世話をする倫理的義務を見知らぬ他人に対する義務よりも優先させている。ところが、一方では、家族への愛着を倫理的に優先させることに対して異議を唱えた哲学者や社会改革家がいる。彼らにとって、家族とは親から相続した利益を伝えるための手段であり、あらゆる種類の保守的思想の砦であった。したがって、家族制は平等主義的な社会を形成する妨げなのである。プラトンは家族に対する初期の批判者たちの一人であった。彼は『国家』の中で、共同体を支配する守護者においては、共同の結婚が家族という単位にとって代わらねばならないと提言している。そうすることで守護者たちは「自分たちの［大切な］ものについて誰もが同じ考えをもち、集合的に共通の善のために働くだろう。[13]」

プラトンは彼の提案を実現することができなかった。現在、イスラエルにはキブツという集団植民があるが、この創設をもたらしたユダヤ的形態の社会主義は、家族制の否定を実践に移す機会にめぐまれた。この運動の初期の開拓者たちは、配偶者および子どもへの強い愛着はキブツ全体に対する忠誠の妨げになるだろうと信じて、すべての子どもたちを親とは別の家屋で共同体全体で育てることにした。食事と娯楽は共同体の活動であった。

親はキブツの他の子ども以上に自分の子どもに愛情を示したり、自分の子どもと長く一緒にいたりしてはならないことになっていた。自分の親を「お父さん」とか「お母さん」ではなく、名前で呼ぶことが子どもたちには奨励された。しばらくの間は、こういった共同体の生活が自発的な社会主義のモデルとみなされた。そして現在でも、ある程度はそうみなされている。しかし、家族に関する限り、キブツが証明することに成功したのは、家族の絆の強さとその復元力だけであった。キブツは、自分の子どもと一緒にいたいという親の欲求を少しずつ取り入れていった。現代のイスラエルのキブツでは、子どもたちは子どもたちだけの家ではなく、ときには親の家で寝たり食事したりすることが許されている。そして子どもたちは自分の親をもとのように「お父さん」、「お母さん」と呼び始めている。(14)

家族の禁止と復活の試みというこのテーマはこれまでいく度となく繰り返されてきた——すなわち、一九世紀のアメリカにおける理想主義的な宗教的共同体、一九一七年のロシア革命の後、またヒッピーのコミューン、六〇年代および七〇年代の反体制運動から生まれた「計画的社会」がある。家族がなくなることはこれまで一度もなかったという事実だけでは、家族が道徳的に望ましい制度であるということの証明にはならない。しかし、この事実は家族の強さを考慮しないような社会改革計画が賢明なものだろうかという問いかけになっている。さらに、親が自分自身の子どもを優先すれば、富と教育の不平等を引き続き助長することになるだろうが、その一方で、親は自分の子どもが必要とするものに配慮する義務があるという考えは強固な道徳的基礎をもつ。というのは、親が自分の子どもの世話をしなければ、いったい誰がするのだろうか。現代国家においてなら、子どもを専門の保母にまかせることができるだろうが、経済的な誘因は父親や母親の世話と愛情にとって代わることはできない。親の愛情よりも有効な他の方法がない以上、親が自分の子どもの幸福に対して責任をもつよう奨励する理由は数多くある。

こうして、親が子どもの世話をすることについて、倫理学と生物学は少なくともある程度一致する。しかし、ある程度にすぎない。子どもの幸せな姿を見たいという親の願望は、ほとんどすべての欲求と同様に、度が過ぎることがある。テキサス州の小さな町に住む母親ワンダ・ハロウェイは一三歳になる娘のシャナが地元のフットボールのチアリーダー・チームで七番目のポジションに選ばれることを望んでいた。ところが、そのポジションには別の少女アンバー・ヒースが選ばれた。翌年、シャナとアンバーが再びそのポジションを争うライバルとなったとき、ワンダ・ハロウェイは自分の娘のほうを有利にしようと決心をした。彼女は、犯罪歴があることを知っている一人の男に連絡をとり、いくら金を払えばアンバーとアンバーの母親を殺してもらえるかと尋ねた。さいわい、犯罪歴のあるその男はそれを聞いてショックを受けるだけの能力をもっていた。彼が警察に通報したおかげで、誰一人殺されずにすみ、ワンダ・ハロウェイは禁固一五年という刑の宣告を受けた。事件の通報を受けた警察官は会見で興味深いコメントをした。彼は、おとり捜査官として働いて一七年になるが、今回のようなばかげた動機による嘱託殺人の計画に出あったことがないと言ったうえで、次のように付け加えた。「彼女がチアリーダーに選ばれたとしても、一〇年先に何か違いがあるんでしょうか。これがローズ奨学金なら話は別でしょうが。」その警察官が言わんとしていたことは、娘にローズ奨学金を受けさせるためなら、殺人だって頼む母親の気持ちもわかる、ということだったのだろうか(15)。

他の親族間の義務、たとえば、親に対する子どもの義務や、兄弟姉妹間の義務、あるいはいとこ間の義務はどうだろうか。一人前になった子どもが親を養う義務はおそらく特別の例である。この義務は進化論の中にそれほどうまく収まらないだろう。成人に達した子どもをもつ親はすでに年をとっているので、さらに子どもをもとうとしないのが普通だからである。おそらくそのためだろうが、この義務は普遍的に受け入れられているわけではないのである。特に家族がもはや一緒に生活していない場合はそうである。この義務が認められている場合でも、この義務は部分的には親族関係の義務であり、部分的には感謝の義務である。確かに、感謝を奨励する理由——これについては、第6章で論じる——を拡張すれば、親を養う子どもの義務に関する私たちの考え方につながる。他方、兄弟姉妹やもっと血縁の離れた親族を助ける義務は、子どもを養う親の義務の——血縁の度合いに比例した——弱い変種であるように思われる。親族を助ける義務は、同じように愛情という自然の絆に基づいているが、広く社会的観点からすれば、困難な状況に直面した場合に対する保険制度として擁護できる。もっとも、この保険制度は人間不在の官僚機構によってではなく、自然な絆によって保証されたものであるが。

自分が属する集団に対する配慮

進化に対する一つの通俗的な見解によれば、進化は「種の利益になる」特徴を発達させるのに有利に働く。この見方は、人が完全には利己的ではない理由についてきわめて単純な説明方法になっているので、もっと簡単に説明されうることについて、私がどうしてこれほど骨を折ってきたのか読者は不思議に思うかもしれない。しかし、なぜこの説明ではうまくいかないかを理解することは重要である。

道徳の進化に関するこの説明の欠点は、特に道徳と関係があるわけではない。この欠点は、あることが進化したのはそれが「種の利益になる」からだという仕方で説明しようとするあらゆる試みに共通する欠点である。実例を一つあげよう。危険にひんした動物に関するBBCのテレビシリーズの中で、『ヒッチハイカーのための手引き――銀河版――』の著者ダグラス・アダムズは動物学者のマーク・カーウォーディーンと一緒にニュージーランドを訪れた。地球上でもっとも希少な種の一つで、カカポと呼ばれる地上生活をするオウムを探すためである。以前はこのオウムの捕食動物はいなかった。ところが今ではイタチやネコのような外来動物が野生化し、カカポは主な島々で絶滅したと信じられている。ニュージーランド自然保護省は二つの小島にコロニーを作り、カカポがそこで繁殖することを期待している。ところが、ある保護官はアダムズとカーウォーディーンに次のように語っている。

カカポを繁殖させるのは大変なんです。以前は、やつらの個体数を安定させるものが他になかったから、徐々に繁殖していたんです。ある生物の個体数が急に増えて、生息地がその生物を養ってゆくだけの能力をもてなくなると、個体数は突然もとに戻って、それからまた増えたり減ったりの繰り返しです。個体数の変動が大きすぎると、災害が起こったとき、その生物はたちまち絶滅の危機にひんすることになります。だから、カカポに固有のつがい行動だけがカカポにとっては一番重要な生存のためのテクニックなんです。(16)

この自然保護官はカカポの繁殖率の低さについて「利他的な」説明を与えている。保護官は「個々のカカポの繁殖が遅いのは、カカポが種の利益のためにそうする必要があるのを知っているからである」と考えているのではないだろう。「カカポの捕食動物がいない場合、カカポの繁殖速度が遅いことは種全体の利益になる」という論法で、カカポの繁殖速度の遅さを説明しようとしたのである。これはもっともな説明であるように思われる。しかし、そのもっともらしさは、繁殖速度の遅さというこの特徴が個体群の中でどのような形で生き続けるかを考えてみれば、消えてしまう。きわめてゆっくりと繁殖するカカポの個体群で、でたらめな突然変異によって、あるカカポが他のカカポより少しだけ速く繁殖するようになり、この速く繁殖する性質がその子孫に伝えられたとしよう。この子孫は集団全体にわたって増えるだろうか、それとも減るだろうか。速く繁殖することで個々のカカポに負担がかかるというのでないなら、明らかにもっと増えるだろう。そしてゆっくりと繁殖するカカポに取って代わることになるだろう。したがって、自然保護官が言うように、カカポの個体数はもっと速く増え、やがて生息地がカカポを養えなくなって、集団の崩壊が起こる。では、その後どうなるだろう。ゆっくりと繁殖するカカポだけが生き残るだろうか。どうしてそのような結果が生じるだろう。ゆっくりと繁殖するカカポだけを生き残らせる選択機構が存在しないとすれば、同じサイクル——急速な繁殖と崩壊——が繰り返されるだけだろう。繁殖を遅くするという性質が、このような結果を防ぐためにどのようにして種の内部で進化してくることができるのかを理解することは難しい。というのは、繁殖の遅いカカポは繁殖の速いカカポに比べて、常に不利な立場にあるからである。進化理論の研究者J・メイナード・スミスは「進化論的に安定した戦略」という言葉を導入した。「進化論的に安定した戦略」とは、集団のほとんどのメンバーに採用されれば、遺伝的に受け継がれた他のどのような行動様式によっても改良される余地のない行動様式である。つまり、進化の圧力は集団の、進化論的に安定した戦略から逸脱したメンバーを不利にするだろう。明らかに、自然保護官によって述べられたカカポの状況においては、繁殖の遅さは進化論的に安定した戦略ではないのである。すなわち、繁殖の遅いものは繁殖の速いものに取って代わられるだろう。このことは、長期的に見れば集団は繁栄と衰退のサイクルを繰り返し、最後にはこの周期のどこかで崩壊し絶滅するということを意味するかもしれない。しかし、それが現実に起こることだとすれば、その場合には、それは起こらざるをえず、それが起こるのを阻止する進化論的機構も、隠れた「絶滅種の保護官」も存在しないのである。[17]

すると、残念なことに、私たちのうちの多くが、自分の利益あるいは親族の利益を全人類の利益のために犠牲にするという遺伝的傾向をもって生まれてくることはありそうにないように思われる。デイヴィッド・ヒュームは、「人間の心には、個人的資質や職務や私たち自身との関係とは無関係の、単なる人類愛そのもののような感情は存在しない」と言った。[18]彼の主張に反する例も少なくはないが、彼はまったく的はずれなことを言ったわけではない。言い換えれば、街ですれちがう他人に対する仁愛という一般的な感情をたいていの人はもっていないのである。その理由は単位――種全体――が大きすぎるからであろう。異なった種のあいだでの選択が進化において大きな役割を果たすには、種はあまりにもゆっくりと出現し絶滅する。これに対し、種の内部の比較的小さな独立した繁殖集団間の選択ははるかによく起こる。こういった比較的小さな集団は事実互いに競い合っていて、種と比較すれば、相対的に生存期間が短い。個体レベルでの、あるいは遺伝子レベルでの選択という対抗圧力もやはり働くだろうが、それほど有効ではないだろう。ある状況では、進化は集団の利益になるような特徴を選択できるかもしれない。

ここで、身のまわりを見わたしてみると、自分の属している集団に対する愛情や献身の「感情が人間の心に」あることは容易に認めることができる。このことを（やや）無害な形で理解するためには、フットボールの試合を見に行けばよい。オーストラリアの国民は世界で一番フットボールに熱中し、オーストラリアのほとんどの子どもたちがどこかのチームのファンとなって大人になる。私もフットボールに夢中で、大人になっていくらか賢くなったはずなのに止められないでいる。私が子どもの頃から応援しているフットボールチームのホーソーンが勝とうが負けようが、大勢に変わりないことはわかっている。ホーソーンは過去一〇年以上にわたって目覚ましい成績をおさめてきたのだから、最下位で何年も苦しんできたチームに負けたほうがずっとよいこともよくわかっている。そうなれば確かにホーソーンを応援する人たちをがっかりさせるだろうが、彼らはホーソーンの勝利にいいかげんあきあきしているので、彼らの失望と比べれば、下位チームを応援している人たちの喜びようのほうが大きいはずである。しかし、決勝戦でホーソーンを応援する人たちの群れの中にいるとき、このような広い視点から見ることができない。

シドニー・メロンは『愛の進化』の中で、人が一定の仕方で集まるときに経験する連帯感と、「集団愛」という特別な感情について述べている。彼はクリスマスキャロルを歌うことを一つの例にあげている。この場合も、彼が言おうとしていることがよくわかる。私はまったく宗教を信じていないし、またキリスト教の家庭で育ったわけでもないが、子どもの学校で開かれるキャロル・ナイト(オーストラリアでは州立学校でもキャロル・ナイトがある)で他の親たちといて、皆で一緒に歌えば、強い感情的反応が引き起こされ、それによって私はその共同体の一員であることの大切さを感じる。同じ効果は校歌や国歌でさえ起こることがある。メロンによれば、こういった感情が他の多くの人々と共有されたとき高められ強められるという事実は、私たちの本性にある遺伝的構成要素——それは社会的霊長類として進化してきた過程で私たちが身につけたものである——が、その種の経験によって発動することを物語っているのである[19]。

子どもに対する親の愛情も極端すぎると危険なこともあるが、集団的献身のこのような感情ははるかに破壊的で、その結果は世界的規模におよぶ。このような感情が無制限の愛国主義とナショナリズムの形態をとったとき、人類がこれまで犯してきたなかで最も大きな犯罪の原因となってきた。ヒトラーのような独裁者は、こうした心理的な力をたくみに利用し、外部の者に対する憎悪を煽って、個人を集団に融合させたのである。読者がこういった方法のもつ力を疑うなら、レニ・リーフェンシュタールが撮った一九三四年のニュルンベルクにおけるナチ党大会のフィルムを見ればよい。第二次世界大戦のあらゆる惨事をもたらし、ヨーロッパの多くを破壊に導き、アウシュヴィッツを可能にした運動の勃興期を回顧しているのだとわかっていながら、今日でさえ、鉤十字、壮観、煽動的な音楽、熱狂的に行進するナチ党員によって示された統一と決意の感覚に引き込まれてしまいそうになる。ヒトラーが利用した感情は非常に強いので、実際に見ているのがナチの記録映画だということを忘れさせるほどである。それらの感情が後に回顧されるのではなく直接経験された場合、人々が「民族」のためなら自分の命と無数の他の人々の命を犠牲にする気になったとしても何ら不思議はない。

国家と集団に対する忠誠心のこういった感情がどの程度遺伝的な基礎をもつか見積もったとしても、それは純粋に思弁の域を出ない。同じ国民が異なった文化状況のもとでナショナリズムの熱狂という点で大きく異なってしまうことがあるのだから――一九三〇年代の西ヨーロッパ各国を今日の同じ国と比べてみよ――、文化的圧力がこれらの感情の表出について、また、おそらくそれらの感情が実際にどの程度感じられるかということについても、きわめて大きな役割を果たしていることは明らかである。互いに無関係な大きな生物集団間の競争が遺伝的進化において重要な役割を果たすことは――たいていの進化論の研究者が信じているように――ありそうにないとしても、文化的進化の要因になるのはもっと容易である。進化の概念を拡張して、そのなかに「文化的進化」を含めるとき、個々の生体とその生体を生じさせる遺伝子の進化のみならず、さまざまな文化――言い換えれば、さまざまな生活様式——の進化も入ってくる。異なる社会が異なる生活様式を採用するように、進化の過程もある生活様式を生き残り栄えさせ、他の生活様式を滅びさせる。

文化的進化は二つの重要な点で遺伝的進化とは異なる。第一に、文化的進化は集団全体に非常に速く伝わる。このことが意味するのは、文化の変化はわずか一世代の間に全集団の行動に影響を与えることがあり、その間にその集団の生存のチャンスを改善することがあるということである。他方、遺伝子の変化は集団全体に広がるのに何世代もかかる。そして遺伝的変化は集団全体の行動に影響を与えることができないうちに、それが現れた個体の中でなくなってしまうだろう。というのも、そのような個体は集団の他のメンバーと比べて競争のうえで不利だからである。

第二に、遺伝的変化はでたらめであり、そのために盲目的であるのに対し、文化的変化は意識的でありうるし、方向づけられるものでありうる。したがって文化だけが、集団に対する献身が個人にもたらす不利益を減じたり、ときにはそれを利益に転じさせたりできるのである。祖国のために戦争に行くことは死の危険を負うことである——いかなる観点からも重大な不利益である。しかし、戦士の文化は、死の危険をくぐりぬけて生き延びた人を英雄として扱い、その人に特権を与えるだろう。集団のために死の危険を冒すことを拒否する人は臆病者として疎んじられるだろう。第一次世界大戦中、イギリス軍がまだ志願兵に頼っていた頃、少女たちがロンドンの街頭に立って、兵士になる年齢なのに軍服も着ていない男たちに臆病者のしるしである白い羽根を配る習慣があった。志願して兵士になれば生殖上の利点があることがこのようにして明確にされたのである。他の文化の中にはこの利点をもっと明確にしたものがある。シャイアン族やアラパホー族のような北米の大平原地帯に住むアメリカ先住民たちが戦争に参加したとき、戦士の中には「我、命を賭して戦わん」という神聖な誓いをたてたものがいたものだった。ひとたびその誓いをたてるや、彼らには異性との関係を律する掟（このような状況以外では、非常に厳格な掟である）はもはや適用されなかった。戦場に赴くまでの数日間、これらの「自殺志願戦士たち」は彼らが望む限りの多くの女性——女性自身が同意する限り——と愛を交わすことができた[20]。その短い期間に、彼らは天寿をまっとうしたときと同じ数の子どもを妊娠させることができたであろう。いずれにせよ、この習慣はこれらの勇ましい戦士たちの遺伝子が将来世代に伝えられることを可能にしたに違いない。

文化的進化は別の仕方で生じることがある。すでに見たように、エドワード・O・ウィルソンはカルカッタのマザー・テレサの一見非利己的な献身を説明するために、彼女は信仰深いキリスト教徒として天国において報われることを期待しているのだろうと言った。マザー・テレサにとって、他人に慰めと安らぎを与えることがそれ自体報酬ではないということがどうしてウィルソンにわかるのか、私には見当もつかない。しかし、マザー・テレサに関する真実がどうであろうと、霊魂と来世における賞罰の存在を信じることは、この世界に利他主義を育むことになる以上、文化的進化によって促進されることがあるということに気づくべきである（そうでないとすると、どうしてそのようなもっともらしからぬ信念が広まっているのだろうか）。進化論的観点から見れば、ある信念が広まるかどうかを決定するのは、その信念の真偽ではない。もっと重要なことは、その信念がその信念をもっている人の助けとなるか、それともその人に有害であるかということである。ある信念をもっている人について語るとき、私たちが問題にするのはその人個人である——しかし、すでに見たように、文化的進化の場合、決定的単位はその個人が属している集団でもある。誤った信念をもつことは一般に不利である。崖から空に向かって飛ぶことができるとか、素手でライオンを倒すことができるといったことを信じている人は、ほとんど子孫を残すことができず、また、社会に多大の貢献をすることもない。しかし、集団の大半のメンバーが、自分の属する集団のために戦闘で死ねば、ただちに永遠に祝福された世界に行くことができると信じているとき、その集団は、自己犠牲に対して同様の動機づけを兵士に与えることができない他の集団に比べて、戦闘では手強いであろう。逆説的ではあるが、この誤った信念を抱いている兵士のほうが、この種の信念をもっていない他の社会の兵士よりも戦争で死ぬことが少ないかもしれない。死を恐れず戦う兵士によって構成された軍のほうが勝利を得る可能性が大きいからであり、勝利を得た軍のほうが、敗走した軍よりも犠牲者が少ないからである。(21)

これまで、戦死も辞さずといった英雄的犠牲行為に焦点を絞ってきたが、それは集団への参加の劇的でわかりやすい例だからであった。日常の道徳生活はごみをごみ箱に入れることから、子どもの通っている学校の集まりに参加することにいたるまで、共同体に対する無数の小さな犠牲を含んでいる。その報いは無形のものである。その報いはときには主義主張のために共に働く仲間意識であるし、社会的な非難をかわすだけということもよくある。これらの行動は、どのような仕方で奨励されるにせよ、他人への配慮を示している。次の章では、日本においてこれらの無形の報償の多くが、いかにして集団に対する忠誠心を強化するのに役立っているか、そしてそれによって、どのようにして各自が西洋で考えられる以上に集団に献身するようになるかを見ることにする。おそらくこの点において、日本は西洋よりも国際的経済競争にいっそう適合した文化を進化させたのである。

このような無形の報償を認めたからといって、個人の利他的動機が否定されるとみなされてはならない。本章の冒頭で取り上げたリチャード・アレグザンダーは社会的承認に「間接的互恵関係」というレッテルを貼り、それを使って「献血者は利他的である」という主張を覆すための根拠とした。献血者は共同体に対する貢献の義務感を感じたり、自分がしていることに対する社会的承認に気づいているかもしれないので、アレグザンダーの考えによれば、献血者が献血をするのは彼が受け取る間接的利益のためなのである。献血者が献血を秘密にしておく場合に限り、アレグザンダーは「献血者が本当に利他的である」と納得するように思われる。ナチによって迫害を受けたユダヤ人犠牲者たちを密かに助け、いかなる社会的是認をも確かに期待できなかったドイツ人について、アレグザンダーは何と言うだろうか（そのドイツ人の英雄的行為の詳細については第8章を見よ）。しかし、あまり不思議に思う必要はない。なぜなら、アレグザンダーはさらに彼の同僚からの指摘を受け入れて、秘密の行為でさえ「もっと検討する余地がある。というのは、密かに献血する人は、自分は利己的ではないと自ら信じ込むことによって、他人に対して利己的でないように見せることがもっとうまくなるかもしれないからだ」と述べているからである。(22)

この方向に進むとき、アレグザンダーは昔ながらの策略を使っている。一七世紀に『リヴァイアサン』を著したトマス・ホッブズは、人間本性に対する皮肉な見方で当時の人々に悪名を馳せた。ホッブズは進化論の知識をもちあわせていなかったが、アレグザンダー同様、人は常に私益に基づいて行為すると主張した。ホッブズが物乞いに金を与えているのを見た友人が、ホッブズに、「今したことは人間本性に関する君の理論を否定することになるのではないか」ときいた。ホッブズはその問いに答えて、物乞いに金を与えたのは、そうすれば物乞いの助けになるからではなく、物乞いがその贈物から得た快楽を見て、自分つまりホッブズ自身がうれしいからだと言った。この答えは、非利己的行為に関するアレグザンダーの見解と同様に、一見刺激的で新しい見解に思われるものを反証不可能な、したがっておもしろくも何ともない教説に変えてしまう。人間本性に関するホッブズの見解もアレグザンダーの見解も、結局のところ、人が擁護したくなるような（通常の意味での）利他心の存在と完全に両立するのである。結局、人々がどのようにして倫理的に行為するよう動機づけられるのかを理解することが関心事であるとき、この種の利他心の「本当の意味」が何であるかを誰も気にしないだろう。かりに献血者が共同体に対する義務感や社会的承認の意識によって動機づけられているとしても、彼らの行為が倫理的ではないということにはならないし、利他的でないということにすらならない。倫理的かつ利他的に行為するということは、倫理的とか利他的という言葉の道徳的に重要な意味では、行為の動機が、数ある中で、共同体に対する義務感にある、ないしは尊重すべき意見をもつ人々から認められたいという欲求にある、ということである。個人的な利益の見込みが動機でない限り、人がある行為をすることによって実際には利益を得るかもしれないとしても、ただそれだけの理由でその行為の倫理性を否定するのはばかげたことだろう――まして人が個人的な利益の見込みに気づいてさえいないなら、なおさらそうである。もしアレグザンダーが本当に考えていることが、「行為の生物学的説明が可能なら、行為の意識的な動機づけの存在は否定されざるをえない」ということだとすれば、私たちにできることは、愛の営みをする前に彼は自分の性的欲求の「本当の意味」は「この種の欲求を人々にもたせた遺伝子が後の世代に生き残る可能性を高めることにあるんだ」とパートナーに向かって説明するのだろうかと疑ってみることだけである。私たちの行為について生物学的説明ができるということと、私たち自身の心の中に生物学的説明とは非常に異なった動機が存在するということとは完全に両立する。意識的動機づけと生物学的説明は異なったレベルに適用されるのである。

人間はしばしば利己的である。しかし、私たちの生物学的性質は、私たちに利己的であるよう強制しない。反対に、私たちの子ども、親族、またある状況においてはもっと大きな集団の世話をするようにさせるのである。次章以下で見るように、これは始まりにすぎない。

（樫　訳）

第6章　日本人の生き方

日本——社会的試みは成功したか

第4章で、私は西洋社会を取り上げ、次に特にアメリカ社会を取り上げ、よい生き方に関する支配的思想の発展をたどった。現代の消費者倫理は、かつてのもっとプロテスタント的な蓄財の倫理と重要な点で異なっているが、プロテスタント倫理と同様、自己自身あるいはせいぜいのところ自己とその肉親を倫理の中心にすえている。私益は依然として他者と競いあって獲得しなければならないものであり、その目標は利己主義的な狭いものである。したがって、このような生き方と違った生き方ができるだろうかと問うことが重要である。もっと個人主義的ではなく、競争的ではない方向へ根本的な転換をはかることが本当にできるだろうか。古代ギリシア人は私益に関して私たちとは異なった考えをもっていた。また中世のヨーロッパ人も同様であった。オーストラリアのアボリジニやカラハリ砂漠のクン族は、よく生きるとはどんなことであるかということに関して非常に異なった見解をもっている——彼らは所有しているものをすべて持ち運ばなければならないので、物質的な財を獲得することは、彼らの人生において大きな役割を果たしていない。しかし、現代のアダム・スミスの擁護者たちは、これらの歴史上の例や周縁に追いやられた文化の例と、「近代資本主義社会が繁栄するための条件は諸個人が攻撃的かつ競争的に私益を追求することである」という主張とは互いにまったく矛盾しないと言うだろう。

日本が非常に魅力的なテストケースになるのはこの点である。というのは、もし戦後の日本に関して明らかなことが一つあるとすれば、それは日本経済が驚異的な成功をおさめたということだからである。人口密度の高い一群の島々がアメリカとEC諸国にとって恐るべきライバルになった。本章では、大半の西洋人の究極的選択に関する考え方に代わる可能な考え方を日本が示しているかどうかを問うことにする。日本以外、代わりになるモデルは多くない。〔旧〕ソヴィエト連邦と〔旧〕東欧の国家社会主義はアメリカ流の資本主義に代わる実行可能なモデルとはなりえなかった。軍事力とKGBの恐怖という鉄拳がなくなるやいなや、誰もそのような社会形態を望まなくなった。また近年では、アメリカモデルと西ヨーロッパ——長期にわたって社会民主主義政府を経験したスウェーデンのような国家も含めて——の資本主義経済の違いがかなり曖昧になってきている。いまや日本だけが現代世界における有効な経済モデルとしての役割を果たしうる主な存在なのである。

しかし、日本は異質であるのだろうか。日本を訪れたとき、西洋人は馴染みの日本車やカメラや電気製品を目にする。しかし、それと同時に、日本という国を完全に理解することはできないのではないかという不安感にしばしば見舞われる。社会的行動や人間関係、美的様式、音楽、演劇について日本で期待されていること——そのすべてが、西洋のものと明らかに異なっているか、あるいはそうでなければ、西洋の慣行との類似性に関して曖昧な点が残る。異質の場所にいるという感じは、たとえばオーストラリア人がフランスに行ったときや、ドイツ人がアメリカを旅行したときよりもずっと強い。流暢なバイリンガルにとってさえ、ごく日常的な言葉以上のものを翻訳しようとする試みはたちまち困難に追い込まれる。なぜなら、日本語と西洋の言語はそれぞれ異なった思想を含んでいるからである。ビジネスの世界でも日本人は異なっているように見える。数多くの書物が日本の経済的成功を解明しようとしてきた。何度も言われていることだが、たとえば、日本人は西洋人に比べて雇用主に対してはるかに献身的で、長時間労働し、自分が働いている会社のために個人生活と家庭生活を犠牲にする。しかし、これらの違いは、根本的にはよく似た人間本性のうわべだけの違いにすぎないのだろうか。それとも、私益に関する考え方がまったく別で、人生に対して期待することが異なっているのだということを本当に示しているのだろうか。

本章では日本文化に対する一つの見方を提示するつもりであるが、それは個人の利益と集団の利益に関して日本社会で見られるいくつかの特徴的な面に焦点を絞ったものである。それによって浮かび上がる日本の姿が日本文化の全貌をつくしていると主張しているのではないし、別の見方の証拠となりうる対立した傾向があることも否定はしない。本書の主題は西洋文化でも日本文化でもなく、私益の概念と倫理の観念の関係である。したがって、本章が日本における私益の一つの考え方――それが私益の唯一の考え方ではないとしても――をとらえているとすれば、本章は本書の目的に役立つだろう。[1]

倫理的共同体としての会社

日本の「サラリーマン」つまりホワイト・カラーは、ヨーロッパやアメリカのホワイト・カラーと同じように、午前八時半か九時に仕事を始めるが、はるかに遅くまで仕事をし、午後一〇時以降に帰宅することが少なくない。[2] 一九八五年の労働省の調査によれば、労働者は権利として要求できる休暇のおよそ半分しかとらず、たいていの人は週末でも働くことがある。月四回の週末をすべて家庭で過ごすことはスキャンダラスなことだとみなされている。[3] こうして、日本人が成功しているのは、日本人がニュー・イングランドのピューリタンの末裔よりもいっそう極端なプロテスタント的労働倫理をもっているからにすぎないとみなされるかもしれない。しかし、西洋と日本の違いにはもっと根の深いものがある。

日本思想を歴史的に見た場合、日本社会と西洋社会の最もきわだった違いは、私たちにとって封建社会は遠い過去であるのに対し、日本は比較的最近まで封建社会だったということである。中世ヨーロッパの封建時代は一一世紀から一四世紀までであった。封建社会の制度のもとでは領主と農奴は互いに緊密な関係で結ばれていた。農奴は自由人ではなかった。土地にしばりつけられ、土地は領主のものであったからである。農奴は領主の土地を耕作する権利をもっていたが、収穫物の一部を領主に納めることが義務づけられていた。争いがあったとき、領主の城は農奴とその家族の避難場所であったが、農奴は領主のために兵役に服さねばならなかった。そのような制度のもとでは、各自が身分をもち、身分に応じた責務と義務と権利をもっていた。共同体への帰属感が強く、近代的な意味における自由と自律は知られていなかった。基本的徳は忠誠心であった。領主に対する農奴と騎士の忠誠心であり、国王――当該地方の領主の中で頂点に立つ者――に対する領主の忠誠心であった。そのような社会では、今日の自由な企業活動のもとで私たちがもっているのとは大いに異なった性格特性や理想が生まれたであろうということは容易に察しがつく。しかし、西ヨーロッパ全体で、農奴制は一四世紀の終わり頃には消えつつあった。代わりに、領主にしばられない小作人と土地をもたない労働者が現れた。こうして、西洋の私たちにとって封建制は五百年にわたる絶え間ない政治的、経済的、宗教的変革の間に葬りさられたのである。一七、一八世紀になると、個人の自由と権利が刺激的で新しい課題となった。いまや個人の自由と権利は西洋政治システムを支える基本的言語の一部になっている。このことは政治的自由主義にのみならず経済的自由主義にもあてはまる。しばらくのあいだ一人の雇用主のもとで働き、次にもっとよい給料や仕事があれば別の雇用主にきりかえるという自由な移動が認められない世界を私たちは想像できない。

日本では、封建制は一三世紀に発達し、一八五三年、ペリー提督が招かれもしないのに忽然と姿を現すまで弱体化することなく続いた。装甲した砲艦の威をかりて、ペリーは最高位の封建領主、すなわち将軍に海外貿易のために開国を迫った。この屈辱は一八六八年に将軍の廃位と「天皇」の復位をまねいた（「天皇」という言葉は通常、皇帝《エンペラー》と訳されるが、その地位は西洋の君主と、ある点でローマ法王、もっと適切に言えばダライ・ラマに似た最高の祭司の間に位置する）。歴代天皇はそれまで退位させられたことはなかったが、千年以上ものあいだ政府の中で有力な指導的役割を果たすこともなかった。将軍のもとで天皇は実質的には囚われの身となっていたのである。京都の御所に幽閉され、純粋に儀式的機能を遂行するだけであった。一八六八年の劇的出来事は、復位した天皇の名にちなんで「明治維新」として知られることになったが、伝統的な日本的価値の名において「夷狄を追い払うために」行われた。ところが皮肉なことに、それは近代日本の始まりとなった。新政府は、もし日本が近隣の中国の運命（中国は当時、悪名高いアヘン戦争で西洋列強に敗北したばかりであった）を避けようとするなら、近代化が必要であることに気づいた。ひとたびこの近代化という重大な決断が下されるや、それは並々ならぬ決意のもとで実行に移されたのであった。政府は先進諸国のすべてに代表を派遣し、西洋の科学技術のみならず西洋の統治機構、社会制度、服飾の形態を学ばせ、もちかえらせた。日本は西洋のやり方を迅速に首尾よくとりいれた結果、四〇年後には近代兵器をもって戦争を遂行し、西洋列強の雄であったロシアを破った。

この変革の迅速さが意味するのは、日本には封建時代に人格形成期を生きた祖父母の思い出のある人々が今日でも生きているということである。これらの出来事を目撃したイギリス人は一九〇八年に次のように書いている。

近代日本の過渡期を生きたということは、人を異常に長生きした気分にさせる。というのは、いま彼は自転車や病原菌や「勢力範囲」が大いに語られる近代にいるが、しかし彼自身、中世をはっきりと思い出すことができるからである。(4)

急速にとげられた変化は深部にまでは届かない。変化という木が成長できるのは台木となる根があって、その上に接ぎ木された場合だけである。過去一三〇年程の間に日本に起こった劇的変化を否定することはできないが、封建的な思想と伝統が今日も生きていることを否定することも間違いである。

忠誠心[＝忠義]はいかなる封建システムにおいても最も賞賛される徳であるが、日本の武士階級である侍は自分の領主に対する献身という理想を極端なまでにつらぬいた。日本で最も人気の高い話である「四十七士の物語」はこれらの理想が実践された一つの例になるだろう。それらの浪士たちはある藩の大名であった浅野家に仕えた侍だった。浅野は吉良という別の大名に侮辱され、激怒して吉良に切りかかり、軽い傷を負わせた。このため、浅野は統治機構の最高位にあった将軍から切腹を命じられ、浅野はそれに従った。浅野家の「浪士」たち、あるいは「浪人」たち（これらの言葉は主君を失った武士をさす）は、吉良が当時の慣習法に従って喧嘩両成敗を受けなかったことに憤った。浪士たちは吉良を殺害して藩主の敵《かたき》を討とうと決意した。吉良側が当然抱く疑いをかわすため、浪士たちは一年間ちりぢりになって飲み騒ぎ、その結果、不忠義な家臣として世間から侮蔑をかった。その後、浪士たちは密かに集まって吉良邸を襲い、吉良の首をはね、首を主君浅野の墓前に捧げた。このため、浪士たちは予期された代償を払わなければならなかった。将軍の命により、全員切腹したのである。この話が実際に起こったのは一七〇三年であったが、これまでさまざまな形で繰り返し語られてきた。これらの浪人たちの高潔な模範は時代の誉れとして賞賛された。この話は今日でも日本の映画やテレビでしばしば繰り返され、子どもの頃から日本人の誰にとっても馴染み深いものとなっている。この話は集団に対する無条件の忠義と、わが身をも顧みない献身の教訓として、現代の日本で絶えず引用されている。

封建領主と侍は過去のものとなったが、その時代に生み出された集団的思考様式は今も残っている。このことはまったくの偶然というわけではない。今日の日本最大の銀行を含む数多くの日本企業の設立に関与した渋沢栄一は、封建制が廃止されるまで侍であった。

彼は封建制の思想をビジネスマンを導く規範に変え、ビジネスを名誉と正義と忠義という、侍の規範とあまり変わらない基準に導かれた長期的な事業とみなした。(5) 今日、日本の企業活動について書くくらいの人なら、従業員が会社に示す忠義に必ずふれている。日本語の「ウチ」という言葉は、元来「内側」を意味するが、封建時代には人の第一の忠誠心の対象であるべき家を表すために使われた。ところが、今では自分が属している組織を表すためにも用いられている――また日本では、「〜で働いている」よりも「〜の者である」「＝〜に属している」」と言うほうが適切である。同じことが、封建時代に互いに結び付いた大きな集団をさすために使われていたもう一つの言葉である「大家族」――西洋の概念の中では「一族《クラン》」がそれにもっとも近い――にも当てはまる。日本資本主義の黎明期には、三井のような大きな商家は文字どおりの封建的「大家族」であった――「大きな家族」の長はビジネスの指導者であり、数千人の労働者はみなその一族のメンバーから集められた。(6) 後に、トマス・ローレンが日本の銀行――彼はその銀行を「上田銀行」という架空の名前で呼んでいる――に関する人類学的研究の中で述べているように、会社が日本の理想的な家族のように「メンバーの利害が家族全体の利害に対して従属的であるような存在である」ことを示すため、企業は「大家族」とみなされたのである。

家あるいは家族としての企業というこの概念は西洋人にとっては単なるレトリックであるか、あるいは不当な家父長主義と権威主義のように思われるかもしれない。ところが、日本人には、伝統的な日本的価値である共感と人間的結び付きを企業の中に体現する方法として評価されている。家あるいは家族としての企業という概念は、企業における人間関係の理想となっているのである。日本人は人に対して温かく、相手の気持ちを思いやり、協調的でなければならない。上に立つ者は親のように従業員が職場でうまくやっているかということだけでなく、従業員の個人的福利に対しても関心をはらう。若い世代の社員は年長者を敬い、時がくれば自分たちが目下の者に対して責任をとらなければならないということを知っている。上田銀行の場合、銀行が大きな家族であるという意識は、新入社員――つまり家族の新たなメンバー――を迎えいれる毎年の式典に強く現れている。この式典でのスピーチで強調されることは、この式典が研修を受けた若い人たちの人生の転機であり、彼らの親がこれまで負っていた子どもの幸福を保証する責任がいまや企業に移ったということである。銀行に入社することが認められた人たち――彼らは全員、高校か大学を卒業している――の親が式典に参加し、その代表が子どもの入社を認めてくれた銀行に謝意を表すとともに、未熟な子どもを指導してくれるようにという旨のスピーチを述べる。新入社員の代表はそれまでの世話と養育について親に感謝し、銀行に対しては入行を認めてくれたことと、今後受けることになる世話といっそうの指導に感謝する。ついで、新入社員のために、企業の幹部に対して指導と鞭撻をこうのである。さらに、新入社員が銀行――彼らの大半は定年退職するまでそこに勤める――に対する献身を誓う。(7)

このようにして企業の新しいメンバーに伝えられた家族意識は他の多くの式典や集まりでたたきこまれる。日本企業の一日は「朝礼」で始まることが多い。朝礼では部署の長が社員にお辞儀と挨拶をした後、社員が返礼する。ときには簡単な訓示がなされたり、檄がとばされることがある。また、毎週全社あげての——大企業の場合は部門別の——集会が行われることがある。おそらく、月に一度日曜日に各部署で、あるいは比較的小さなグループで遠足が行われる。そして、年に二回、近くの行楽地に泊まりがけの旅行に出かける。これらの活動ではグループ全体がグループとして一緒に飲食し、歌を歌い、風呂に入り、就寝する（風呂と就寝では男女別々であるが）。グループが旅行するバスでさえ、途中でカラオケができるよう移動マイクが備えられている。

日本の企業には社員の心を鼓舞する大仰な歌詞の歌があり、式典やグループの遠足で歌われる。たとえば、これは上田銀行の社歌の一節である。

雲つきぬけて隼《はやぶさ》はゆく
曙の光、今さし出でて
新たなる栄光の日ぞここに始まる
我らが団結の精華《はな》
上田銀行、上田銀行
ああ、我らが誇り、永遠《とわ》なれその名(8)

西洋では、このような歌は嘲笑の対象になるか、白々しい儀式に付き物の退屈の種になるだろう。おそらく、日本人の中にもこのような反応をする人がいるだろう。しかし、たいていの場合、こういった歌は熱狂的に、また一心不乱の様子で歌われる。日本で働いたことのある別のアメリカ人マーク・ジンマーマンは建設会社の社員集会について記述している。そこでは、誇りに目を輝かせた若者たちが歓声を上げ、互いに肩を叩き合って親愛の情を示しながら社歌を四回歌うのだという。ジンマーマンの報告によれば、それは「会社に対する社員の献身ぶりを如実に示すもの」なのである[9]。

こうして、もし日本人が西洋人よりも少ない休暇で長時間労働することをいとわないとすれば、そのことに関するもっともらしい説明は、日本人が仕事中毒になる遺伝的傾向をもった民族であるということではなく、また、日本人が西洋人よりも出世したいという気持ちが強いということでもなく、むしろ、日本人が西洋人よりも忠誠心というはるかに強い絆によって会社にしばられているということである。ジャック・スウォードは日本の企業倫理に関する『日本――ハングリーな客』と題する本の共著者の一人であるが、この点に関して見事な解説を与えている。スウォードが数年間の日本滞在の後アメリカに戻ったとき、日本人の来客がたまたまテレビでビールのコマーシャルを見た。そのコマーシャルには仕事をしている人々が映っていた。それから、五時のベルが鳴ると、彼らは仕事をやめ自分の車に飛び乗って、ビールを飲みに行ったのである。それを見た日本人の客は驚いてこう言った。「アメリカの労働者たちは会社に対する義務を感じないのか。まるで仕事が終わるのが待ちきれないようだ。私なら恥かしくてあんなに急には仕事はやめられない。あんなことばかりしていれば、仲間は私を白い目でみるだろう。それに、私は自分の会社の社長に自分の人生をゆだねたと思っているんだ。」そのコマーシャルを見た日本人を驚かせたのは、アメリカ人労働者の怠慢さでも彼らの無類のビール好きでもなく、会社と仲間に対する献身の欠如なのである。日本ではそのようなコマーシャルは不可能だろう。(10)

皮肉な人なら、こういったことは、日本の企業が西洋の企業よりも労働者を搾取する術に長けているということを証明しているだけだと思うかもしれない。この考え方は的はずれである。封建制度におけるのと同様に、高い身分には義務が伴う。一度企業の一部になると、日本人従業員は終身雇用の実質的な保証を得る。広島にあるマツダのように、企業の中には労働者を一時解雇したことのないところがあると報告されている。(11) 降格人事もまれである。間違って能力以上の責任を負わねばならない地位に昇進した人は無害な名誉職、たとえば、「調査員」に異動になる。(12) このように、できる限り従業員の肩をもとうとする態度は家族としての企業という理念と一致する。

家族のような企業の性質は入社のさいに従業員が署名する文書にも現れている。西洋の雇用契約と比べれば、日本の契約文書には従業員の権利や義務が書かれておらず、給与も明記されていない。また、労働条件に対する不平不満の解決方法や、事前に解雇通知を出したり、解雇したりするための手続きも何ら記載されていない。文書に書かれているのは、たとえば、文書に記載された人物を銀行が行員として認めること、他方で当該人物が銀行の規約に従うことを誓約するということだけである。それだけが必要とされることなのである。契約は互いを信用できない見知らぬ他人どうしのためのものである。本当に重要なことは企業のあらゆる式典と伝統の中にそれとなく表れている。すなわち、企業とそのメンバーの一人一人が共に全体の利益のために働くという相互信頼である。

人間の相互の結び付きがこのように求められていることは、日本語の「和」という言葉によって表現されている。この言葉は英語では通常、「調和《ハーモニー》」とか「一致《コンコード》」と訳されているが、おそらくまったく適切な訳だというわけではない。ローレンによれば、「和」は「日本中の会社のモットーや社名の中で最も一般的な唯一の要素であることは間違いない」。そして彼は、自分の本の題名を上田銀行のモットーである「和と力」からとっている。彼は「和」を「手際がよく愉快な、そして共通の目的意識をもった仲間どうしの協働、信頼、共有、温かみ、志気、勤勉」と説明している。[13] それは社会の改善の手段であるだけでなく、本質的に望ましい性質の人間関係だとみなされている。大企業では、社訓が企業全体の調和を強調するかもしれないが、現実の帰属感、仲間と協調して働いているという感じは小さな職場グループから生じる。というのは、そのようなグループにおいて、日々接している労働者たちは共通の事業におけるパートナーとして相互に尊重することが奨励されるからである。これこそアメリカ流の時間を気にした労働が日本では考えられもしないことであるということを最もよく説明する。たとえば、上田銀行では一日の仕事は八時半に始まり、「公式には」五時に終わる。しかし、実際には六時過ぎに終わるのが普通であった。ところが、たいていの場合、これは退社時刻でなかった。代わりに、新しいセールス・キャンペーンや他の提案、あるいは問題について議論する職場会議が開かれることがある。会議は七時半に終わるかもしれないが、終わると食べ物とビールがでることもある。抑制がなくなるにつれて、会話がはずみ、歌の一つも出ようというものである。あるいはてんでにおかしな話とかきわどい話もすることだろう。そのようなパーティーが銀行と支店の発展のための最後の乾杯とともに九時に終わるかもしれない。なかにはその後で近くのバーに一杯飲みに行って、自分たちの思っていることや日々の生活についてこと細かく話し合う者がいるだろう。ローレンは次のようにコメントしている。

退社時刻になれば従業員が家にとんで帰るのに慣れているアメリカ人の観察者にとっては、夜まで続くこういった職場会議やパーティーは初めのうちはまったく風変わりで、説明のつかないもののように思われるかもしれない。上田銀行の職場では、仕事が終わる決まった時間もタイムレコーダーもない。また、他の者より早く退社することには抵抗感がある。遅くまで職場にいることは事務労働にとって普通のことである。なかには職場全体が最後の人が仕事を終えるまで残っている場合もあるだろう。(14)

比較研究がこれまで絶えず証明してきたことは、アメリカ人労働者と比べた場合、ホワイト・カラーでもブルー・カラーでも、日本人労働者にとっては労働が人生のより重要な一部をなしているということであるが、これは驚くべきことではない[15]。このことが意味するのは、日本における労使関係を研究した人が言っているように、「個人は帰属している。また、彼らは自分の人生に明確な方向を与えてくれる目標をもっている」ということに他ならない[16]。しかし、それはけっして些細なことではない。

西洋の大人にとって、日本企業に生じた態度と慣行に最もよく似たものは、チームで行うスポーツに見ることができる。クラブの歌、仲間意識、共通の目標に向けられた努力、温かく包み込むような一体感——もし私たちがこういった感情を共有したことがあるならば、多くの日本人が自分たちの働いている会社に対して抱いている感情を理解できるかもしれない。西洋社会との類似点として、さらに、チーム内の調和の裏側には敵のチーム——日本のビジネスの世界では、競争相手の会社——に対する熾烈な競争意識があるという事実があげられる。日本では企業や他の集団の内部の調和が重視されるからといって、日本社会に衝突や競争がないと誤って考えてはならない。重要なことは、この競争が企業や企業とよく似た組織の内部よりはむしろ企業や他の組織のあいだで行われていることである。

西洋のスポーツと比べた場合、日本のスポーツではチーム精神《スピリット》という概念がはるかに重視されている。数年前、「〈和〉を大切に」という見出しで「スポーツ・イラストレイティッド」誌が日本のチームで野球をするアメリカ人選手の問題について書いていた。アメリカの野球のほうが総じてレベルが高いにもかかわらず、アメリカの選手は、チームの和を乱すことがあるので、日本の野球チームでは常に歓迎されているわけではないというのである。「和」ということの概念は、アメリカのスポーツファンに対して「統一性、チームプレイ、ヒーローの不在という日本人の理想――日本で野球をする元アメリカ大リーガーにとって容易には理解しがたい概念」と説明されていた。アメリカでは、花形選手は他の選手よりも高い年俸を要求し、他の選手ほどきびしいトレーニングは要らないと考えているかもしれない。日本では、誰もが同じトレーニングをし、人より多く金を要求することはチームの利益よりも自分の利益を優先することだとみなされる。アメリカではコーチが選手を試合からはずしたとき、選手が怒った態度を示すことはあたりまえのことだとみなされる。日本では、そんなことをすることはほとんど許しがたい規律違反である。読売ジャイアンツで野球をしているアメリカ人投手が試合から降ろされた後で屑入れを蹴飛ばし、ユニフォームを引きちぎったとき、球団は外国人選手用のエチケット集を出した。それは「ユニフォームを大切にすること」という規則を含み、「チームの和を乱さぬこと」で結ばれていた。(17)

共通の努力の成果が不釣合に一人か二人の人にもってゆかれるという気持ちがあるなら、

チームの和は保たれないだろう。高い年俸をもらっている個人「スター」が日本の野球チームに馴染まない理由は、日本のビジネス界にドナルド・トランプのような人物が一人もいない理由でもある。自分の資産にこれ以上ない位大きな文字で自分の名前をはりつけることは、日本では最低の趣味である。そんなことをするのは災難の種をまくようなものである。日本で最も親しまれている諺の一つは「出る杭は打たれる」である。ジョン・モーリーは日本社会に対する洞察に満ちた解説の中で、日本人にとって「恥かしいと思う原因の中で圧倒的に多いのは、無礼なことをしたとか、ばかなことをしたという事実ではなく、ただ単に人目につくようなことをしたという事実であった」と述べている(18)。

一人だけめだってはいけないという意識は若い頃に形成される。日本を訪れる人なら誰でも気づくことだろうが、大きな集団をなして学校に通う子どもたちが全員同じ制服を着て、たいてい同じ髪形をしている(西洋から来た、十代の子どもをもつ旅行者にとっては、そのような行動は特に驚くべきことである)。日米の小学生の教室内での振る舞いに関する研究によれば、日本の子どもたちのほうが自分たちを集団として考えるよう奨励されている。日本の教師は児童全体に目を配り、クラスを集団として教える傾向が強い。他方、アメリカの教師は一人一人の子どもに目をかける傾向が強い。アメリカの子どもは日本の子どもよりも九倍も多く教師と対話している、あるいは対話しようとしている(19)。

このようにして子ども時代に始まった思考習慣が後の人生にも続く。日本の経営者は個人よりも集団を重視し、従業員に報償を与えるときも、他の従業員との協力をいっそう促すような仕方で行うのに対し、アメリカの経営者ははっきりと個人に対して報償を与える。[20]西洋人とは違って、日本の大人は服装で相手に自分を印象づけようとはしない。モーリーが述べているように、電車に乗っている平均的な男性を一目見ただけでは、その人が企業の重役なのか、それとも在庫係なのかを見分けることは容易ではない。[21]このことは、日本では地位が非常に重要であることを否定するものではない。確かに地位は日本でも重要である。相手に話しかけるときどんな言葉遣いをすればよいかという初歩的なことでさえ、それを知ろうとするなら会社での地位を示す名刺の交換は欠かせない。しかし、地位が重要な一方で、それをひけらかすことは重要ではない。

したがって、日本では謙遜は単に徳ではなく、ビジネスを含む人生のあらゆる面で社会的に必要なことなのである。スウォードとヴァン・ザントが日本の企業倫理に関する研究で書いているように、

……謙遜は日本人の人前での腰の低さに見ることができ、発言における敬語の選択に聞くことができる。控え目にしてお辞儀をし、膝をついて何度も何度も謙遜を表す言語表現を繰り返そうとしないビジネスマンは日本での営業活動で成功することはないだろう。[22]

このような文化は一九八〇年代のウォール・ストリート文化の対極にある。アメリカのに

わか景気の数年間に管理職たちがしたように、より高い給与とボーナスを要求することは、日本では、共通の価値ある事業で共に働くという意識と完全に相いれないこととみなされるだろう。自分の給料を上げることだけに専念することは、そこに示されたエゴイズムを別にすれば、会社と、共に働く同僚に対する軽蔑の表れである。日本人が示す控え目な態度と従順さにはいく分かの不誠実さがあることは否定できない。深くお辞儀をし、謙遜して話す多くの人が実際には話しかけている相手に優越感を感じているかもしれない。しかし、特に日本人にとっては見かけが大切なのであり、自分の能力や地位や財産を見せびらかすことができないことが、結局はまわりまわって誰にとっても自分がチームの価値ある一部なのだと感じさせるのである。

いずれにせよ、見かけがまったくあてにならないというわけではない。典型的な日本企業は、企業のためであれ、企業に属する一人一人のメンバーのためであれ、金もうけを第一に考えているわけではない。鈴木正三以来の伝統では、日本の企業の基本的考え方は、人は富をめざすべきではなく、むしろ一生懸命働き、いい仕事をするべきである、そうすれば後から繁栄がついてくる、というものである。ローレンが言っているように、「給与、利益、物質的福利は銀行のイデオロギーでは非常に軽視されているが、それは西洋人にとっては度外れなほどである」。給与などの代わりになるのは「和と力」、つまり銀行を大きくし、よくするということだけでなく、より強くより繁栄した日本に貢献し、社会の全般

銀行の目標の中にしばしば述べられている。世界平和と低開発国の改善という遠い目標さえ上田銀行の目標の中にしばしば述べられている。これは具体的な形で示されることはないかもしれないが、行員の「自分たちは価値あることをしているのだ」という感情を確かに高揚させる。(23)このような広範な目標に言及することによって、日本企業は従業員の仕事と、ひいては人生をよりいっそう意義あるものにしているのである――本書の最終章でふれるはずであるが、これが西洋の多くの人々の人生に欠けているものなのである。

トップに立つ人に関して言えば、日本企業の社長の稼ぎは確かにかなりなものである。しかし、第2章で見たように、日本における普通の労働者の給与の相場と社長の給与の相場との差はたいていの国の場合よりも小さく、アメリカと比べればはるかに小さい。(24)ブッシュ大統領が一九九二年七月、東京を訪れたとき、クライスラー、フォード、ゼネラル・モーターズの会長たちが同行し、アメリカの対日輸出改善要求を補強しようとした。日本側は、これら三人の会長が一九九〇年、給与とボーナスを合わせて七三〇万ドル以上受け取っていたのに対し、トヨタ、ホンダ、ニッサンの社長はかろうじてその四分の一、総額一八〇万ドルを得ているにすぎない、と指摘することができた。実際、世界の自動車市場の現状を知らず、会長や社長の報酬だけで判断するような人なら誰でも、よく売れる自動車を作っているのはアメリカ人であって、日本人ではないという印象をもつかもしれない。しかし、その前年、アメリカ車の売り上げは急速に落ち込み、自動車産業に携わる労働者が四万人以上失業していたのである。ニューヨークのバルク大学で国際ビジネスを教えている日本生まれの教師が指摘しているように、従業員を首にしながら、自分は好きなだけ高いボーナスを取るような人は日本では尊敬されないだろう。

自己と集団

したがって日本人は実際のところ異質だということになるのだろうか。ここから日本人全体へと一般化することは危険である。また個別的な例外もたくさんあるに違いない。さいわいにも、私は本書のためにそのような広範な問いに答える必要がない。本書の研究に関連する問いは、「日本には、私益について、また私益と他者の利益の関係について異なった考え方をする要因があるだろうか」である。ここで、「ある」という一つの答えを強く示唆する証拠がある。おそらく日本のホワイト・カラーたちは、西洋文化を背景とするホワイト・カラーたちと比べれば——はっきりというよりはむしろ暗黙のうちに——異なった究極の選択をしているのである。日本人は多種多様の新製品を持つことに熱心だが、また、西洋人に比べれば自分の人生の意味を物質的所有の獲得によって理解することが少ない。日本人は集団の一部であるという意識をはるかに強くもっている。したがって自分自身の利益だけを考えたり、それを第一に考えたりする傾向が少なく、自分自身の利益よりも集団の利益をすすんで優先しようとする気持ちははるかに強い。あるいは、少なくとも――人がどんな内的な動機をもっているかを知ることは非常に困難であるから――実際には自分自身の利益だけを、あるいはそれを事実、第一に考えているとしても、日本人はその考えを態度や行動に現さないよう十分な自制を示している。(こういったことはすべてブルー・カラーや他の日本人についてもあてはまるかもしれない。しかし、いま述べた結論に十分な根拠があると言えるのは、主として日本企業のホワイト・カラーたちに対してだけである。というのは、このグループにおけるさまざまな論拠からこの結論が得られたからである。)

　この違いが日本の文化と思想に深く埋め込まれていることは、この違いが伝統的な日本家屋の構造と日本語に反映しているという事実からもわかる。日本家屋には通常、個室がない。伝統的な日本家屋に住んでいるとすれば、私は自分が寝る部屋を「私の寝室」とみなすことはできないだろう。その部屋は夜になると布団を敷いて寝る部屋にすぎないだろう。朝になると、私は寝床を片づけ、真ん中に小さなテーブルをもってきて、家族全員が使える居間にするかもしれない。移動可能な仕切り〔＝襖〕によって空間の柔軟性が増す。どの部屋にも、その部屋が特定の機能をもっているとか、特定の個人のためのプライベートな空間であるということを示す据え付けの家具がない。入浴もしばしば共同の活動である。このような仕方で生活している家族が――子どもが親や兄弟姉妹に向かって「私の部屋から出ていってよ」と言える家族よりももっと強い意味で――自分たちを一つのまとまった存在とみなしたとしてもまったく不思議ではないだろう。

明確に限定された自己意識がこのように欠如していることは、いくつかの仕方で言語に反映している。モーリーは、自分の家や家庭や集団を表す言葉であるウチと、日本語の自己の概念の類似性について述べている。

日本人は自分の家を口の中に入れて持ち歩き、日常の会話の中でそれを取り出した。ウチという言葉を、外の世界に対する自分の家の代表としての「私」という意味で使ったのである。当然のことであるが、彼の自己意識は集団と一体となった個人性——それが含んでいることについては曖昧模糊としているが、それが含んでいないことについてははっきりとしている——として表現された[25]。

ロバート・スミスは日本語で「私」を表すために使われる言葉の他の面について説明している。

指示語の多さと指示語の用いられ方が、「誰が自己で、誰が他者か」という問いでさえ、相互のやり取りにおいて初めから明確には決められていないことを示している。たとえば、自己自身を指示するために使われる言葉によって二人称や三人称を指示することができる。つまり、「僕」や「手前」といったいくつかのありふれた言葉が「私」を意味する場合もあれば、「あなた」を意味する場合もある——これらの言葉は口語では交換可能な語彙である。これに対し、英語の用法では、話者は話者が用いる指示語の中心にいる。では、そのような状況は、日本では人間どうしのやり取りが曖昧さと混乱のかすみの中で起こることを意味するのだろうか。実際のところ、そういう場合もある。しかし、個人が事実上「自分は何ものにも依存しない存在である」と主張するための固定的中心がないという意味で、自己と他者の特定は常に不確定的であると結論するほうが妥当であろう。(26)

スミスは注の中で一つの注目すべき例外にふれている。「日本人の中で、ただ一人天皇だけが一人称を指示する「朕」という言葉を使う。」この例外は、ほとんどの例外とは異なり、規則が本当はあるという証拠である。というのは、天皇は全体を代表し、天皇の自己主張はいかなる個人の主張をも無限に越えた、それ自体としての重要性をもつ集団の主張だからである。

大阪教育大学の山内友三郎教授は『相手の立場に立つ――ヘアの道徳哲学』の中で日本語の用法のこの特徴にふれている。(27) 山内の指摘によれば、「あなた」を意味する「僕」(および「自分」――これも元来「私」を意味する別の言葉である)の用法が生じるのは、人が聞き手の観点からものを言うときである。そこで山内は日本語のこの特徴と、イギリスの道徳哲学者R・M・ヘアが著書の中で指摘していること、すなわち「道徳的思考の本質的特徴は、私たちが道徳判断を下す前に進んで相手の立場に立つことである」という指摘とを比較している。山内が正しいとすれば、道徳的思考のこの核心部分(これについては第8

章と第9章で詳しく論じる）はある程度日本語の用法に組み込まれているように思われる。しかし、そのような用法は人が帰属している集団の内部の人々に限られていることがある。その場合、人々の態度は集団外の他者に対して排他的であったり、敵対的であったりすることがある。

社会を個人の利益と集団の利益との避けがたい闘争の舞台とみなすならば、集団を重視することは個人の利益を犠牲にすることであると考えたくなるだろう。しかし、日本人のものの見方はそうではない。儒教であれ仏教であれ——どちらの伝統も日本に影響を与えてきた——多くの東洋思想では、個人と集団の衝突は本質的に誤ったジレンマであるとされている。個人の満足は集団への献身の中にだけ見いだされるべきなのである。このような考え方は、「責務に専念し、自制心を養って、自分が働いている集団の利益に反するような欲求を克服することに自己充足を見いだすべきである」という禅——仏教思想に対する日本独自の貢献である——の思想と両立する。（「充足」という言葉はこの考えを伝えるのに十分ではない。私が述べたことは、禅では「充足」への道であるのみならず「救済」への道でもあるという人がいるかもしれない。しかし、禅には原罪も地獄もないのだから、救済というキリスト教の概念はまったく適切ではない。「充足」でよいだろう。もっとも、私たちの存在の本質にかかわる意味で理解されなければならないが。）

もしこれがあまりに哲学的すぎて、企業で働くことに関する従業員の考え方にまったく関係がないように思えるなら、上田銀行への入行にさいして新人全員に配られる社長の書いた随筆について考察してみよう。「私の思想」と題するその随筆は仏教の人生観から始まる。以下の文は社長の考え方だけでなく、私益とよい生き方の本質に関する問題全般に対する日本人の考え方を理解する鍵でもある。

> 釈尊はからだの働きは心の所産であると教えました。したがって、私たちはまず初めに心の向上をはからねばなりません。明朝時代のある学者はこう述べております。「心が平和であれば苦しむことはない。心が強ければ物質的幸福に思い患うことはない。」これらの教えは何よりも心を強調しているのです……。
>
> 釈尊はまたこうも言われました。「人は誰でも何かを求めて生きている。それがすべてである。しかし、自分が求めるものについて間違った考えの人もいれば、正しい考えの人もいる。」間違っている人は自分のことを考え、自分の人生から苦しみや不幸せや不運などを取り除こうとあくせくしている。ところが、実際には、それらを自ら求めて自らの人生のなかに招き入れているのです[28]。

上田銀行の新入行員が人生に対するこの助言をどれほど真剣に受け止めているか知るよしもない。しかし、西洋の企業の社長で、誰がいったいこんな助言を与えるだろう。

日本人が別のものの見方や考え方があることにますます気づくようになっている現在、自分自身および自分が帰属する集団に対する日本人の考え方のこの際立った特徴が今後も続くかどうか何とも言えない。過去一〇年間に、個人主義と自己主張がしだいに強調されてきたという証拠がある[29]。それにもかかわらず、日本の将来がどうなろうと、本章で述べてきたように、西洋とは異なった社会が存在し、その社会ではメンバーの福祉を増進することに大いに成功してきたということだけは確かである。

西洋のホワイト・カラーと比べて、日本のホワイト・カラーが自分の利益よりも集団の利益を優先すると言ったからといって、日本文化のほうが西洋文化よりも優れているということにはならない。日本の文化のほうが優れているかもしれないし、優れていないかもしれない。どのようにすれば日本文化と西洋文化の優劣を比較するバランスシートをつくることができるだろうか。日本文化が優れている点として、日本人が経済的な点で驚異的な成功をおさめていることは明らかである。一億二千四百万の人間が住み、石油や他の鉱物資源がないうえに、耕作に適した土地が限られている国が、年間千億ドル以上の貿易黒字を出す有力な経済大国になった。また、日本は犯罪率が低い。よく言われるように、東京は世界で一番安全な大都市である。すでに見たように、富は比較的平等に分配される傾向がある。そして日本には本当に生活に困った人がほとんどいない。さらに、雑役に従事している人々でさえ、働いている集団の中で尊重される立場にある。

このバランスシートの中で、日本が劣っていることを示す欄の初めには、日本人の生活に加わる異常なほどの圧力があげられるかもしれない。この圧力は幼い頃から加わり始める。幼児は進学に困ることのない、よい小学校に入れるように、入学試験でよい成績をとらなければならないという圧力を受ける。幼稚園児でさえ幼稚園から帰るとすぐ、読み書きのための特別の勉強をしなければならない。そして日本の小中学生は学校が終わると、試験でよい成績がとれるように特別の「塾」に通って一日何時間かを過ごすのが普通である。

すでに見たように、いったん採用されれば、日本人はほとんど満足に余暇も休暇も取れない。一九九〇年の公式の統計によれば、日本の労働者はヨーロッパの労働者より年間平均四百時間以上多く働いている――一週間当たりおよそ八時間多い。実際にはもっと多いだろう。というのは日本の労働者はタイムカードを使って超過勤務手当てを申請することが少ないからである。一九九一年、三一年間富士銀行の行員であった小磯彰夫は『銀行はどうなっているのか』〔晩聲社、一九九一年〕を出版した。彼はその中で部下に休暇を取るのを控えさせ、無給で超過勤務をこなすように圧力をかけていた支店長について述べている。小磯が述べているように、「安定した給料、一流銀行の看板を背負うという満足。ところが、そのために払わなければならない代償は長時間の激務、健康破壊、家庭生活の崩壊である」(30)。

日本語には働き過ぎによる死を表す特別の言葉である「過労死」がある。過労死問題に取り組んでいる弁護士や労働組合などの推定では、働き過ぎと関係のある原因によって毎年少なくとも一万人が死んでいる。過労によって死ぬということは極端な現象であるとしても、小磯が指摘しているように、家庭生活を破壊するような影響は避けられない。日本の会社員の幼い子どもたちにとって、寝る前に帰宅した父親に会えるのはたいていうれしいことだろうが、そんなことはめったにない。子どもたちが父親に会うのを期待できるのは日曜日だけである。それ以外は、母親が実質上の片親家庭をきりもりしているのである。(31)

「タイム」誌による一九九二年の世論調査結果によると、回答した日本人の八八パーセントが、アメリカ人労働者が多くの余暇時間を取れること、またほぼ同じ割合の日本人が、アメリカ人が家庭を大切にしていることを賞賛している。(32)日本の会社員の生活は性別による厳密な役割のうえに成り立っている。というのは、もし女性が男性と同じ時間だけ働こうとするなら、誰が子どもたちとすごし、家事の面倒をみるのだろうか。「タイム」誌の調査では、六八パーセントの日本人がアメリカにおける女性の待遇を賞賛している。

さらに、日本が劣っていることを示す欄には、集団への高いレベルの一体感が集団の一部ではない人やものに対して与える逆効果——個人的観点からも、またもっと大きい普遍的な観点からも——があげられる。個人は集団に順応するよう圧力をかけられている。まれではあるが、集団の怒りを自ら招く人は自分が自分の人生の最も重要な部分から疎外されたように感じるからである。「タイム」誌の調査結果によれば、日本人はアメリカ人の余暇時間の多さと家庭生活の尊重を賞賛するのと同じくらい、アメリカ人の表現の自由と多様なライフスタイルを賞賛している。

要するに、企業が封建領主の権威を引き継いだとすれば、従業員は企業の農奴となったのである。確かに、裕福で、優遇され、高い評価を得、そして尊重された農奴ではあるが、農奴が封建領主にしばりつけられていたのとほとんど同様に、従業員は企業にしばりつけられているのである。日本の従業員たちが社歌を歌い会社の遠足に参加するのにどんなに喜んで熱狂的になるとしても、私たち西洋人にとっては、他のことをしようと思えばできるのにどうして遠慮するのか不思議でならない。世界に与える日本の影響力に関して最も重要なことは、集団とそのメンバーに対する献身が、集団の外部にいる人々に対しても、また、その集団を内に含むさらに大きな全体に対しても、等しく配慮するという可能性をあらかじめ排除してしまうように思われるという事実である。モーリーの観察によれば、日本人の倫理の中にはキリスト教の鍵である命令、すなわち「汝自身のごとく汝の隣人を愛せ」という規則に対応する規則がない。聖書の日本語版では、「ネイバー（隣人）」という言葉は「隣に住んでいる人」という意味のあまり使われていない日本語に翻訳されていて、この規則が「遠く隔たった言語からの借り物にすぎないという感じ」を与えている。キリスト教のこの戒めの意味を適切に伝えるには、ネイバーを「よそ者」を意味する日本語に翻訳しなければならなかったであろう――そして、モーリーの言うように、もしそうしていたら、それは「日本の倫理において驚くべき革命的な概念となったと言っても大袈姿ではないだろう[33]」。

よそ者に対する配慮の欠如は「新しい刀の試し切りをすること」、つまり「辻切り」として知られる侍の伝統の中に劇的に現れている。「辻切り」という日本語は文字どおりには「辻で人を切ること」を意味する。侍にとって満足のいく刀とは、敵を一方の肩から反対側の脇腹にかけてばっさりと切ることができるものである。これができない刀で戦場に赴くことは不名誉をもたらしかねない。そこで、侍のなかには、新しい刀を手にいれると、「辻切り」をすることによって刀の切れ味を試す者がいたのである。つまり、辻で農民や侍以外の人がたまたま通りかかるのを待ちかまえていて、運の悪い人を一刀両断にしようとしたのである。その行為は当時から非合法であり、きびしい処罰を免れえないものだったが、不名誉なこととはみなされなかった[34]。よそ者に対するこの思わず息をのむような無関心さは今では遠い過去の話になっているが、日本人の倫理は、現在でもなお深層では、自分自身の集団に対する義務は見知らぬ他人や公共一般に対する義務に優先するという考えに影響されている。モーリーは日本のある社会学者の次のような発言を報告している。

> 歴史的に言って、ウチ(=家族、集団)以外にいかなる社会構想をも支える原理は作られたことがなかったんです。公共道徳の範疇に入るものは――「公共」という概念自体でさえ――この国ではこれまで具体化されたことがなく、今大いに必要とされていることなんです。

公共道徳が必要とされていることの証拠として、この社会学者は有機水銀による公害やサリドマイド禍といった問題に対する関心を日本国内に喚起することの難しさをあげている。

きびしい言い方をすれば、これらの事件は公共の関心事ではありませんでした。なぜなら、ある意見に対する支持を得ようとしても、そういった意見を支持している人々が誰なのか特定できない場合には、それは困難だからです。そして、こうした事態は、公共一般をさしたり、あるいはそれに言及したりする確立された言葉がない限り、避けることができないんです。(35)

この文はかつて私が日本についてびっくりするとともに、とまどったことを説明するのに役立つ。私は環境問題と動物の解放の問題に関連して日本を三度訪れている。初めて私が日本に行ったのは、壱岐諸島で日本の漁師が網で捕らえたイルカを逃がしたアメリカの環境活動家デクスター・ケイト側の証人としてであった。漁師は数年来していたように、捕まえたイルカを殺そうとしていた。ケイトは漁師の網を破損したという容疑で告発されていた。そして彼の日系ハワイ人弁護士はこう考えたのである。日本の法廷が、ケイトは首尾一貫した倫理的観点——それは、私のようなある程度名の知られた哲学の教授によって支持されたものである——からそのような行為におよんだのだということを聞くことができれば弁護に役立つであろう、と。法廷は私の意見を聞いたが、単に丁重であっただけでなく、私の意見に関心と敬意を払った。それにもかかわらずケイトは有罪判決を受けた

（ケイトは審理が始まるまでの数カ月間すでに拘置されていたので、それ以上の刑を受けず、国外退去させられた）[36]。その次に私が日本を訪れたとき、私は動物一般に対する日本人の態度、特に鯨とイルカに対する日本人の態度について調査した。禅僧と、日本の捕鯨およびイルカを殺すことに反対する西洋の立場を支持していたごく少数の日本人――私が見つけることができたのはその人たちだけであった――だけでなく、捕鯨会社や漁業会社からも意見を聞いた。三度めの訪問で、私は日本の生体解剖に反対する会のメンバーと会った。彼らは、規制による保護を事実上まったく受けないままに日本の研究室で生体解剖される動物の利益を守ろうとしていた。私は日本に残された数少ない大きな干潟の一つ――そこは何千もの渡り鳥の生存に欠かせぬものであった――をゴミ捨て場にするという名古屋市の計画に反対する日本人グループにも会った。日本に住んでいる外国人の数は非常に少ないが、これらのどの問題についても、外国人か、あるいは海外経験の相当長い日本人が大きな役割を果たしている。これらの問題に対して立ち上がろうとした少数の勇気ある日本人が、西洋の国々における同種のグループと比べてはるかに社会から孤立していることは明らかであった。大勢への順応と縁を切ることのほうが、彼らにとってはずっと困難であった。いく人かの日本人は彼らの活動が家族との間に深刻な亀裂を生じていると語った。家族は自分の娘や息子（娘であるほうが圧倒的に多い――息子は経歴に囚われているからか）が世間のおこないを公然と批判しているという事実に怒るとともに、困り果てているからである。

特定の集団の利益よりもより広範な関心に訴える人々にとっては、日本社会には拠って立つべき確かな足場がないのである。

西洋に蔓延している私益に関する個人主義的な考え方が西洋の歴史と文化の産物であり、人間本性の命じるところではないということを日本社会は証明している。しかし、集団に対する日本人のこのような強い献身は、裏を返せば公共の利益あるいは地球環境の利益に対する日本人の責任感が弱いということにもなりうる。個人は共通の敵が現れなければ団結できないことが多い。共通の敵が現れたとき、それまではつまらぬことで口論していた個人の集まりが突然、固く結ばれた一団となって、敵対し脅威を与える外部の世界に対して一致して戦うようになる。正確に言って、日本の企業はライバル企業と戦闘状態にあるわけではない。しかし、日本企業に蔓延している集団に対する忠誠心には、この「彼らに対するわれわれ」という意識の強い要素が依然として存在する。その限りにおいて、私益に関する私たち西洋人の考え方に代わる日本人の考え方は、西洋個人主義にまさる重要な利点を与える一方で、国際的な正義をもたらし、私たちの惑星の生物圏を救うために必要な、広範な倫理的観点にはなりえない。同じ理由によって、個人的利益と純粋に倫理的な生き方の間の緊張を緩和するものではない。結局のところ、人がたまたま帰属する集団の集合的利益を追求することは、部外者に加えられる害を度外視しても、自己自身のもっと狭い利己的利益をただひたすら追求することと同様、倫理的に正当化されえないのである。

集団との強い一体化がどれほど容易に集団の外部の者への残酷極まりない行為となって現れるかを私たちに思い起こさせる歴史上の事例には事欠かない。私がこれを書いている現在も続いている最近の例はボスニア・ヘルツェゴビナにおける少数民族に対する「民族浄化」である。

（樫　訳）

第7章　お返し戦術

私たちを気づかってくれるものを気づかう

第一次世界大戦で、フランスとイギリスの連合軍は北フランスの長い前線をはさんでドイツ軍と対峙していた。どちらの側も塹壕を掘って身をかくして、そこから敵への砲撃を続けた。会戦があったときには、死傷者の数は膨大であった。連合軍最高司令部は大損害をすすんで受けるつもりでいた。司令部はこう考えていた、フランス人とイギリス人を合わせると、ドイツ人よりもたくさんいるから、連合軍の兵士が一人殺されるごとにドイツ兵を一人殺している限り、戦争には勝つだろう、と。戦時の国民感情とプロパガンダが敵側に対する憎しみに火を注いだ。司令部は、かくも多くの戦友の死を見てきた軍隊の士気を維持し続けるために、敵意を熱狂的なままにしておこうとした。しかし、憎しみと死とぬかるみのまっただ中で、「生きて生かす（live and let live）」（お互いに干渉しないこと）として知られている奇妙な協力体制が、連合軍とドイツ軍の間で芽生えた。それは要するに以下のようなものである。〈君が私を殺そうとしない限り、私も君を殺そうとはしない〉。かなりの期間、塹壕の様々な部分で、イギリスあるいはフランスの歩兵は敵に害を与えないところに向けて砲弾を撃ったし、ドイツ兵が同じことをするとあてにできた。兵士たちは息抜きができたし、銃の照準の後ろにいる者が自分たちを殺そうとはしないだろうと知っているので安心して、敵の機銃の射程範囲内をおおっぴらにぶらつきまわることさえできた。もし何か間違いが起こった——おそらく、部隊がこのシステムを知らない部隊と交代したとか、あるいは熱狂的な指揮官が兵士たちにいかにすべきかを示そうと決めた——なら、即座に報復が行われた(1)。

第一次世界大戦中における「生きて生かす」という奇妙なシステムの存在は、記録にちゃんと残っており、想像できる限りで最も協力するのが困難な状況においても、協力が可能であることを雄弁に示す証拠である。すでに見たように、私たちの究極の選択が狭い利己的なものであることを、現在の生物学は示してはいない。反対に、私たちが進化してきた道は、自分たちの子どもや、子ども以外の身内を率直に気づかい、これよりも大きい集団のことをある程度は気づかう者が存在するようになる道である。日本の例は、集団に対する関心をいかに文化が強化できるかを示している。本章の目的は、私たちの進化が他者に対するこれとは別の関心への性向をいかに許してきたか、そして人間の文化がいたるところで私たちの本性のこの側面をいかに発達させてきたかを示すことにある。

大きくて、互いに相手をよく知らない社会では自分の利益だけを求めるという規則に従って生きているように見えることが多い。お互いに助け合うことが、他の社会では、日常的な経験の中でどれほどの比重を占めうるのか、こうした大きな社会ではいとも簡単に忘れてしまう。この二つの社会のコントラストは、南大西洋の離れ小島であるトリスタン・ダ・クーニャ島の住民には、きわめて鮮明なものになった。一九六一年にこの島の人口は二一四人の住民からなり、その大部分はヨーロッパの船乗りの子孫で、英語を話し、英国国教会の信者であった。農業に基づく彼らの平穏な生活は、一九六一年の九月に突然終わってしまった。その日、彼らの島——彼らの島は、海面に突き出た火山の頂である——が噴火して、熱い灰を吹き出したのである。イギリス海軍が全住民を島から避難させ、英国につれて行き、そこで住民たちは近代的な設備の整った住まいに身をおちつけた。二年のうちにほとんどすべての住民は、島に帰ればそこでは全焼した家と厳しい生活に直面するにもかかわらず、トリスタンに帰った。しかし、ほんの少数、島での生活が厳しいとわかり、英国にもどった人たちがいた。もどった先の英国で彼らは、島と英国とのそれぞれにおけるトリスタン島民の生活の仕方を研究していた人類学者のピーター・ムンクの訪問を受けた。ムンクにわかったのは、英国に再度もどった島民たちは、最初のやむをえない英国滞在のときよりももっと英国での生活に不満であるということであった。最初のときは、島の社会共同体全体が移された。英国にもどることを選んだ少数の者は、今度は異邦人の中に暮らしているのである。一人のトリスタン島民はこう言った。

いや、トリスタン島民は、まさに一つの家族のようなもんだ。島の暮らしは幸せで、お互いに助け合って暮らしているんだ。もし俺が自分の農場に出て、芋の手入れをしていて、誰か自分の方が終わっていれば、そいつはやってきて、俺に手を貸してくれるだろうし、翌日何かすることがあれば、俺が行って奴《やつ》に手を貸してやる。こんなふうに俺たちはみんな他人を助ける。トリスタン島ではみんな兄弟姉妹のようなものなんだ。(2)

次のような例を想像して、こうした助け合い関係がどのように機能しているか見てみよう。マックスは小作農民で、刈り入れ時になった作物がある。地平線には雨雲が湧きあがっている。誰か手助けがなければ、マックスが収穫物を取りこむ前に、雨が降るだろう。収穫できなかった穀物は駄目になるだろう。そこで、マックスは隣人のリン――彼女の穀物はまだ実っていない――に、彼の穀物を収穫するのを手伝ってくれる気があるかどうか、たずねる。お返しに、彼はリンの穀物が収穫できるようになったときには手助けすることを申し出る。もしリンが手助けすることに同意するなら、マックスにはより具合のよいことになるだろう。しかし、リンが手助けをするなら、彼女にはより具合のよいことになるだろうか。リンも雨が降る前に収穫を取り入れるのにしばしば苦労をするので、もし彼女が手助けすることが、マックスが彼女の手助けをするだろうということを意味するならば、彼女にはより具合のよいことになるだろう。しかし、リンは彼女の手助けをするというマックスの約束をあてにすることができるだろうか。彼女がマックスの穀物を収穫する手助けをした後で、彼女が彼の手助けを頼んだときに、マックスが側に立って嘲笑することはないだろうと、リンはどうしてわかるのだろうか。もしマックスが彼女の手助けをするだろうということについて、ほどほどの確信すらリンが持てないなら、マックスの手助けをするのは彼女の利益にならない。リンは、自分の穀物の成長を妨げる雑草を抜く方が、自分の時間をずっとうまく使うことができるだろう。マックスの問題はこうである。マックスが自分の穀物が駄目になる前に穀物を収穫したいなら、リンが手助けしてくれればマックスも彼女の手助けをするつもりだということを、なんとかしてリンに信じさせねばならないのである。

社会によっては、マックスとリンは合意を公式のものにすることができるであろうし、またもしマックスがこの合意を破れば、リンは何らかの形での償いか、損害賠償金を得る権利を持つであろう。しかし、マックスとリンが拘束力のある合意を結ぶこのような手段を持たない社会に生活している場合には、マックスにとって最善の勝算はリンの信頼を勝ち取ることである。もし信頼できる人間だという評判が彼にあるなら、この点には問題はないであろう。どのようにしてマックスはこのような評判を得るのだろうか。トリスタン・ダ・クーニャのような小規模の共同体では誰もがお互いを知っており、このような共同体で信頼できる人間であるという評判を得る最善の方法は、実際に信頼できる人間であることである。すなわち、他人に対する約束を尊重し、要するに共同体の一員として他の人々に信用のあることである。

マックスは他の仕方でよい評判を得ようとするかもしれない。彼は他人を欺いて、実は信頼できる人間ではないのに、信頼できる人間であるかのように思わせようとするかもしれない。しかし——しかも、構成員がほとんど変わらない小さな共同体では——この試みはうまくいきそうにない。こうした条件のもとでは——そして、これらの条件は、人間や他の社会的な霊長類が存在してきた期間の大部分を支配してきた条件である——、正直であることは事実最善の方針である。

八〇年代初期に、アメリカの社会理論家ロバート・アクセルロッドは協力の本質について驚くべき発見をした。アクセルロッドの研究成果の意義の全貌は、専門家の狭い世界の外ではいまだに正当に評価されていない。彼の研究成果は私たち個人の生活を変えるだけでなく、国家間の政治の世界も変える可能性を持っている。

アクセルロッドの発見したことを理解するには、彼が興味を持った問題——「囚人のジレンマ」と呼ばれる、協力に関する周知の難問——に関して何程か知ることがまず必要である。この名前は、この難問が通常提示される仕方、つまり囚人が直面する架空の選択に由来している。これにはさまざまな翻案がある。私の案はこうである。

あなたともう一人の囚人は、ルリタニア王国［アンソニー・ホープ原作の『ゼンダ城の虜』に出てくる仮想の王国」の警察本部にある別々の独房で惨めな生活を送っている。警察は、あなたたち二人に国家に対して陰謀を企んだことを自白させようとしている。取調官があなたの独房にやってきて、あなたのグラスにルリタニアワインを注ぎ、タバコをくれ、親しげな口調を装って、あなたに取引を申し出る。「罪を白状しろ。もし別の独房にいるお前の仲間が……」

あなたは別の房の囚人に会ったことはないと主張する、しかし取調官はあなたの反論を一蹴して、こう続ける。「じゃあ、あいつがお前の仲間じゃないなら、もっと結構だ。なぜなら、こう言うつもりだったんだが、もしお前は白状して、あいつは白状しないなら、俺たちはお前の自白を使ってあいつを一〇年間監獄に閉じ込めてやる。お前は見返りに、釈放してやる。他方、もしお前が白状するのを拒否するほど馬鹿で、別の独房にいる「仲間」が白状するなら、一〇年間監獄に行くのはお前で、釈放されるのはあいつだろう。」

あなたはこの言葉をしばらく考えて、決心するにはまだ十分な情報を持っていないと覚って、そこでこう尋ねる。

「もし私たちが二人とも白状したら、どうなるんだ。」

「その場合には、俺たちには実際のところお前の自白は必要ではなかったから、お前は自由の身にはなれないだろう。しかし、お前たちが俺たちを手伝おうとしたことを考えて、投獄期間をそれぞれ八年だけにしてやろう。」

「それじゃ、二人とも白状しなかったら」

取調官の顔に険しい表情が浮かび、彼が殴ろうとしているのではないかとあなたはびくびくする。しかし、取調官は自制して、その場合には、自分たちには有罪にする証拠がないので、お前たちをあまり長く留置しておくことはできないだろう、とブツブツ不平がましく言う。しかし、その後で、こうつけ加える。

「俺たちは簡単にはあきらめない。国際アムネスティにいる、あのおやさしい連中がわが国の政府に圧力をかけて、お前たちをここから釈放できるまでに、俺たちはお前たちをここにもう六カ月留置して、取り調べることができる。だから、よく考えろ。お前の仲間が白状しようとしまいと、お前が白状しない場合よりは白状した場合の方が、お前にはずっと都合のいいことになるだろう。しかも、俺の同僚はもう一方の奴に同じことを言っている、ちょうど今な。」

あなたは、取調官の言ったことをよく考えて、彼の言うとおりだとわかる。別の独房にいる誰かさんが何をしようと、あなたが白状した方があなたにはずっとうまい具合になるだろう。というのは、もしその誰かさんが白状するなら、あなたの選択肢は、自分も白状して八年をめざすか、白状しないで牢獄で一〇年間過ごすかの、どちらかである。他方、もう一方の囚人が白状しなければ、あなたの選択肢は、白状して釈放されるか、白状しないで独房でもう六カ月過ごすかの、どちらかである。だから、白状すべきであるように見える。しかし、ここで別の考えがあなたに浮かぶ。もう一人の囚人は、あなたとまったく同じ状況にいる。あなたにとって白状することが理に適ったことであるなら、もう一人の囚人にとっても白状することが理に適ったことであろう。すると、二人とも結局八年の刑で終わることになるだろう。ところが、二人とも白状しなければ、二人とも六カ月で自由になるだろう。あなたたちのどちらにとっても、個人的には、理に適っているように見える選択肢——つまり、白状すること——の方が、あなたが白状しないことを決心した場合よりも、二人ともにより具合の悪いことになるというのは、ありえるだろうか。あなたはどうすべきだろうか。

囚人のジレンマを解決する答えはない。純粋に利己的な観点(もう一人の囚人の利益を一切考慮しない観点)に立てば、どちらの囚人にとっても白状するのが理に適っている——しかも、それぞれが利己的な観点から理に適ったことを行うなら、彼らが違う選択をした場合よりも、彼らはそれぞれずっと悪い具合になるだろう。このジレンマが示していることはこうである。すなわち、私たちそれぞれが自分の利益になることを一人一人選ぶ場合には、私たちがお互いにとって協力の利益になるような選択をした場合よりも、私たちのそれぞれにとって結局ずっと具合の悪いことになってしまうことがある。

読者の皆さん自身がルリタニアの囚人の立場に置かれるようなことは、けっしてありそうにないが、囚人のジレンマが証明している一般的規則の日常的な事例ならたくさんある。交通渋滞の中で何程かの時間を過ごしたことのある者なら誰でも次のことを知っている。あなたの車で街に乗り込むのは、あなた個人の利益になる（バスは交通渋滞で遅れるかもしれないし、またいずれにせよバスはあまり頻繁には走っていない）かもしれない。もしもバスに乗って行くことをあなた方が皆一緒に決心することができるなら、バスに乗って行くことは皆の利益になるだろう。その場合には、バス会社はもっとずっと頻繁にバスを走らせることができるし、また交通渋滞がなければ、あなたは今かかっている半分の時間のうちに仕事を始められるだろうからである。

いま例にあげたばかりの、マックスとリンの状況は囚人の状況とある点においては似ているが、他の点では違っている。マックスもリンもお互いに協力すれば、どちらも共にずっと具合よくやれるだろう。協力しなければ、マックスあるいはリンはそれぞれ、雨が降る前に自分が刈り取ることのできない穀物を失うことになるからである。しかし、協力することはそれぞれにとって個人的には理に適ったことであろうか。もしリンがマックスの収穫の手助けをし、その後でリンが自分の穀物を取り入れる必要が出たときに、マックスに彼女を助けてくれるように頼むとすれば、リンの手助けをするのは自分の利益にならないと考える誘惑にマックスは駆られるかもしれない。というのは、マックスはリンの手助けから利益をその時にはすでに得てしまっているからであり、また彼は次の穀物を植えつける前に雑草をいくらか抜いて、もっと有益に自分の時間を使うことができるからである。しかし、今度はリンの立場に身を置いてみよう。マックスの収穫を手助けすべきかどうか、リンが考えているところだとしよう。マックスの収穫が最初に取り入れられるだろうから、リンの収穫の手助けをすることはマックスの利益にはならなくなるだろうし、そのためマックスは彼女の手助けをしないかもしれないということを、リンが悟るなら、リンはまず自分から最初にはマックスの手助けをしないだろう。このように、囚人の例と同じように、マックスもリンも共に協力すれば、ずっと具合がよくなるだろうが、しかし協力することが彼らのどちらにとっても理に適ったことになるかどうかは疑わしいのである。

白状しないという囚人の決断を、もう一人の囚人との協力の一形態——つまり、お互いに対立しないで協力することになる作戦を採用すること——として考えるなら、囚人のジレンマと農民のジレンマとでも呼べるジレンマとの間の類似点は容易にわかる。二つのジレンマはどちらも、ある共通の問題、すなわち「協力者のジレンマ」の変形である。しかし、二つの間には決定的な違いもある。囚人のジレンマは、一生に一度しかない状況である。あなたともう一人の囚人は、相手と協力するかどうか、それぞれ一度だけ決心しなければならない。おそらく、あなたともう一人の囚人がこのような立場に置かれることは二度とないだろう。この点で、あなたが独房の中で取調官に与える答えがあなたの人生に及ぼす影響は、取調官があなたにはっきりと説明したこと以外には何もないだろう。他方、マックスとリンは隣人であり、彼らの生涯中ずっと隣人のままでいる見込みがある。季節そのものの移り変わりが予測できるのと同じように、彼らは今年だけでなく、これから何年も自分たちの収穫を取り入れるのに手助けが必要となるだろう。このことは、彼らが何が自分たちにとっての利益になるか結論を出すうえで、それぞれが考慮に入れねばならない決定的に重要な要素をさらに付け加えることになる。今や、マックスには次のことがわかっている。リンが彼の手助けをしたのに、彼がそのお返しをしない場合には、リンはきっと来年は手助けするのを拒否するだろうし、おそらくその後何年にもわたって拒否するだろう。リンの手助けをするかわりに雑草取りをすれば、そのことでマックスは短期的な利益を得ることはできるかもしれないが、長期的にはずっと具合の悪いことになるだろう。したがって、リンの手助けをすることが彼の利益になるだろう。また、リンはこれが事実となるとわかっているので、マックスの手助けをすることが彼女の利益であることもわかるであろう。このように、一回限りの状況ではなく、ずっと繰り返されることになる場合には、協力者のジレンマの論理は劇的に異なるのである。

さてこれで、アクセルロッドの業績を理解するのに必要な知識は十分である。彼は、囚人のジレンマをゲーム――監獄で過ごす時間をできる限り短くすることを目的とするゲーム――と考えた。彼は、このゲームを行うために、さまざまな選手が参加するトーナメント（総当たり式選手権試合）を企画した。それぞれの選手は一人の選手と二百回ゲームをしなければならない。それぞれのゲームには、相手の選手と協力して沈黙を守るか、あるいは寝返って、自白するかの決断が含まれている。この決断の結果あなたが何年間を監獄で過ごすのかは、先の話の場合のように、ルリタニアの警官があなたに出した申し出に従って、もう一人の選手が何をするかにかかっている。相違点は、この決断を一度行った後で、またあなたは決断を行い、さらにその後でまた新たな決断を行うというように続くという点である。決断のつど、状況は異なる。それは、あなたの相手が前に何をしたか、あなたにはわかっているからである。一人の選手と二百回のゲームをしたら、次の選手とのゲームに移り、誰もが他のすべての選手と要求されている回数のゲームをしてしまうまで、これが続く。最後に、選手それぞれが監獄で過ごした年月の総計をする。

トーナメントで勝つためにとれるさまざまな可能な作戦を、私たちは考えることができる。たとえば、常に沈黙し続けるかもしれない。この作戦を「常に協力」作戦と呼ぶことができよう。あるいは、極端に利己的な「常に非協力」作戦をとるかもしれない。もっと複雑な作戦を試すこともできよう。たとえば、最初の一〇試合は協力し、それから後は協力しないという作戦である。また、ゲームの相手のすることに反応する作戦を考案するかもしれない。たとえば、相手の選手が前のゲームで協力した場合にのみ協力する。アクセルロッドが知りたかったのは、他のどんな戦術よりも一般的にうまくいくような戦術が何かあるかどうか、ということであった。もしそのような戦術があったら、その戦術は実生活においてもおそらく有効であろう。実生活では、協力的であるかどうかわからない者を相手に、そのような者に協力するべきか否かを私たちや私たちの政府は決定しなければならないのである。そこでアクセルロッドは、今概略を述べたような囚人のジレンマのトーナメントを予告した。招待状は、意志決定のための戦術に関する領域の研究者に送られた。招待状は競技の規則を詳しく述べており、勝てると参加者が思う戦術を、コンピュータ上で走らせられる形で提出するように参加者に求めた。

一四の応募があり、そのいくつかの戦術はきわめて精緻なものであった。コンピュータが、トーナメントに参加した戦術すべてを他の戦術一つ一つと闘わせた。勝者になったのは、最も短くて最も単純な戦術であった。その戦術は以下のとおりである。

a　最初の一手は、協力

b　次からはどの手も、その前の手で相手の選手がやったことをやる

この戦術は、相手の選手がしたことを相手にお返しにするので、「お返し戦術（Tit for Tat）」と名づけられた。もし相手が親切で協力的なら、協力した。もし相手が利己的で協力しなかったのなら、次の手で相手は利己的で非協力的なお返しを受けたのである。

こんな子どもじみた戦術が勝つということは、長い時間をかけてもっと巧妙で複雑な戦術を考案してきた多くの専門家を不快な気持ちにしたに違いない。アクセルロッドは第二

回のもっと大きなトーナメントを開くことに決めた。それは、「お返し戦術」が再度参加することも、この戦術が前のトーナメントでどんなにうまくやったかも承知のうえで、もっとよい戦術を思いつくことのできる者がいるかどうか、見るためであった。今度は六二の参加が受け付けられた。トーナメントが行われた。「お返し戦術」が今度も勝った。(3)

どうして「お返し戦術」はそんなにうまくやれるのだろうか。一つの理由は、この戦術がアクセルロッドが「親切な」戦術と呼ぶ戦術であることにある。この呼び名でアクセルロッドが意味しているのは、けっして自分の方からは最初に非協力的な行動をしようとはしない戦術のことである。親切であるにもかかわらず「お返し戦術」は、まず最初に利己的に行動する「意地悪」戦術よりも実際にうまくやるのである。このことが当てはまるのは、「お返し戦術」だけではない。一般に、アクセルロッドのトーナメントでは、親切な戦術の方が、親切でない戦術よりもはるかにうまくやれたのである。

この事実から、人が生き残って子孫を残すことのできる見込みを高めるために、非利己的な行動が果たしうる役割について、ある重要なことがわかる。非利己的な態度で行為する人々が、完全に利己的に行動する人々同様に、あるいは彼ら以上にうまくやることすらできるのはどうしてなのかを、アクセルロッドは正確に示しているのである。重要な発見が三つある。

一．自分のためにうまくやるという点で、「お返し戦術」は他の親切な戦術すべてがうまくやるのも助ける。言い換えれば、「お返し戦術」のゲームの相手が親切な戦術である場合には、これらの戦術はすべて協力することから始めて、協力し続けることになるから、両者が監獄で過ごす年数の総計は可能な限り最小になるだろう。一般に、親切な戦術はお互いに支援し合う。

二．親切な戦術とはまったく対照的に、意地悪な戦術どうしがゲームをするときには、お互いに相手がうまくやるチャンスをつぶし合う。意地悪な戦術は、お互いどうしでゲームをするときには、すべて悲惨な結果に終わる。

三．親切な戦術と意地悪な戦術とが互いにゲームをする場合には、相手が先に利己的な行動をしたことに腹を立てて、仕返しをするなら、その限りにおいて、親切な戦術はうまくやれるであろう。

非利己的な行動の進化に対して、この発見が持つ意義を理解するには、これらの戦術をコンピュータのプログラムやゲームをするための戦術と考えるのをやめて、そのかわりに動物が行動をする仕方と考えねばならない。この場合、動物は社会的な動物であって、持続的なグループの中で生活し、グループの他のメンバーを認知し、彼らが以前に行った協力的な行動や非協力的な行動を覚えている能力を持っていなければならないであろう。人間は、その進化の歴史を通じて、こうした類の社会的動物である。チンパンジーとゴリラ、多くの種類の猿、象、オオカミ、また他のいくつかの社会的な哺乳類の動物もこの要件を満たしているであろう。そこで、問題はこうである。「囚人のジレンマに何か類似することが現実の生活において頻繁に起こる場合、動物が常に自分自身の直接的な利益を得ようと努めるならば、その方が彼らが生き残って繁殖する可能性は、より一層ありそうだろうか。それとも、彼らが「親切に」振るまって、他の動物と協力するために直接的な利益をあきらめるなら、その方が動物はよりうまくやれるのだろうか。」

この答えは、上述の三つの重要な発見から引き出すことができる。第一に、すべてのメンバーが親切に振るまう動物のグループの場合、どの動物もうまくやれるだろう。第二に、意地悪な動物のグループの場合には、どの動物も具合の悪いことになるであろう。第三に、そして最も大事なことであるが、グループの中のある動物は親切で、他の動物は意地悪な場合に、親切な動物がうまくやれるのは、相手が意地悪なことを発見するや否やただちに協力するのをやめる場合だけである。

この三番目の結論の根拠はもっと十分に詳しく述べる必要がある。意地悪な動物が親切な動物と交渉を持つ場合、最初の出会いでは意地悪な動物の方がよりうまくやれる。それは、親切な方は協力するために自分の直接的な利益をあきらめるのに、意地悪な方はあきらめないからである。しかし、このことは最初の出会い一回限りのことであるから、永続的なグループにおいては長い目で見れば大きな違いはなくなるであろう。そのグループのかなりの割合のものが親切である限り、他の親切なものに出会うときに二度目からは、親切な動物は意地悪な動物よりもずっとうまくやれるであろう。なぜなら、親切な動物は協力による利益を刈り入れることができるけれども、意地悪な動物の方はできないだろうからである。

これまでのところは、うまくいっている。実際、うまくいき過ぎである。この進化論版の「エデンの園」のどこかにヘビが潜《ひそ》んでいるに違いない。聖書の物語のように、ヘビに道を開いてやるのは、無知である。もし親切な動物が意地悪なものと一緒のグループで生活していて、恩を返してくれるものとそうでないものとに分け隔てなく親切に振るまうなら、意地悪なものが利益を得る。意地悪なものは、協力から利益を得るが、お礼に何かを犠牲にすることはしない。悪循環が始まる。最初は意地悪な動物はほとんどいないかもしれない。しかし、意地悪なものは今や親切なものよりもずっと高い比率で繁殖するだろう。親切なものが親切なものに出会うことはどんどん少なくなり、協力による利益を得るチャンスは小さくなるだろう。最後には、親切に振るまう動物はグループから消えていなくなるだろう。

このことはもっと平易に述べることができる。あなたに親切でない者に親切であることは、甘んじてカモになることである。カモのいるところには、いかさま師がはびこる。(4)反対に、カモがいなければ、いかさま師はうまくやれない。もし親切な動物すべてが、相手が協力しないことに気づくや否や——換言すれば、自分たちがいかさま師の相手をしていることに気づくや否や——、協力することをやめるなら、意地悪な動物がカモを食い物にする機会はほとんどなくなるであろう。そこで、第2章で見た考え方——「自分だけカモになる気はない」——は健全なものである。カモであることは、本人にとってだけでなく、誰にとっても悪いことである。幸運にも、このことは、〈うまくやるためには、私たち自身がいかさま師でなければならない〉ということにはならない。この状況で救いとなる肝腎な点は、そのグループの相当数の動物が何らかの仕方の「お返し戦術」で行動するなら、いかさま師を締め出せるということである。このような社会は、愛と親切がもはや無制限ではないので、天国ではないかもしれない。しかしそれでも、意地悪な動物に支配されたグループでの生活よりは、この方が誰にとってもはるかによいのである。

この帰結は、要するに、もう一方の頬をさし出すことについてのイエスの有名な教えを実験に基づいて論駁しているのである。私たちの大部分の考えでは、もう一方の頬をさし出すことは、たとえこの世界ではあまりに理想主義に過ぎるにせよ、高潔な理想である。したがって、この教えに従って行為する覚悟がある人々を私たちは賞賛している。彼らに両の頬を打たれる覚悟があるなら、不利益をこうむるのは彼らだけであると思える。しかし不利益をこうむるのは彼らだけではないことを、今や私たちは知っている。もう一方の頬をさし出すことは、いかさま師志願者にいかさまが利益をもたらすと教えることである。もう一方の頬をさし出した結果、自ら甘んじて打たれた者だけでなく、他の者全体にも難儀が降りかかるのなら、この倫理に人を惹きつける魅力はあまりない。

最初からグループのメンバーの大部分が意地悪だとしたら、どうなるだろうか。かつての螺旋状の上昇が起こりうるだろうか。無論、その可能性はある。ただし、少なくともそこに親切な動物の小さな集団がいて、彼らが主としてお互いどうしで働きかけ合っている限りにおいてである。その場合、彼らは協力することで利益を得ることができるし、自ら甘んじて食い物にされることもない。意地悪な動物と働きかけ合うに任せられて、具合悪くなるであろう。個々の集団はどうやって協力し始めるだろうか。すでに見たように、身内に対する利他的行動には協力にとって好都合な点があるし、身内への利他的行動に導く遺伝子は進化のプロセスによって促進されるだろう。

でももともとは、集団のメンバーはすべて身内であって、この理由で協力が進化するかもしれない。このようにして、最初はほとんどすべてのものが直接的で短期的な利益のために行為している世界においてさえも、協力ということが発生しうるのである――第一次世界大戦中に塹壕戦を戦っている軍隊の間で起こったように――。そして、協力の結果として、協力的でない人々と比べてより具合よくやっている人々の持続的なグループがある限り、このような協力は広まっていくであろう。

これは人目をひく帰結である。「お返し戦術」を使えば、私たちは徳に適った方向にのみ螺旋状に上昇していける。適切な条件のもとでは、「お返し戦術」的行動は意地悪な行動を排除できるが、他方、意地悪な行動には「お返し戦術」的行動を排除するのが難しいことがわかる。アクセルロッドが述べているように、「社会進化の歯車には、逆転防止の歯止めがついている⑤」。

狭量な利己心から私たちはほとんど進んでいないように、まだ見えるかもしれない。おそらく、「親切な」行動は利益になる。しかし、もしそうなら親切な連中はより利口なエゴイストにすぎないのではないのか。この反論が犯している間違いは、身内に対する利他的行動に関して第5章で私が言及した誤解と同様の間違いである。私たちが自分の兄弟や姉妹を愛する気持ちは、このような気持ちがどのようにして進化したのか説明できるから、身内に対するものであるにもかかわらず、やはり本物の愛なのである。つまり、私たちが自分の兄弟や姉妹を助けるのは彼らのことが気にかかるからであって、遺伝子が重なっているからではない、というのはやはり本当のことなのである。同様に、協力することが最善の方針であるという事実は、次のことを意味してはいない。つまり、協力的な者は利益を得たいと欲しているから、やむを得ず彼らは協力的であるということを。これが本当の時もあるだろう。おそらく「生きて生かす」というシステムにおいては、このとおりだったろう。しかし、別の場合には本当ではないであろう。私たちの中には、自分たちに親切にしてくれる者に対して温かい気持ちを育むような類の人々がいるのである。

友情を考えてみよう。一般的に、友人はお互いに助け合っている。このことがふつう意味しているのは、おそらく、友人どうしは、男であれ女であれ、お互いにもう一人の助けなしにやるよりは、助け合う方がずっとうまい具合にやっていけるということである。そうすると、友情と友情に含まれるすべての情緒——愛情、誠実、感謝等——は、ただの見え透いた言いわけ、剝き出しの利己心を覆い隠す単なる偽装にすぎないのであろうか。無論、そうではない。中には自分の友人を計算ずくの利己的な見方で見る者もいるが、私たちの大部分の者は違う。大部分の者は友人が好きで、友人と一緒に時間を過ごすことを楽しんでいる。このことが、結局のところ、協力を実現する効果的な方法なのである。他の多くの動物も協力するし、グループの中の血のつながりのない他のメンバーとも絆を結んでいる。これらの友人の間で協力的な行動は行われる。ある動物は食料を分け合う。別の動物は自分の友達を攻撃から守る。チンパンジーや他の多くの霊長類は、お互いに相手が自分では届かない箇所の寄生物や汚れを取り除いて、グルーミングし合って、長い時間過ごしている。友達の側にいることで感じる快楽が発達してきたのは、側にいることが私たちに利益をもたらすからかもしれない。しかしたとえそうであっても、親しみの気持ちは正真正銘のものである。

友情と協力という論題について、さらにもう一点述べておこう。誰もが他のすべての者を知っているような小さな、安定した社会では、いかさまははびこらないであろう。しかし、一緒に暮らし、共に働き、つき合っている人々のことをあまりよく知らなければ知らないほど、その中の誰かがいかさまによって利益を得る機会は大きくなる。ニューヨークのコロンビア大学出身の心理学者リチャード・クリスティは、彼が「マキアヴェリアニズム」と名づける性格の特質――これには他人を操ったり、だましたりすることが含まれている――を測定する方法を開発した。彼の研究は、社会的な行動を進化として説明することに関心が払われるようになるよりも先立って行われたものであるが、この進化論的なモデルが予言しているのと同様に、次のことを明らかにした。すなわち、自分の利益になるように他人を操ったりだましたりしてうまくやっていく者もいるが、このような戦術をとろうとはしない者もいるのである。数百人のスペイン人の学生を調査してわかったのは、マキアヴェリアニズムを顕著に示した者は、スペインのより産業化が進み発展した地域の出身者であるという傾向があるということであった。アメリカでの調査では、マキアヴェリアニズムは思春期を大都市で過ごした者の間により顕著に見られることがわかった[6]。助けてもらう利益は得ながら、助けることがもはや自分たちの利益にならない場合には、他人を助けることを自分たちの方はやめてしまうというやり方で、他人の協力的な本能を利用することのできる者には、見ず知らずの者との交流は、生態学の用語を用いれば、生態的地位《ニッチ》を生み出す。しかしながら、この生態的地位が存在するのは、多くの協力の申し出が本物であるからのみである。そこから養分を取る健康な木を必要とする寄生物のように、いかさま師は自分たちの生計が依存している協力の絆を弱めるのである。このように、誰もがある意味でいかさま師であるというシニカルな見方には、逆転した関係の論理がある。もし誰もがいかさま師であるとしたら、誰も頼れる者がいなくなるであろうし、いかさまを働く機会もないだろう。

「お返し戦術」でもっとうまくやる

生活のほとんどあらゆる面で、私たちは囚人のジレンマが何度も繰り返されるような形での決断に直面する。個人的な関係や仕事上の関係、政治、あるいは政府どうしの関係において、他の個人や、仕事のパートナーや顧客になるかもしれない人や、政治上の仲間や他国の政府と協力すべきかどうか、私たちは決断しなければならない。どちらの側も、対価を支払うことなしに、協力から得られる利益を刈り入れようという気になるかもしれない。しかし、両方がそうした場合には、彼らが皆協力した場合よりも、両方ともより具合の悪いことになるだろう。アクセルロッドの発見を、他のやり方で達成できる結果よりもよい結果を関係者全員が達成できるような仕方で応用することができる。トーナメントでの成功を確実ならしめるうえで「お返し戦術」の諸要素が果たす役割を、前節で見た。ここで、これらの諸要素を表現し直して、広く日常のさまざまに異なる状況の中で誰にでも役に立つような規則の形にしておこう。

一　初めは進んで協力せよ。世間の人々に友好的に接し、他人が最善を尽くしてくれると信じて、そうではないと信じる理由がないなら、他人に親切に振るまえ。「お返し戦術」の示唆するように、このことはあなたにも他人にも利益をもたらすだろう。

明らかに、最初の出会いでどれだけの危険を冒すことができるかには限界がある。私はあまりよく知らない人に本をよく貸す。たいていは返してもらった。学術誌のバックナンバーは補充できないことがよくあるので、よく知っている人以外にはバックナンバーは貸さない。同じように明らかに、新しく仕事上のつきあいを始めるときには、冒す危険を小さくしておくべきである。しかし、どんな取り決めがなされるにせよ、相手も同じことをするだろうという仮定を十分に尊重すべきである。

「お返し戦術」がうまくいくのは、あなたと相手との間に継続的な関係があると見込まれる場合だけであるから、お互いの間の関係を確実に永続的なものにする方法を発見することで、どちらの側も利益を得ることができる。離婚することが不可能であるか、社会的に認められないか、あるいはきわめて困難であった間は、結婚は、生涯続く心の底からの協力のための基礎を提供するという、まさにこの機能を果たしていた。離婚と再婚を何度も繰り返す生活を認める、だらしのない、ハリウッド流の考えが、結婚の儀式の持っていたこの重要な機能を土台から覆してしまった。長期間にわたる責任を負うつもりすらなしに結婚の儀式を行うのはまったく無意味である。結婚の儀式は、教会の祝福なしにセックスを行うことが罪深いことであると信じられ、庶子を生むことが子どもを不利な立場に置いた時代の名残りに過ぎない。保守的な形態の宗教が支配的ではない社会では、このような信念は消え去りつつあり、こうした信念がなくとも私たちはずっとうまい具合にやっている。こうした信念とともに、結婚制度もなくなるのだろうか。結婚しないで一緒に住んでいるカップルがどんどん増えるにつれて、結婚制度がなくなる兆しがある。

結婚の絆そのものの本質が宗教的あるいは法的なものであるということ以外に、真剣に責任を負うつもりであることを伴侶に対して明らかにする方法は、無論、さまざまある。生活費を出し合い、一緒に住んで家庭に時間と精力を注ぎ込むのは、一つの方法である。このことは、二人の関係が壊れた場合には、お互いが注ぎ込んだものは失われるだろうということに他ならない。私自身の結婚では、最も強い責務を生み出したものは結婚しようという決意よりはむしろ、一緒に子どもを持とうと決心したことであったと思う。こう言ったからといって、結婚前に私と私の未来の妻が妊娠したとか、妊娠しようとしたなどと言っているのではない。私たちはそこまで型破りではなかった。結婚してから、子どもを持つ決心をするまでには四年かかった。その間に二人が築き上げた良好な関係と、お互いに対してした約束にもかかわらず、子どもを持つまでは、二人一緒にいるかどうかは選択の余地のあることのように思えた。私たちは離婚が神の法あるいは道徳法に反しているとはみなしていなかったので、もしお互いに対する気持ちが変わったら、それぞれ自分の道を進むことができた。子どもを持つという私たちの決心で、この選択肢は閉ざされた。この選択肢はそれでも再び可能になるかもしれないが、それにはもっとずっと大きな困難が伴うだろう（これは、私たち二人の関係の本質あるいは性質に関わる問題というよりは、むしろ拘束的な約束をする可能性に関わる問題であるということを、私は強調しておく）。私たちの子どもは、他のどんな形の約束よりもはるかにずっと拘束力のある仕方で、私たち二人の将来を結び付けたのである。それは、一度両親と子どもとの間に愛情の絆が創り出されれば、両親どうしの間の絆をきれいさっぱりと完全に解いてしまうことはできないからである。両親のどちらか一方、あるいは両方が二人の関係を終わらせて再出発したいとどんなに望んでいようとかかわりなく、お互いの子どもがいるということがそうすることを不可能にするのである。

二　あなたに善くしてくれる人には善くし、害をなす人には害をなせ。「お返し戦術」に従って、次の二つの大きな危険物の間を舵取って進んでいかなければならない。それは、果てしなくお互いにお返し——また破壊的な仕返し——をし合う羽目になる危険と、一方的にカモにされる危険である。私たちは友好的で協力的であることから始める。しかし、もう一方の相手が同等に協力的でないことがはっきりすれば、すぐに私たち自身の方針を変えるべきときである。どれくらい敏速に変えるべきだろうか。アクセルロッドの行ったトーナメントでは、「二度目にお返し戦術」と呼ばれる戦術があり、その戦術は非協力的な行動を最初の一度は許し、再度非協力的であった場合にのみ仕返しをした。この戦術は、最初のトーナメントではうまくやれたが、非協力的な行動を許すという性質を利用できるプログラムがもっと増えた第二回目のトーナメントではうまくいかなかった。

この二度目に決定的なお返しをするという原理を守り損ねた、歴史上最も重大な例は、ヒトラーがベルサイユ条約を次々に破ったときに、イギリスとフランスのとった融和政策である。ヒトラーはまずドイツ陸軍を再建した。「お返し戦術」に従っていたら、連合国は何らかの仕方で報復しただろうが、連合国は何もしなかった。一九三六年にヒトラーは彼の兵をラインラントへ進軍させたが、そこはベルサイユ条約が非武装地帯にした地域であった。ここで、「二度目にお返し戦術」の擁護者でさえ行動に移ったであろうが、再び連合国は何もしなかった。一九三八年のヒトラーのオーストリア併合に対しても同じように報復をしなかった。その年の内にヒトラーは、チェコスロヴァキアのドイツ語圏であるズデーテンラントを要求した。連合国はヒトラーにはうんざりしたように、しばらくは見えた。しかし、ミュンヘンで彼らは再びドイツの独裁者が要求したものをすべて与えた。一方的な暴力にこうしたやり方で屈することは、自分の欲していることをやり遂げることができるというヒトラーの信念を高めただけであった。またこれは、ドイツ国民の間に育っていた、天才的な指導者というヒトラーの評判を高めた。たとえば、もし連合国がラインラントの再武装に対して断固反対していたとしたら、戦う用意があまりできていない敵に対して容易に勝利を収めることができたことだろう。連合軍がついにポーランド防衛を約束したときには、戦況は連合国にとってははるかに悪い状況になっていた。寛容であり過ぎることで、つまり結局「五度目くらいに一度お返し戦術」であるとわかった方針に従うことで、イギリス・フランス両政府が確かめたことは、次のことだけだった。すなわち、戦争が起こると、もっと早く戦争が起こっていた場合よりも、はるかに大惨事になるだろうということだけだった。こうなったことにはいくつかの要因が働いていたが、その要因はとりわけベルサイユ条約の過酷さに対してイギリスとフランスで多くの人々が感じていた罪悪感と、どんな犠牲を払っても戦争を避けたいという強い欲求——第一次世界大戦の大量殺戮の後ではきわめてよく理解できるが——であった。それにもかかわらず、まったくタダで自分のほしいものを勝ち取るために一方的に暴力を振るう覚悟がある者を許すことが、いかに悲劇的な判断の過ちであったかは、後から振り返って見ているおかげで明らかである。

状況が異なれば、そもそも「お返し戦術」を当てはめること自体困難かもしれない。ナチズムに譲歩したように、共産主義に譲歩する過ちを避ける必要があるということにはっきりと関連づけられて、アメリカとその同盟国のベトナム戦争への関与はしばしば正当化された。この考えの背後にあるのは、国際共産主義が中国と北朝鮮と北ベトナムを征服して、アジア全域に広がってきており、今や南ベトナムからタイとマレーシアへと広がる恐れがあるという認識であった。しかし、この認識は間違っていた。ベトナムでの戦争は、国際共産主義の影響力を試す実験場であるよりは、むしろ地域紛争であった。また、タカ派の連中が言っていたように、ベトナムでの共産主義の勝利は、タイとマレーシアとインドネシアが次々に共産主義の手に落ちるという「ドミノ現象」には至らなかった。

ベトナムの実例が示しているのは、「お返し戦術」が状況の個別的な事実についての詳細で正確な理解に代わるものではないということである。そのような理解が伴っている場合でも、力を行使することなしに、「お返し戦術」がユートピア的世界を実現することはないだろう。しかし、「お返し戦術」は、理性的に用いられ十分に理解されれば、戦争をめったに起こらなくするだろう。それは、戦争がひき合わないことを意味するからである。

したがって、イラクの侵略に反対する国連の立場を「新たな世界秩序」を開くものとしてブッシュ大統領が歓迎したことに対して疑いの目が向けられているが、それにもかかわらず、侵略の明らかな事例に対して皆が一致して反対するという決意は新たな世界秩序の基礎——その世界は「お返し戦術」という単純であるが強力な原理に本質的に基づいている——であると見るのは、愚かなことではない。しかしながら、この見込みに対して、大きな脅威がなお残っている。「お返し戦術」は、継続的な関係という状況においてうまくいくルールである。当事者の一方を見舞う損害が、相手が仕返しをできなくなるほど大きなものである場合には、「お返し戦術」は適用できない。同様に、仕返しが当事者を両方とも確実に破滅させるだけの場合には、たとえ一方が仕返しできたとしても、仕返しするのは無意味であろう。核兵器の存在は、この可能性を両方とも現実にしている。このように核兵器は、それが危険に曝している他のあらゆるものとともに、国家の間の関係を調整するために私たちが持っている最善の基礎をも脅かしているのである。

三　単純にしておくべし。「お返し戦術」はきわめて単純なルールである。自分の行動を単純なものにしておくことには利点がある。単純にしておけば、何が起こっているのか、容易に相手にわかる。ゲーム理論家は、誰かが利益を得ると、他の者がそれと同じだけの損をしなければならないゲームを記述するのに「ゼロ‐サム・ゲーム」という用語を用いている。金を賭けてポーカーをするのは、金融用語ではゼロ‐サム・ゲームである。夜のポーカーが終わったとき、儲けた者の儲けの総額から損した者の損の総額を引いたものはゼロに等しくなければならない。もしも人生がゼロ‐サム・ゲームならば、単純なルールでゲームをするのは不利である。なぜなら、自分により具合のよいようにできるのは、ゲームの相手をより具合悪くすることによってのみであるから（ポーカーをするときには、他のプレーヤーに自分の意図していたことを誤解させて、勝とうとするのである）。しかしながら、現実の人生では多くの状況で、協力することによって当事者のどちらも利益を得るだろうし、最初から当事者がお互いに理解し合うならば、もっとうまい具合にやっていけるだろう。互いを理解すれば、どうすれば協力し合えるか知ることができる。また、相手が自分の方がカモにされることがないとわかれば、どちらにもよりうまい具合にゆくだろう。自分の方針について隠し事をせず、率直であることは、このように私たち自身の利益になる。というのは、そうすることは、私たちが何をしようとしているか相手が見て、互いの利益のために私たちに協力することをより容易にするからである。

「お返し戦術」をより親密な個人的な関係の中で使うべきだろうか。使うべきであると示唆するのは、けちで人情味に欠けた計算ずくのように見える。確かに恋人どうしがお互いに囚人のジレンマのゲームをする必要はない。また、親友どうしも必要ない。あるいは、育児を考えてみよう。両親は、「お返し戦術」が示唆する利害損得の計算によってよりは、むしろ愛情と献身の念で子どもたちに接するべきではないだろうか。

恋人どうしの間や、家族の中や、親密な個人的な友人どうしでは、お互いが心から相手の幸福を気にかけており、相互関係という問題はほとんど起こらない。これをもっと専門的に表現すると、囚人のジレンマのゲームで対戦相手の幸福を気づかうことは、ゲームの結果の評価方法を変えることである。ルリタニアの留置場の囚人それぞれが、自分の幸福を気づかうのと同じだけ、もう一方の囚人の幸福も気づかうなら、彼が決断を行うときには、留置場での時間が自分にとって最も短くなるようにではなく、彼ら両方が留置場で過ごす年月の総和が最も小さくなるようにするだろう。もう一方の囚人がどうしようと、自白を拒否することは総和を最も小さくする。（もう一方の囚人が自白するなら、総計は、両方が自白した場合の一六年ではなく、一〇年になる。また、もう一方の囚人が自白しなければ、総計は一方が自白してもう一方は自白しない場合の一〇年ではなく、一年になる。）したがって、利他的な囚人は自白するのを拒否するだろう。また、どちらも相手がどれだけ長く留置場で過ごそうと気づかわなかった場合よりは、囚人がどちらも利他的であった場合の方が彼らはずっとうまい具合にやれるだろう。このように、恋人たちや家族や親密で個人的な友人たちは、自分の幸福を気づかうのと同じだけ恋人や家族や友人の幸福を気づかっており、お互いに囚人のジレンマのような状況にはならないのである。

そこで、囚人のジレンマの完全な解決法とは、心から他人のことを気づかうことである。可能なら、他人への気づかいを家族や親しい友人を超えて広げるよう努めるのが賢明である。しばしば私たちは子どもたちに、他人の立場に立ってみるように求める。たとえば、「もしあの子がお前にそんなことをしたら、お前はどう思うの？」という言葉は、〈何故あなたの娘は他の女の子のおもちゃを取ってはいけないのか〉ということを説明するのによく耳にする言葉である。この例が教えているのは、次のような重要な道徳的な観点、すなわち、他人も私たち同様に痛みを感じ、苦しみを感じているということである。仲間意識が十分に強い場合には、「お返し戦術」の必要はない。しかし強くない場合には、親しい個人的な関係、あるいは家族の関係においてすら「お返し戦術」は役に立つ。お互いに恩恵を与え合うことが関係者双方の利益に役立つということを、少なくとも理解するようになることが、とりわけ子どもには決定的に重要である。そこで、私の十代の娘が家事の手伝いをしないで、だらしなく座ってテレビを観ているときに、愛情深い父親らしくそれを許してやるのは娘にとって、あるいは家族の誰にとっても最善ではないかもしれない。そうする代わりに、今度娘が友達のところに車で送ってほしがったときに、私が他のことで手が離せないかもしれないことを娘にわからせてやる方が、もっと彼女のためになるかもしれない。そうするのは、私には気分の悪いことかもしれないが、他の人が娘自身の都合のためだけに存在しているわけではないことを、娘に理解させるのには役立つのである。家族や個人的な関係を超えた、もっと大きな社会では、「お返し戦術」は私たちが他人との相互作用を調整するうえで中心的な役割を果たしている。しかしながら、アクセルロッドのコンピュータの上でのトーナメントに比べると現代の都市生活は、そこで「お返し戦術」を実行するには、はるかにずっと困難な環境である。この戦術が使えるのは、誰が私たちに協力的で、誰が協力的でないのかを私たちが知っている場合だけである。コンピュータは何の問題もなく、他のプレーヤーが誰であるのか、あるいは他のプレーヤーが何をしているのかを推定できる。なぜならプログラムがコンピュータに教えてくれるからである。また持続的な関係にあって、ほとんどごまかしようのない仕事をしているマックスとリンにとっても、このことはあまり問題にならない。小規模な社会においてさえ、こっそりとごまかしをやる余地はある。協力して食料を集める旅をしている人々は、おいしいベリーの実を、誰も見てないときにはこっそり飲み込むかもしれない。しかしながら、こうした些細な形のごまかしに対処するのは、大都市での毎日の生活で私たちが直面しているものに比べれば些細な問題である。私たちが以前に会ったこともなく、またおそらく二度と会うこともない人々と絶えず交流することを、都会は私たちに強いている。誰もドアに鍵をかけないような、村の生活の持っている快適な安心感が都会には欠けているということは、ほとんど驚くに値しない。また、私たちが身を護る鋼鉄の車体の中に腰かけて、そのままでは他人を殺すか傷つけかねないやり方で道路を猛スピードで走りまわるときには、面と向かって付き合う場合に比べて、ずっと非協力的に振るまう人間がいるという事実に私たちは驚くべきではない。

徴税システムは、毎年繰り返される巨大な「囚人のジレンマ」と考えることができる。私たちは皆政府のサービス（少なくともそのうちのいくつか）が税金でまかなわれることを欲しているが、しかし私たちそれぞれは自分の分の税金はむしろ払いたくはない。「お返し戦術」を適用するにあたって困難なことは、協力的でない者が容易には見つけられないことである。したがって、自分の税金の公正な負担分を払わないということは、一人一人にとっては遂行すべき勝利の戦略でありうる。この不正の収支を変えるには、(発覚する率を考慮すれば) 脱税が引き合わないギャンブルになるほどまでに、見つかった場合の罰金を大きくしなければならない。罰金の額を上げるか、摘発率を上げるか、あるいは両方を同時に行うかすることによって、脱税を引き合わないものにできる。もしこれが成功するなら、私たちは囚人のジレンマを完全に免れることになる。不正の収支の変更は厳密に経済的なものである必要はない。公共の場での辱めを罰金の他に付け加えることは、協力しないことをさらに一層魅力的でないものにすることができる。他の状況では、辱めることだけで十分かもしれない。不正の収支を変更しても、脱税が完全になくなることはないだろう。人々はあらゆる種類の犯罪を犯しているが、そのことが結局は自分たち自身の利益を損なうことは予測できるのである。しかしながら、自分たちの利益がどこにあるのかわからない人だけになるまでに脱税者を減らすことは、多くの国の現状においては重要な進歩である。

私たちの司法制度の大部分も同じように説明できる。正義は、しばしば考えられているように、神によって私たちに課せられた神聖な道徳原理でもなければ、この宇宙の礎石に刻み込まれているようなものでもない。正義とは、現実の世界で「お返し戦術」が有効に機能するための一組の概念的な道具以上でも以下でもない。この限りで、この道具は思慮深く用いられる必要がある。「天地が崩れようとも、正義が行われよ」とは昔のことわざであるが、正義をあまりにも重視しすぎたことわざである。私たちが正義に関してどこまで完璧であるべきかは、状況しだいであろう。きわめてまれにしか起こらないかもしれないが、もし短期的にも長期的にも正義が誰の利益にもならないなら、正義に固執するのは無意味である。

エドワード・ウェスターマークは、さまざまな社会の道徳規範に関する知識をまとめた彼の労作の中で、次のように結論している。「恩恵に報いる、あるいは恩恵を与えてくれた人に感謝するということは、おそらくあらゆるところで、少なくともある状況のもとでは、義務とみなされている。(7)」この感謝する義務が、自分に受けた親切には同じようにお返しをするように私たちにさせるのである。これに対応する概念、つまり道徳的な憤り、道徳的な義憤、懲罰、復讐といった概念は、誰かが私たちに害を及ぼしたときにはどのように応えるべきかを示唆している。これらの概念はすべて相互関係ということの諸様相である。相互関係とは、キケロの言う「義務の最初の要求(8)」、孔子の道を貫く「一本の糸(9)」であり、アメリカの社会学者アルヴィン・グールドナーによれば、私たちの知っている、事実上どの社会でもひろく受け入れられていると言えるいくつかの道徳的概念の一つである。(10)（自分の身内に対する義務、とりわけ子どもに対する両親の義務は、第5章で見たように、わかっている限りのどの社会でも認められている。血縁関係と相互関係の二つは、普遍的に承認された道徳原理であることを最も強く要求できる――しかも要求できるのは、おそらくこの二つだけであろう――原理である。）

この点で、人間の置かれた状況が恒常的であることの方が、道徳的相対主義者がしばしば指摘する人間の状況の変動性よりもより強い印象を与える。ギリシアの歴史家ポリュビオスは二千年以上前に以下のように述べている。

危険な目にあっているときに他人に助けられたことのある者が、助けてくれた人に感謝しないで、その人に害を及ぼそうとさえする場合、そのことに気づいた人々が害を受けた隣人の憤りに共感し、同じ状況に自分たちがいるかのように想って、自然にそのような行動に不快感を持ち、憤りを感じるということは、明らかである。まさにここからあらゆる人の内に義務の意味と理論についての考えが生まれるのであり、これこそが正義の始まりであり、極致である。(11)

有名なバビロニアのハムラビ法典は、「お返し戦術」の神髄にのっとって、正義の本質は「目には目を、歯には歯を」にあると宣言した（この規則は貴族社会のメンバーの間でのみ適用された。というのは、一般市民や奴隷への傷害に対しては、罰金で十分であったから）。(12) しかし、悪事を犯した者の目をえぐり出すことが、私が自分の目を失ったことに対する償いにふさわしいものだろうか。ここで私たち二人は、何が公正で、何が公正でないのか、あるいは何が正しく、何が正しくないのか、議論を始めるのである。私はあなたの目をえぐり出したくはなくて、むしろあなたが私に加えた損害に対して何かもっと役に立つ償いをしてほしいかもしれない。仮にあなたが私の目をえぐり出したのではなく、火をつけて私の穀物を焼いたけれども、あなたは不精者で、あなた自身の穀物は何もない場合は、どうだろうか。公正さについての私たち二人の考えがたとえ一致していたとしても、私たちが公平無私でないことが、公正さを適用する困難さを一層大きなものにする。自分たちがごまかされたという感情は復讐を呼び起こし、その復讐がより深刻な復讐を引き起こして、有名なハットフィールド一族とマッコイ一族のように、私たちは何年も、また何世代にもわたって全面的な争いを繰り返すまでになる(13)。こうならないためには、私たちには公平「無私という」概念が必要であり、公正な取引を構成するものは何かということについて公平無私な決定を下してくれる組織が必要である。この組織から、次のような社会、すなわち正義を侵した重罪犯が適切に罰せられるように見張る仕事を含めて、正義の諸相をその社会全体として引きついで、それを守らせるような社会へ至るのは、ほんのわずかである。

四　寛容であれ。「お返し戦術」とは、いつでも過去のことを忘れて許す用意があるということに他ならない。相手がどんなに暗い過去を持っていようと、「お返し戦術」を協力的なものにするのには、相手が一つ協力的な行為をするだけでよい。このことは、お互いに非難し合って傷つけ合うというパターンから抜け出すのをより容易にする。また、これは複雑さをなくし、どんな方針なのかを相手がはっきりと見るのをより容易にする。実生活では、過去は未来の指針として役に立つので、私たちは過去を忘れるのを嫌がる。相手が協力を申し出ても、私たちはその申し出が本気かどうか判断しなければならない。過去の協力の提案が結局は私たちを利用して食い物にしようという試みに終わっていた場合には、過去の申し出が本物であった場合よりも、私たちが協力の言質を与えるのをずっと渋るのは当然である。この点を留保しても、「お返し戦術」の成功は次のことを明らかにしている。すなわち、協力的でお互いに恩恵を与え合う関係を、過去に非協力的であった者との間で始める、あるいは再開する可能性を常に残しておくことには価値があるのである。

五　嫉妬するなかれ。「お返し戦術」の成功に役立っている最後の要素は、他人が自分同様にうまくやっていようと、自分よりもうまくやっていようと、この戦術は気にしないということである。「お返し戦術」が全体として他の戦術よりもよりうまくやれたのは、他のどんな戦術よりも協力的な状況を促進する機会がより多かったからである。もし「お返し戦術」が嫉妬深かったなら、「お返し戦術」の方は協力的な手を差したのに相手のプレーヤーが利己的であった、そのたった一回の機会に相手のプレーヤーが得た利益よりも大きな利益を、「お返し戦術」は得ようとしただろう。しかし、「お返し戦術」が仮にそんなことができたとすれば、それは利己的であることによってのみできたのであり、その結果お互いに報復をし合って、協力的な相互作用はより少なくなっていただろう。

ゼロ－サム・ゲームなら、嫉妬することには意味がある。しかしポーカーですら理論の上でゼロ－サム・ゲームであるに過ぎず、実生活においてはいつもそうとは限らない。数ドル勝つか負けるかということよりも、楽しい夜を過ごすことの方に関心があるなら、儲けて終わるか損して終わるかにかかわりなく、私たちは皆ゲームから得るところがある。人生はゼロ－サム・ゲームではない。私たちは、相手を嫉妬しなければ、ずっとうまくやれるのである。このことは心理学的にも、「お返し戦術」の戦略的観点からも、どちらの点でも本当である。戦略的には、私たちが持ちうる最善の協力的なパートナーとは、自分自身の成功と同じように、私たちの成功を喜んでくれる相手である。したがって、非常に嫉妬深い人々はお互いに利益をもたらす協力の機会を見逃しがちである。こうした人々は自分の嫉妬深い本性を秘密にしておこうと努力はできるが、それは容易ではない。しかしながら、たとえうまく隠せたとしても、このような人々は心理的な代償を払うことになる。嫉妬は持っていて楽しい情念ではない。これは本来満足とは反対のものであり、その本質は満たされなかった欲求への固執であり、これが幸福をもたらすことはほとんどありそうにない。もし私たちが誰かのことをひどく嫉妬深いと評するなら、それが思い起こさせるのは、惨めな、自分の持っているものを楽しむことができず、むしろ自分が持っていないものに悩まされるような人の姿である。時にはこれが極端な形になって、人を自滅させる。ウォール・ストリートの銀行家デニス・レヴァインは嫉妬に駆られていたように見える。

ドレクセル・バーナム・ランベールの元同僚によれば、レヴァインは「俺が六桁の額の金を稼いでいる間に、俺の顧客は九桁の金を儲けている、と際限なく不平を言った。「連中と並ぶと、俺は青二才のような気がする」といつも言っていた」。自身のすでに十分な収入をもう一つ上の課税所得ランクに上げるためにレヴァインが見つけたやり方は、彼にとっても、彼が内部情報を交換していた人々にとっても、共に監獄で終わった。

疑いもなく、嫉妬は動機として強力な力を持ちうる。嫉妬は人々を高い地位や、あるいは物質的な富をめざして争わせる。たしかにこういう理由で嫉妬は、嫉妬する者にも、他の者にも明らかに不利益であるにもかかわらず、世代から世代へと生き残っている。不幸なことに、嫉妬が動機としてこのような強力な力を持っているので、自分たちの製品を売りたい連中はしばしば、私たちの大部分が持っている嫉妬という要素にそれとなく、あるいはもっとはっきりと訴える。彼らは、嫉妬の風潮と私益の観念――これらは、私たちが他人と比較して自分自身を位置づけることに基づいている――を助長する。今度はこのことが、お互いの利益のために協力する傾向を土台からひっくり返すのである。

私益と倫理――当面の結論

社会は、協力をより信頼ができて、より永続的なものにするために、倫理的な規則を案出している。その結果は、社会のあらゆる者に、社会全体としても、個々人としても、利益を与えている。最初に友好的で協力的な姿勢をとること、長期的な関係を持つこと、しかし自分が食い物にされることに甘んじないこと、率直で開放的であること、嫉妬しないようにすること――こうした命令は、私たちにとって他から押しつけられたものではなく、私たちに自分の性向を抑圧し、自分の最善の利益を追求しないよう命じるものではない。これらの命令は、社会的な存在として幸福で満ち足りた人生を求める人になら、誰にでも薦めることのできる健全なものである。

家族と血縁が道徳的にいかに重要であるかということについて第5章で述べた論点を、ここで描いたことの中に今当てはめてみると、私たちの社会的な本性についての進化論的な説明と倫理の大部分とはきわめてよく適合しているということがわかる。倫理的な行動の最も中心的な領域のいくつかでは、私たちの欲求と私たちの倫理とは調和している。家族や血族との人生では、また恋人や友人やパートナーや同僚との人生では、私益と倫理が同じ方向をめざすことが非常に多いだろう。このような手段で、倫理と私益との葛藤の、少なくとも一部を取り除くことができる。この程度まで、私たちはどう生きるべきかという究極の選択の持つ困難さは小さくなった。私たちは倫理的に生きることを選び、それと同時に人間として最も重要な欲求の多くを満足させるような仕方で生きることができる。

他方、本章と第5章とで論じてきた倫理の領域は、決して倫理の領域のすべてではない。

本書の残りの章は、倫理の固有の、もっとはるかに厳しい要求をする側面と、さらにまた私益の真の本性に関していくつかのもっと掘り下げた問題に当てられる。

（塩出訳）

第8章　倫理的に生きる

英雄たち

ヤド・ヴァシェムはエルサレム郊外の丘の上にある。これは、ホロコーストの犠牲者と彼ら犠牲者を援助した人々を祭るために、イスラエル政府によって建てられたものであって、聖廟であり、博物館であり、研究センターである。「アレ・デ・ジュスト（正しき人々の通り）」という長い並木道が、この博物館へと続いている。並木の一本一本は、ナチの時代にユダヤ人を救けるために自分の命を危険に曝した、ユダヤ人以外の人々を祭っている。何の見返りも利益も期待することなく援助した人々だけが、正しき人々の仲間入りをするにふさわしいとみなされている。木を植えるに先立って、植樹をしてその人を祭る候補者に関する手に入る限りのあらゆる証拠を、判事が委員長を務める特別委員会が詳細に吟味する。この厳密な審査にもかかわらず、正しき人々の通りは、植えなければならない樹を全部植えるには長さが足りない。樹はすぐ側の丘の斜面にまではみ出している。はみ出した樹は今や六千本以上にもなっている。ユダヤ人をナチの手から救ったが、その身元のわからない人々はもっとたくさんいるに違いない。その数は五万人から五〇万人の範囲になると見積もられるが、私たちが本当のところを知ることは決してないだろう。ハロルド・シュルバイスは、こうした人々の名誉を讃えて援助をする財団を始めた人物であるが、彼の指摘したように、ナチに追われている者をかくまい、食料を与え、命を救けた人々を探しだすことにかけてシモン・ヴィーゼンタール［一九〇六年生まれ。ナチの収容所を生き延び、戦後はナチの戦犯を捜しだし、告発することに生涯を捧げた］のような人は二人といない。ヤド・ヴァシェムは、限られた予算では、生残者から名前をあげられた人々に関する証拠を調査するという受動的な役割しか果たせない。援けを受けた人々の多くは、結局生き残れなかった。他の者たちはつらい記憶を新たにすることを好まないで、名乗り出なかったり、ともかく自分たちを救けてくれた人々の身元を特定することができなかった。ヤド・ヴァシェムに祭られている者たちの中で最も有名なのは、おそらくラウール・ウォレンバークである。ナチがヨーロッパ中にその覇権を拡大しつつあった第二次世界大戦の初期に、ウォレンバークはスウェーデンのビジネスマンとして快適な生活を送っていた。スウェーデンは中立国であったので、ウォレンバークは、彼の会社の新製品の食料品を売るために、ドイツ国内中とその同盟国ハンガリーへと広く旅行していた。しかし、ユダヤ人迫害に関して彼が目にし耳にしたものは、彼の心をかき乱した。彼の友人の一人はウォレンバークが意気消沈していたと述べ、さらに「彼は、命がけで何かもっと価値のあることをしたいと望んでいるような気がした」とつけ加えた。一九四四年には、ユダヤ人を計画的に絶滅させるというほとんど信じがたい報せは、もはや無視することができないものになり始めた。アメリカ政府はスウェーデン政府に、中立国として、ハンガリーのスウェーデン政府外交団を増員することができるかどうか尋ねた。ハンガリーにはまだ七五万人のユダヤ人がいた。強力な外交団がいれば、名目的には独立しているハンガリー政府になんとか圧力をかけて、ユダヤ系ハンガリー人のアウシュヴィッツへの追放に対して抵抗させることができるかもしれないと考えたのである。スウェーデン政府は同意した。ウォレンバークはハンガリーに行くように要請された。ブダペストでわかったのは、ヒトラーによって「最終的解決」の責任者に任命されたアドルフ・アイヒマンが、ハンガリーのユダヤ人社会を根絶するのに自分がいかに情け容赦なく有能であるかということを、自分の上官たちに断固として示すつもりであるということであった。ウォレンバークはハンガリー政府を説得して、ユダヤ人の強制移送をさらに行わせようとするナチの圧力を拒否させるのに成功した。ほんの束の間、使命は果たされて、彼はスウェーデンに帰ることができるようにみえた。その後すぐにナチはハンガリー政府を倒して、そのあとにハンガリー「鉤十字」ナチ党の率いる傀儡《かいらい》政権を据えた。強制移送が再開された。ウォレンバークは数千のユダヤ人に、彼らがスウェーデンの関係者であり、スウェーデン政府の保護下にあることを宣言して、「スウェーデン政府保護通行証」を発行した。時には、彼は、ユダヤ人たちがスウェーデン政府によって保護されていると言って、ナチスと彼らが犠牲にしようとしている人々との間に立ちふさがった。ナチスが、ユダヤ人たちをつれ去りたいなら、まずウォレンバークを射ち殺さなければならなかったろう。赤軍がブダペストに進軍してくると、こうした状況は崩壊し始めた。他の中立国の外交官はブダペストを離れたが、ナチとその傀儡である鉤十字党がユダヤ人ゲットーの最終虐殺を行う危険性は残っていた。落下してくる爆弾や、すぐに発砲したがるナチの親衛隊やハンガリー鉤十字党の士官たちの敵意に曝されながら、ウォレンバークはブダペストに留まった。彼はユダヤ人にもっと安全な隠れ場所を見つけようと骨折った。さらに、もしも虐殺が行われるようなことがあれば、彼自身が責任をもってナチの指導者たちが戦争犯罪者として絞首刑に処されるようにするということを、彼ら指導者にわからせようと骨折った。戦争が終わったとき、ブダペストには一二万人のユダヤ人がまだ生き残っていた。大半の者がたすかったのは、直接的にであれ間接的にであれ、ウォレンバークのおかげであった。いたましいことに、ハンガリーでの戦闘が終わったとき、ウォレンバーク自身は行方不明になり、ドイツ人や鉤十字党によってではなく、ソヴィエトの秘密警察によって殺されたと推定されている。(1)

オスカー・シンドラーは、ウォレンバーク同様、ビジネスマンであったが、彼の性格と背景はウォレンバークとは非常に異なっていた。シンドラーはチェコスロヴァキアのモラヴィア出身で、人種的にはドイツ人であった。初めはナチの運動とチェコ地方のドイツへの併合を熱狂的に支持して、ナチの侵略軍に随ってポーランドに移住し、クラクフの工場を引き継いだ。その工場はそれまではユダヤ人が所有していたもので、ほうろう製品を作っていた。ナチがクラクフってていた。ナチがクラクフのユダヤ人を死の収容所に連行し始めると、シンドラーは工場のユダヤ人を保護した。彼がその口実に主張したのは、自分の工場は戦争遂行に不可欠の製品を生産しているということであった。ユダヤ人たちが集められて家畜用の貨車に詰め込まれて、絶滅収容所へ運ばれようとしているとき、駅のプラットフォームでシンドラーは親衛隊の将校に賄賂を贈ったり、脅かしたりして、彼の工場の従業員であるとか、彼の工場にとって必要な技能を持っているとか主張してその人たちを解放させようとした。彼は闇市で自分の金まで使って、彼の労働者が受け取っている不十分な配給を補うための食料を買った。ナチによる民族殺戮を外の世界に知らせることができる地下組織のメンバーに会うために、密かにブダペストに出かけさえした。大戦の終わり近く、ロシア軍がポーランドを横断して進撃してくると、シンドラーは彼の工場と労働者をモラヴィアのブリンリッツに自分で建てた新しい「強制労働収容所」に移した。この収容所はナチ下のヨーロッパで、ユダヤ人がぶたれたり、撃たれたり、あるいは死ぬまで働かされたり、餓え死にしたりしなかった唯一の収容所であった。こうしたことはどれもきわめて危険なことであった。二度シンドラーはゲシュタポに逮捕されたが、はったりで脅してゲシュタポの独房から出られた。戦争が終わるまでに、シンドラーのユダヤ人労働者のうちで少なくとも一二〇〇人が生き残っていた。シンドラーがいなかったら、彼らはほとんど確実に死んでしまっていたであろう。

他の場合には特に人並み優れているような徴を見せない人が、しかるべき状況に置かれれば英雄的な愛他的行為をすることができるとどのようにしてわかるのか、シンドラーは実例を示している。シンドラーは大酒飲みでギャンブル好きであった。(一度、彼は強制労働収容所のナチの残忍な司令官とカードをして、彼がその晩に勝ったもの全部を司令官のユダヤ人召使いに賭けた。彼の言い分は、自分にはよく訓練された召使いが必要だというものであった。シンドラーが勝って、彼はその女性の命を救ったのである。)戦後のシンドラーの経歴はまったく目立たないものであり、毛皮用動物の飼育からセメント業の経営にいたるまで次々に事業に乗り出しては失敗した。(2)

ウォレンバークとシンドラーの話は今日ではよく知られているが、他にも見ず知らずの人を援けるために危険を冒して、犠牲を払った人々の数千の事例がある。ヤド・ヴァシェムの記録には、以下のような人々が含まれている。三人の子どもを持ったベルリンの夫婦は彼らの二部屋のアパートの一部屋を空けて、そこにユダヤ人の家族が住めるようにした。ある裕福なドイツ人はユダヤ人を援けようと尽力して、彼の大半のお金を失った。また、オランダの八人の子どもの母は、食料が乏しかった一九四四年の冬の間、彼らの客であるユダヤ人が生き残れるように、しばしば自分が飢え、彼女の子どもの食物も分配した。サミュエル・オリナーは、彼が住んでいたポーランドのボボヴァのゲットーを一掃しようとナチスが決めたとき、一二歳の少年であった。母親が、彼に逃げるように言った。彼はゲットーから逃げだし、彼の父と一度何か取引をしたことのある、ポーランド人の農婦に助けられた。その婦人は彼がポーランド人の振りをするのを手伝い、彼が農業労働者として働けるよう取り計らった。四五年後、カリフォルニアのフンボルト州立大学教授のオリナーは『利他的人格』と題する、ユダヤ人を救った人々の境遇と性格に関する研究書を共著で著した。(3)

私の両親はユダヤ人で、一九三三年までウィーンに住んでいたが、こうした英雄的な話の一つ一つには、これほど劇的ではないが、それでもなお意義のある利他的行為の実例が他にもっとたくさんあることを、私は彼らから教わっている。私の両親がナチの支配するヨーロッパから脱出するときには、まったくの他人の利他的行為の方が身内の絆よりもずっと助けになることがわかった。ヒトラーがウィーンに進軍して入ってきたとき、結婚したばかりの私の両親は他国へ移住しようとした。しかし、どの国に行けたろう。入国ビザを得るためには、アメリカ合衆国やオーストラリアのような国は、自国の居住者が保証人となって、新たな移民が品行方正で、アメリカ合衆国の重荷にならないことを保証することを要求した。私の父には、数年前にアメリカ合衆国に移住した小父がいた。父は保証人になってくれるよう手紙を書いた。小父の返事は、父の保証人になる気持ちは十分にあるが、私の母には一度も会ったことがないので、母の保証人にまでなる気はない、というものであった！　絶望的な気持ちで母はあるオーストラリア人に助けを求めたが、彼とはお互いの付き合いを通してたった一度、彼が旅行でウィーンにきたときに会っただけであった。彼は、私の父にはまったく会ったことがなかった。しかし、彼は即座に母の頼みに応えて、必要な書類を整えてくれた。両親の乗った船が到着したときには、彼は埠頭に両親を出迎えてくれ、新しい国で両親が温かく迎えられていると感じられるように、何でもできる限りのことをしてくれたのである。

私の両親は自分たちそれぞれの両親もウィーンから出るように説得に努めたが、悲しいことに、両親が納得したときには遅すぎた。たとえば、私の母の父は、勤めていた学校がユダヤ人の教師をすべて解雇するよう命令されるまでは、ウィーンの大学進学向け一流高校の教師であった。職を失ったにもかかわらず、戦場で負傷し、勇敢な行為に対して勲章を授けられた第一次世界大戦の勇士として、彼は自分と妻とは身体や生命に対するいかなる攻撃からも安全だろうと思っていた。しだいに困難さを増す状況下で、一九四三年に強制収容所に送られるまで、私の祖父母はウィーンで暮らし続けた。強制収容所を生き延びたのは、母方の祖母だけであった。一九四三年までの戦時下のつらい年月の間でさえ、ユダヤ人以外の人々が何人か、彼らを訪ねてきてニュースを伝えたり、慰めたりしてくれたことを、私の両親が受け取った手紙から私たちは知っている。儀式用の刀を持っていることで祖父が心配でたまらなくなった（ユダヤ人は武器を保有することを、しばらく前から禁止されていたから）ときに、私の母の友人はその刀を彼女のコートの下に隠して、運河に投げ捨ててくれた。この女性も学校の教師であった。ナチ党に加入するのを拒否したことで、彼女は昇進の機会をすべて犠牲にした。私の祖父の以前の生徒でユダヤ人ではない人々も彼のフラットに祖父を訪問し続けたし、その一人は大学の教授職を受ければ、ナチの教条を支持するよう強いられることになるという理由で、教授職を受けることを拒否した。これらの行為は、英雄的な、人命を救助するような行為ではなかったが、何の危険も伴わないようなものでもなかった。私たちの論旨にとって、大事な点はこうである。つまり、これらの人々に対する社会的な圧力はすべて、彼らがしていたこととはまったく反対の方向へと彼らを押しやっていた。つまり、ユダヤ人と関わりを持つな、そしてけっしていかなる仕方であれユダヤ人を助けるな、という方向へ押しやっていた。しかし、こうした人々が行ったのは、自分たちが正しいと思ったことであって、最も簡単に行えることや、やれば自分たちに最も利益をもたらすことではなかったのである。

プリーモ・レーヴィは、ユダヤ人であったためにアウシュヴィッツに送られたイタリアの化学者であった。彼は生き延びて、『アウシュヴィッツは終わらない』と題する物語を書いた。それは、生き永らえるには不十分な食糧の配給下での彼自身の奴隷的な生活に関する驚くべき物語であった。彼が死を免れたのはロレンツォのおかげであった。ロレンツォは、ユダヤ系でないイタリア人で、民間人としてドイツのために生産事業で働いていたが、そこでは囚人が労働力として使われていた。この節を終えるのに、ロレンツォがレーヴィのためにしてくれたことについてのレーヴィの回想に勝るものはない。

具体的な点から見れば、それは取るに足らないものである。一人のイタリア人の民間労働者が六カ月間、毎日私にパンを一切れと彼の配給食の残りを持ってきてくれた。彼は、継ぎだらけの彼のベストを私にくれた。彼は私の代わりに葉書を書き、返事を持ってきてくれた。こうしたことすべてに対して彼は何も報酬を求めなかったし、受け取らなかった。それは彼が善良で純真で、人が善行をするのは報酬のためであるとは考えなかったからである。

……思うに、私が今生きているのは、本当にロレンツォのおかげである。そして、それは彼の物質的な援助のせいであるよりも、むしろ彼がいることで、つまり彼の自然で飾り気のない善良さで、われわれ自身の世界の外には正しい世界がいまなお存在していることを、私にいつも思い出させてくれたおかげである。その世界とは、何か依然として汚れなく無傷で、腐敗しておらず、野蛮でなく、憎しみと恐怖からは無縁の事物と人々であり、明確に述べるのは難しいが、遠く離れてはいても善いものであり、そのために生き延びるだけの価値のあるものであった。

これらのページの中の登場人物は人間ではない。彼らが受けた攻撃、あるいは彼らが誰か他の人間に与えた攻撃のもとに、彼らの人間性は葬られたか、あるいは彼ら自らが葬ったのである。邪悪で正気を失ったナチ親衛隊員、カポ、政治犯、犯罪者、著名人、大物も小物も、取るに足りない奴隷である囚人に至るまで、ドイツ人によって造られた狂気のヒエラルキーのすべての階層は、等しく内面的に荒廃しているという点で、逆説的に兄弟のようなものであった。

しかし、ロレンツォは人間であった。彼の人間性は純粋で無垢であった。彼はこの否定的な世界の外にいた。私自身が人間であることをなんとか忘れずにいることができたのは、ロレンツォのおかげである。(4)

緑の新芽

ゲシュタポがわが家のドアをノックするのを恐れることなく、今では他人を助けることができるという事実を、私たちは無論感謝しなければならない。しかしながら、英雄的な行為の時代が終わったと考えてはならない。チェコスロヴァキアの共産主義を倒した「ビロード革命」に加担したり、これと同様の東ドイツの民主化運動に加担した人々は、個人として大きな危険を冒したが、個人的な利益を考えてそうしたのではない。同じことは、ミハイル・ゴルバチョフを退任させた強硬派のクーデターにボリス・エリツィンが抵抗したときに、エリツィンを守ってロシア議会の周りを取り巻いた数千の人々についても言える。しかしながら、こうした類の勇気の現代最高の例が得られるのはヨーロッパではなく、中国である。それはテレビと新聞で世界中に公開された一枚の写真、天安門広場に向かって進む戦車の隊列の前に、ただ一人立ちふさがる中国の学生の写真である。

自由民主制の国々においては、道徳的な生活を送ることにこうした類の危険は含まれていないが、そうするだけの価値のある運動に道徳的に関与する機会が不足していることはない。自分が動物解放運動に関与した結果、私は道徳的な根拠に基づいて根本的な決断を行った数千の人々と接触してきた。彼らは自分たちの食事を変え、肉食をやめたり、あるいは場合によっては動物からつくられる食物をすべて避けてきたのである。これは私たちの毎日の生活に影響する決定である。さらに、大部分の人が肉食を続けている社会では、菜食主義者になるということは、他の人々が彼のことをどう考えるかに影響せざるをえない。それでも、数千の人々はこの決断をしたが、それはこのような食事によって自分たちがより健康になるとか、より長生きするだろう――これは事実かもしれないが――と考えたからではない。動物を食用に飼育するときの動物の扱い方を道徳的に正当化することはできないと、彼らが確信するようになったからである。たとえば、A・カードゥゾ夫人はロサンゼルスから次のような手紙をくれた。

二週間前に、あなたの著書『動物の解放』を受け取りました。……一晩でその本が私の考えを変え、私が即座に食習慣を菜食主義のものに変えたことをお知らせしたいと思います。……私たちの利己主義に気づかせてくれたことを感謝します。このような手紙がたくさんあった。手紙をくれた人の中のある者は、動物の扱いの問題に多かれ少なかれ偶然に彼らが出会うまでは、この問題に特に関心を持っていなかった。このような人の典型は、バハマ出身の高校教師アラン・スケリーである。

高校の教師として、私は第一一学年〔高校課程の最終学年〕に教える総合科目の授業を受け持つように依頼されました。私が頼まれたのは、何か社会に関わる主題で三回連続の授業を用意することでした。妻が自分のクラスの子どもから「動物の権利」という小冊子をもらってきました。私は、ワシントンにある「動物の倫理的扱いを擁護する人々の会（People for the Ethical Treatment of Animals）」という組織に手紙を書き、レンタルで「動物の権利」のビデオを送ってもらいました。このビデオが妻と私に与えた衝撃の結果、私たちは今は菜食主義者ですし、動物の解放の運動にも関わっています。この組織は私に、あなたの著書『動物の解放』も一冊送ってくれました。

……どうかわかってください。あなたの著書出版から一四年後、あなたのおかげで私と妻が動物の解放に徹底的に関与するようになったことを。来月、ＰＥＴＡ（「動物の倫理的扱いを擁護する人びとの会」）のビデオを第一一学年の生徒百人に見せたときに、もしかすると私にも他の人々の道徳的な限界を広げられるかもしれません。

私に手紙をくれる人々の中には、自分たちが抱えている特定の難題について私に話してくれる者もいる。どうして彼らは革製でないハイキングブーツを買えないのか、あるいは家の中に入ってくる鼠を殺さないですませる実用的な代案がないのか。また、ある者は、革を得るために動物を殺すべきではないと確信するようになったとき、毛皮と革の小売店を経営していた――彼は、商売がえすることを自分のパートナーに納得させるという問題を抱えていたのである! 他には、自分たちの飼っている犬や猫に何を餌として与えるべきなのか、あるいはエビは痛みを感じることができると私が考えているかどうかを知りたがった人もいた。新しい食生活を実践しているだけの人もいるし、動物の扱い方を変えようとして仲間と一緒に活動している人もいる。工場で引き起こされている苦痛や被害を記録し、おそらくほんの少数の動物を苦痛や被害から解放してやるだけのために、自分たちの自由を危険に曝して工場に押し入った人も、ほんの少数ではあるがいた。どこに自分のやれる限界を引くにせよ、彼らは皆倫理的な議論が人々の生活を変えることができるということの重要な証拠を提供しているのである。より安く卵を生産するために、針金製の小さなケージの中で鶏を飼ったり、体の向きを変えることもできないほど狭い仕切りの中にブタを入れるのは間違っていると確信するやいなや、こうした人々は自分たち自身の生活に道徳革命を起こさなければならないと決断したのである。

動物の解放は、進んで倫理的に関与する覚悟が人々にあることを頼みとする多くの運動の一つである。二人のゲイのアメリカ人にとって、運動への動機はエイズの急激な増加であった。医療看護士のジム・コルティと法人コンサルタントのマーティン・ディレイニーがその事実を発見してひどいショックを受けたのは、エイズに感染した人々に何らかの希望を与えてくれるように見える新薬を、HIV－陽性［エイズ感染者］の友人たちが手に入れるのをアメリカ政府の法的な規制が妨げているという事実であった。二人はメキシコまで車で行って、そこで薬を手に入れ、それをアメリカ合衆国に密かに持ち込んだ。間もなく彼らにわかったのは、自分たちが世界的な規模の違法活動をして薬を密輸していること、そして自分たちが戦っている政府官僚は、不治の病気で死にかけている人々を安全で効果があると証明されていない薬から守ろうとしていることであった。かなりの危険を冒し、多くの困難な仕事をした後、ついに彼らは政府の政策を変えることに成功し、エイズ患者——ならびに末期の病人すべて——が実験的な治療をより早く受けられるようになったのである。[5]

オーストラリアの最も記憶に残る自然保護闘争が行われたのは一九八二年と一九八三年で、そのとき、南西タスマニアのフランクリン河のダム建設を始めるために使われていたブルドーザーの前に、二六〇〇人の人々が座り込んだ。フランクリン河は、タスマニア最後の自然のままの河であった。また、ダムは発電のために建設されることになっていたが、そうなれば峡谷や早瀬を水没させ、アボリジニの先祖代々の遺跡を消し去り、成長するのに二千年かかったヒューオンパインを全滅させ、森に棲む動物を水死させることになっただろう。工事の妨害者はオーストラリア全土からやってきた。中には、クイーンズランドや西オーストラリアから数千キロを自費で旅してきた者もいた。教師、医者、公務員、農民、事務員、エンジニア、タクシーの運転手がいた。ほぼ半数の者が警官に逮捕され、その大部分は不法侵入の罪で告訴された。二〇人の弁護団が全員ボランティアで、法廷での訴訟手続きの援助をした。四五〇人近くの人が保釈条件を受け入れることを拒否し、二日から二六日の間留置所で過ごした。世界的に知られたイギリスの植物学者デイヴィッド・ベラミー教授は、妨害活動に参加するために世界を一周りしてやってきて、当然逮捕された。後で地元の警察の留置所でインタヴューを受けて、彼はこう言っている。

社会のこれほど広範にわたる各階層が、まったく不快な天候の中で、彼らすべてが大切に思う何かが破壊されることに反対して平和裏に意志表示をしているのを見るのは、私がこれまで参加してきた活動の中で最も心を高揚させる出来事であった(6)。

倫理的な関与は、それがどんなに強いものであろうと、いつも報われるとは限らない。しかし、今回は報われたのである。妨害活動はフランクリンダムを国家的な問題にし、ダムの中止を公約する労働党の連邦政府の選出に寄与した。フランクリン河は今もダムに妨げられることなく流れている。

こうしたはらはらするような闘いは、倫理的に生きることに関与することの一側面をよく示している。しかし、こうした闘いに焦点を当てすぎると、誤解を招きかねない。倫理は、私たちの人生にもっとずっと普通で日常的な仕方で現れるのである。本章を書いていたとき、オーストラリアの指導的な自然保護の院外団体であるオーストラリア自然保護財団のニュースレターが郵便で届いた。それには、この財団の募金コーディネーターの論文が含まれていたが、彼はその中で定期的に千ドルか、それ以上の寄付をしてくれていた寄付者にお礼を言うための旅行について報告していた。彼がその寄付者の住所に着いたとき、彼は何かの間違いに違いないと思った。彼の目の前にあったのは、きわめてつつましい郊外住宅だった。しかし、間違いなかった。州の公共土木事業部門の従業員のデイヴィッド・オルソップは彼の収入の五〇パーセントを寄付しているのである。デイヴィッド自身が以前には自然保護の運動家として働いていた。そして、他の人々が活動するための資金的な援助をすることができることに今は深い満足を感じていると、デイヴィッドは語った。(7)めざす目的を私たちが共にするにせよ、しないにせよ、倫理的な関与をすることには何か気持ちを高揚させるものがある。疑いなく、この本のページを読む人の中には、動物を実験室から解放するのは間違っていると考える人がいるだろう。また、新しいダムを推進すべきか否かに関する国の計画手続きを遵守すべきであると考える人もいるであろう。彼らは、反対の考えを持つ人はまったく倫理的に行為していないと考えるかもしれない。しかしながら、こうした人々も上述の活動に参加した人々が活動に関与したのは利己的な動機からではないことは認めることができるはずである。たとえば堕胎に関する論争において、堕胎に反対する人々の運動が倫理的な動機によるものであることを、私は認めることはできるのである。たとえいかなる時点から人間の命は守られるべきかに関して、彼らとは私が意見を異にしており、堕胎をしてくれる診療所に行くときにいやな思いをしている若い妊婦の気持ちに対する彼らの鈍感さを嘆かわしいと私が思っていようとも。

これまでに示した事例の大部分とは対照的に、非利己的で倫理的な行為がもっと穏やかで、もっと日常的な出来事であるが、それだからこそ同じように重要である事例を、今度は考えてみよう。中世の偉大なユダヤ人の道徳思想家マイモニデスは、「慈善の黄金の階梯」を描きあげている。彼の言うところでは、慈善の最も低い段階はいやいやながら与えることである。二番目に低いのは、喜んで与えるけれども、必要としている人の困窮の程度につりあっていない場合である。三番目は、喜んで与え、つりあっているが、求められたときにしか与えない場合である。第四番目は、喜んで、つりあっていて、求められることなしに与えているが、貧しい者の手の中に贈りものを載せて、貧しい者に恥ずかしい思いをさせる場合である。第五番目は、誰に恩恵を与えているのかわからないが、恩恵を受ける者は誰が恩恵を与えてくれたかわかるように与えることである。第六番目は、私たちは誰に恩恵を与えているか知っているが、与えられる者には誰が与えているのかわからないままの場合である。第七番目は、誰に恩恵を与えているかわからないし、恩恵を受ける者も誰が恩恵を与えてくれているかわからないように与える場合である。この非常に高く賞賛される七番目のレベルの上にマイモニデスが置いたのは、慈善の必要なことを予期し、かつ他のものが自分で生計を立てるのを手だすけして慈善の必要がないようにすることだけである。(8) 印象的なことに、マイモニデスがこのように慈善を段階づけてから八百年後に、少なくとも慈善の必要をなくすることができない場合には、可能な最高のレベルの慈善としてマイモニデスなら位置づけるような慈善に、多くの普通の市民が参加しているのである。このことが起こっているのは、献血バンクにおいてである。献血バンクは、イギリス、オーストラリア、カナダや多くのヨーロッパの国々では、治療目的に必要な人血の大部分の唯一の供給源である。第5章ですでに、この広く普及している倫理的な行為の事例については簡単に言及した。血の贈りものは、ある意味ではきわめて親密な贈りものである(私の体内を流れている血が後では他人の体内に入ることになる)。また別の意味では、きわめて疎遠な贈りものである(私は私の血を受け取るのが誰かを知らないであろうし、受ける者も誰の血か知ることはないであろう)。献血をするのは比較的容易なことである。健康な者なら、富んだ者も貧しい者も危険なしに献血はできる。しかし、血を受ける者にとっては、この贈りものは命そのものと同じに貴重なものでありうるのである。

本当のところ、実際に献血をしているのは住民のうちの少数の者だけ(英国では献血適格者の約六パーセント)である。(9) また、献血がたいした犠牲ではないことも、本当である。一時間かそこらかかり、少しチクッとするし、その後数時間だるいと感じるかもしれないが、それだけである。疑い深い者なら、こう尋ねるかもしれない。見ず知らずの他人が生きていけるように、本当の犠牲を払う覚悟のある者はどれぐらいいるだろうか、と。自ら進んで全身麻酔をかけられて一晩病院に留まることが、本当の犠牲というのに十分なことであるなら、無数の人々がそうする覚悟があることが、今私たちにはわかっている。近年、骨髄ドナー登録所が約二五の国々に設立されてきた。アメリカ合衆国では約六五万人が登録をしていて、一三〇〇人が提供を受けている。他のいくつかの国の登録数はこれに匹敵する。たとえば、フランスでは六万三千人が登録をし、三五〇人が提供を受けた。英国では現在までに一八万人の登録と七百人の提供があった。カナダでは三万六千人が登録をし、八三人が提供を受けた。他方、デンマークの登録は一万人であり、五人が提供を受けた。二万五千人近くのオーストラリア人がオーストラリア骨髄ドナー登録所に登録をしており、執筆の時点で一〇人がすでに骨髄の提供を受けている。[10]ナショナリズムや戦争の興奮とは無縁の状況の中で、冷静に考えたうえで、しかも何も具体的な報酬を得られる見込みがないのに、多くの普通の市民が見ず知らずの者を助けるためにかなりなことをする覚悟があるのである。

このように進んで人を助ける覚悟があることに驚いてはならない。アメリカ人の著者アルフィー・コーンは『人間本性のより明るい側面』という陽気な本の中で、以下のように述べている。

新聞に現れるのは英雄的な行為（「男性、池に飛び込み、溺れている子どもを救助」）である。これにわれわれは目を奪われて気づかないでいるが、毎週、われわれの誰もが英雄的な行為に比べるとあまり記憶に残らないけれども社会に役立つ多くの行動を目撃したり、行ったりしている。私の経験では、車の車輪は、誰かが立ち止まって一押ししてやれば、そんなに長く氷の上で空転しないものである。われわれは、病気の友人を見舞うために自分の予定を中断したり、迷った旅行者に道を教えるために立ち止まったり、泣いている人に何か手助けできることがないか尋ねたりする。……次のことを強調しておきたいのだが、これらの行動の全ては、競争的な個人主義の倫理の中でわれわれが社会人になっているという事実に照らして見ると、特に驚くべきことである。都市の歩道のコンクリート舗装の間を押し破って出てくる緑の新芽のように、思いやりのある気づかいや手助けがあるという証拠は、個人主義的な文化がこのような活動に対して持つ曖昧な態度——あからさまに邪魔をするわけではないが——に挑戦しているのである。(11)

数えきれないほどの自発的な慈善行為が一般からの寄付に依存している。またそのうちの多くの慈善行為は、私たちの多くの者にとっては与えることが一層困難ですらあるような何か、つまり私たち自身の時間をあてにしている。アメリカの調査の示すところでは、九〇パーセント近いアメリカ人が慈善的な運動にお金を寄付しているが、その中には自分の収入の少なくとも五パーセントを慈善に与えている二千万世帯の家族が含まれている。八千万のアメリカ人――成人のほとんど半数――が進んで自分の時間を割いており、一九八八年には総計一五〇億時間を自発的な仕事に捧げている。[12]

私たちは消費者としても倫理的に行為している。フロン（CFC）を含むエアゾールの使用がオゾン層を損なうことを人々が知ったとき、これらの製品の売り上げは、法による段階的撤去が実施されるよりも前に、かなり落ち込んだ。消費者はわざわざラベルを読んで、有害な化学薬品の入っていない製品を選んだのである、誰もが厄介なことをしない方を選ぶこともできたのだが。第一線の広告代理業者ウォルター・トンプソンが一九九〇年にアメリカの消費者を調査してわかったのは、八二パーセントの者が環境にやさしい製品にはもっとお金を払う覚悟があることを示しているということであった。三分の一から半分の者が、自分たちがお金を使うにあたって環境に配慮した選択をすでに行っていると答えた。たとえば、五四パーセントがエアゾールのスプレーを使うのをすでに止めたと答えた。[13]

「経済的優先事項に関する協議会」（The Council on Economic Priorities）は、会社が企業として行った市民的活動の成績に基づいて会社を評価するアメリカ合衆国の組織である。評価される側面は、慈善への寄与、女性および少数民族に所属する人々の地位の向上への支持、動物実験、軍との契約、地域活動、原子力、南アフリカへの関与、環境への影響や家族手当である。結果は毎年ペーパーバックで出版され、八〇万部売れている。この本を買う多くの人々の関心は、おそらくは倫理的な問題に関する成績がよい会社を支援することにある。

ボディショップは何百万もの消費者のおかげで世界的に成功した化粧品チェーンになったが、その何百万もの消費者の多くの者がボディショップの店に行くのは、化粧品を買うとき、自分たちが動物実験や環境破壊を引き起こすのを支持していないことを確かめたいからである。小さな規模から出発したが、ボディショップの組織は一年に平均五〇パーセントの割合で成長して、現在では一年に約一億五千万ドルの売り上げがある。同じように、自分の投資が環境に与える影響に人々が関心を持つようになり、自分たちが得る経済的な利益にだけ関心を持たなくなるにつれて、倫理的なガイドラインを満たしている企業にのみ投資する相互投資信託基金は、最近の数十年の間に以前よりもずっと重要なものになった(14)。

これらの倫理的な行為の事例は、他人や社会全体、あるいは人間外の動物、あるいは自然保護に手を貸すような倫理的な行動に焦点を絞っていた。それは、これらの行動は利他的で、したがって倫理的であることが最も容易に確認できるからである。しかし、私たちの日常生活の大半は、したがって私たちの倫理的な選択の大半は、私たちが何らかの関係を持っている人々に関わっている。家族は、私たちの倫理的決断の多くが行われる舞台である。職場も同様である。私たちが人々と長期間にわたって関わりがある場合、私たちがしていることをしているのは、それが正しいからなのか、あるいはあらゆる理由でこの関係を維持したいからであるのか、はっきりと見極めるのは困難である。また、私たちが他人に対してどのように振るまうのかに応じて、その人（彼であれ彼女であれ）には私たちにお返しをする――私たちを助けたり、私たちにとって人生を困難なものにしたりする――機会があるだろうということも、私たちにはわかっているかもしれない。このような関係においては、倫理と私益とは、愛情や好意や感謝やその他多くの人間にとって中心的な感情と共に、区別しがたく混ざり合っている。それでも倫理的な側面には重要な意味があるといえよう。

なぜ人は倫理的に行為するのか？

第5章で、どんな倫理的行為も、十分に深く探ってみさえすれば、その見かけの下のどこかに私益が潜んでいるのを発見することになるという皮肉な見解に、私は言及した。この見解と対照して、以下のことを見た。すなわち、進化論は、正しく理解すれば、私たちは自分の一族や、自分たちのグループの一員や、相互的な関係を持つような人の幸福を気にかけるようになるということを予言している。さて、これまで見てきたように、このような見方では説明できない状況の中で、多くの人々は倫理的に行為している。オスカー・シンドラーは、死の収容所への移送からユダヤ人の囚人を護ってやるために、親衛隊の将校を買収して丸め込んだとき、自分自身や自分の身内や自分の仲間の利益を促進しようとしたわけではない。成功した、非ユダヤ系ドイツ人の実業家にとって、親衛隊のみじめで無力なユダヤ人囚人は、互恵的な関係を始めるにはほとんど将来の見返りの希望を持てそうにない対象である。（現実の人生は予見できない方向に展開するものである。実際、戦後何年もたった後、シンドラー自身が生計を立てるのに苦労していたときに、彼が命を助けた人々の中にシンドラーを助けることができた者がいた。しかし、一九四二年には、人間が言える限りで、シンドラーがなすべき賢明な行動は、仕事に専念すること、あるいはワインや女や賭事でくつろいで過ごすこと——明らかに彼はこれらを楽しんでいた——であったろう。）ちゃんと記録に残っている数千の事例の中に見られる、シンドラー以外の救済者についても、同様のことが言える。しかしながら、私の言いたい点は、献血というもっとずっと平凡な例で十分に立証されている。これはどんどん盛んになっている制度であるから、ずっと容易に調べることができるのである。

イギリスの著名な社会学者リチャード・ティトマスは、約四千人のイギリスの献血者を調査した結果を『贈りもの関係』という優れた本にして出版した。彼は献血者のサンプルとした人たちに、どういう理由で最初に献血したのか、またどういう理由で献血を続けているのかを尋ねた。ここに一例、機械のオペレーターとして働いている若い既婚女性のものがある。

誰もスーパーマーケットやチェーンストアーで血を買うことはできない。皆が自分で申し出なければならないのです。ベッドから出て、自分の命を助けるために一パイントの血をくださいと頼むことは、病人にはできないのです。だから私は誰か血が必要な人を助けられるよう願って、申し出たのです。

整備工は簡潔にこう言った。

人はみな持ちつ持たれつだ。

銀行の支配人はこう書いた。

献血は、私ができる人類の幸福に対する小さな貢献だという気がした。

年金暮らしの寡婦は次のように答えた。

私は幸運にも自分は健康で、自分の血が誰か他の人を健康にするのに役立つと思いたいから、そして献血は私が参加していたいと願っていた素晴らしい奉仕活動の一つだと感じたからです。(15)

アリストテレスが示唆したように、私たちが徳のある者になるのは徳を実践することによってであり、それはリュラ（古代ギリシアの竪琴の一種）弾きになるのはリュラを弾くことによってであるのとほとんど同様なのである。ある点では、これは奇妙な考えに見える。

しかし、献血をしている人々の動機をもっと調べてみると、この考えの正しさが裏づけられる。トロント大学のエルニー・ライトマン教授が自発的に献血している人二千人を調査したところ、次のことがわかった。彼らに最初の献血を促したものは何か外的な出来事、たとえばもっと献血者が必要であるという血液銀行からの訴えとか、友人や同僚が献血をしていたという事実とか、便利のいい所に献血の場所があったといったことであった。しかしながら、時が経つにつれて、こうした外的な動機は重要ではなくなってきて、「人を助けたいという一般的な願望とならんで、義務感や赤十字の活動への支援というような観念」が次第しだいに重要なものになるのである。ライトマンはこう結論する。「しかるべき期間にわたって、自発的な行為を繰り返し行うことによって、個人的で、倫理的な義務感はどんどん重要性を増すようになる」と。ウィスコンシン大学の研究者らも、血液提供者の動機を研究してきた結果、以下のことがわかった。提供者が行う提供の回数が増えれば増えるほど、献血する気になるのは他人からの見返りを期待してであると提供者が言う傾向はより少なくなり、かつ道徳的な義務感と社会に対する責任感によって自分たちは動機づけられているという傾向がより大きくなる。だから、おそらくアリストテレスは正しかったのである。いかなる理由からであれ、徳を私たちが実践すればするほど、それだけ一層私たちは内面的な意味においても同様に有徳になる傾向がある。[16]

利他的な行為が倫理的であることは、容易に認められる。しかし、倫理的行為の多くは自分自身の利害に対する配慮と完全に両立する。最後に一つ、今度は私自身の経験から例をあげよう。十代の頃、私は夏休みの間父の会社で働いた。それは小さな家族経営の会社で、コーヒーと紅茶を輸入していた。私が読まなければならなかった通信文の中には時折、そこから商品を購入した輸出業者にあてて父が出した手紙があった。それは、輸出業者がかなり前に発送した商品の送り状をまだ父に送っていないことを業者に思い出させる手紙であった。経過した時間からみて、輸出業者の会社の「未払い金勘定」の項目において何かがその手順から抜け落ちてしまったことが、時には明らかであった。業者が大きい会社ならば、彼らは自分たちの間違いにずっと気づいていなかったかもしれなかった。他方、私たちとしては総利益三パーセントの利ざやで仕事をしていたから、一つか二つ「無料の」委託販売品があれば、一月の通常の商売よりも多くの利益をあげられたろう。私は父にこう尋ねた。それなら、どうして業者の問題は業者自身に任せておかないのか、もし彼らが思い出して、代金を請求するなら、それは結構だ。思い出さなかったなら、もっと結構なことだ、と。父の答えはこうだった。そんなやり方は、立派な人間の商売のやり方ではない。そして、いずれにせよ、こうした注意書きを送ることは信用を築くことになり、この信用はどんな取引関係にとっても必須のものであって、長い目で見れば結局私たちの利益になって返ってくる、と。答えは、言い換えれば、人はどのように振るまうべきか（商売において有徳的であるとは何か、と言う人もあろう）という倫理的な理想と、長い目で見ての私益による正当化との間を揺れ動いていた。この答えの曖昧さにもかかわらず、私の父は明らかに倫理的に行為していた。

倫理は私たちの日常生活のいたるところにある。私たちの行う選択が個人的なものであれ、政治的なものであれ、両方にまたがるものであれ、その背後には倫理がある。時には、倫理はたやすくかつ自然に私たちのものになる。また別の状況では、倫理はきわめて厳しい要求をする。しかし、倫理が私たちの意識的な生活に入ってくるのは時たまであり、それもしばしば混乱した仕方で入ってくるのである。もし私たちが適切に考慮を払ったうえで最終的な選択を行うべきであるなら、まず最初に、私たちの生き方の様々な分野に倫理的問題が広がっていることにもっと気づかなければならない。そうしてのみ、倫理を日常生活の中の、もっと意識的で首尾一貫した部分にすることができるのである。

（塩出訳）

第9章　倫理の本性

より広い視野にたって

倫理的に行動している人は、別の生き方があることを教えてくれる。それは、他者と争ってこれでもかこれでもかと私益を追求していく狭い生き方とは相いれない生き方である。しかし、本書で見てきたように、西洋を支配するに至ったのはひたすら私益を追求する生き方であり、かつての共産圏の国々でもいまやそれが優勢になっている。私がここで考えたいのは、なぜ人によっては倫理的に生きるほうを選ぶのかということである。だがその問題を論じる前に、倫理的に行動するとはどういうことなのかをはっきりさせておく必要があるだろう。倫理の本性はよく誤解されている。倫理というものは、「嘘をつくな」、「殺すな」、「婚姻外の性交渉をもつな」といった一組の規則に還元することのできないものである。規則は子どもの教育にさいしては便利なものだし、注意ぶかく冷静に考えるのが難しいときにも手ごろな手引きとして役に立つ。ある意味でそれはレシピのようなものである。たとえば、あなたが未熟なコックだったとしたら、レシピは欠かすことのできないものである。経験を積んだコックにしても、レシピにのっとって料理するのが普通であるが、すぐれたコックならどんなときにどんなふうにレシピに手を加えたらよいかを知っている。おいしい料理を作らなければならない状況にもいろいろあるが、それらすべてに対応できる料理の本はない。それとちょうど同じように、人生はあまりにも変化に富んでいるため、道徳的知恵の絶対的な源泉として、いつでも一組の規則に頼ってすませるわけにはいかないのである。

しかし、料理のたとえはあまりおしすすめないほうがいいだろう。コックの卵が自分の頭でレシピの当否を判断し、どんなふうに手を加えたらいいか自分で決められるまでに進歩するにはかなり時間がかかるだろう。これに対して、倫理については、私たちはみな自分で考える資格があるのである。たいていの社会で今なお教えられている道徳規則の中には、今日の子どもたちに優先的に教える必要のないものも多い。本書の中心的テーマである私益と倫理との緊張関係は、宗教倫理、特にキリスト教倫理と関係なく存在するものである。とはいえ、キリスト教には、この緊張を不必要に高めたという点で重い責任があると言ってもいいだろう。キリスト教には、無害な身体的快楽、特に性的快楽を極力否定してきた歴史があるからである。その中でこの緊張が限界に達し、破綻をもたらすといったことが多くの人に見うけられる。そうなると残された道は、いっそ倫理を捨ててしまうか、あるいは罪と汚辱の意識にさいなまれ続けるかのどちらかしかない。

倫理の衰退ということが今日さかんに言われている。たいていの場合、問題にされているのは、一定の倫理規則の順守がおろそかになってきているということである。規則の順守という点で本当に衰退が見られるかどうか私にはわからない。（わかる人が誰かいるのだろうか。もちろん誰かが調査を行って、一〇年前に比べて現在のほうが嘘をつく人が多いという結果を出すことはできよう。だがおそらく、嘘をつくことがあると回答する人が多くなったという結果は、それだけ人々が正直になったということかもしれない。）いずれにしても、かりにそうした規則の順守の低下が事実起きているとしても、それだけでは倫理が衰退していることにはならない。ただ倫理規則の順守がおろそかになっているだけのことである。それはいいことなのか、それとも悪いことなのだろうか。いちがいには言えない。人々が倫理規則を破るのは、倫理など気にしなくなって、ただ自分の短期的な欲求を満足させることにしか関心がなくなったからなのか。それとも従来の規則に従うと、ある状況では、影響を受けるすべての人間に善よりも害をなすことのほうが多いと気づいたからなのか。もしそうなら、規則を破ることは倫理的なことになりはしないだろうか。

もう一つよく耳にするのは、倫理は「理論としてはまったく申し分がないが、実践の役には立たない」という不満である。だが、日々の喧噪に合わない倫理でよしとしてすますことはできない。非常に気高いものではあるが、それに従って生きようとすれば誰にとっても災難となるような倫理を誰かが提案したとしよう。誰が提案したにせよ、そんなものは気高い倫理でもなんでもない。きっぱりと退けなければならない愚かな倫理にすぎない。

倫理とは本来実践的なものであり、もしそうでなければそれは真実に倫理的ではない。実践で役に立たないようなものは、理論としてもだめなのである。いくつかの短くて単純な道徳規則を絶対に順守することが倫理的生活だという考えからぬけだしてしまえば、実行できない倫理という罠を避けることはずっと簡単になる。倫理は、私たちが出会うそのときそのときの特殊な状況を考慮に入れる余地を残したものでなければならない。倫理をこのように理解すると、真に人生を導くにたる倫理の獲得に向かって大きな一歩を踏みだしたことになる。

だから、人生に対して倫理的に取り組むといっても、生活を楽しもうとするやいなや、「汝なすなかれ」という戒律の刻まれた石盤がいつでも心のどこかから現れでるといったことを考えないでほしい。また、今ここで私たちがしていることに関係のない単なる理想だと考えないでもらいたい。では、倫理というものをいったいどんなふうに考えたらよいのだろうか。倫理的な生活とは、目標とそれを達成する手段を積極的に選択していった結果なのだと考えてもらいたい。だが、これでもまだ漠然としすぎている。もし私たちの選択した目標が安楽で贅沢な生活をすることだとしたらどうだろうか。そんなものが倫理的な目的と言えるだろうか。もし倫理的ではないと言うなら、それはどうしてなのか。逆に、それでも倫理的な目的だと言えるとしたら、目的を達成する役に立つ限り、どんな手段を用いても倫理にかなっていることになるのだろうか。

たとえば、私が自分自身の幸福を目標として選んだと仮定しよう。また、私がこの目標を効率的に追求したとする。この場合、私は倫理的な生活をしていると言えるのだろうか。言葉を換えれば、私が純粋に利己的であると同時に倫理的でもあることは可能なのだろうか。これを不可能とする理由がここに一つ――必ずしも唯一のではないが――ある。つまり、自分自身の幸福を追求していくことで、私は他の人間の幸福追求を妨げてしまう可能性があるということである。おそらく、私はそんな可能性をこれまでちらとも考えなかっただろう。またたとえそのことに考えがおよんだとしても、そんなことは関係ないと頭から振り払ってしまうことだろう。なぜなら、結局私が気にかけているのは、ほかでもない私の幸福であって、他人の幸福ではないのだから。自分の幸福の追求が他人の幸福を妨げる可能性を考えてみたことがあろうとなかろうと違いはない。どちらにしても、自分の幸福だけを目標とする私の選択は倫理的ではなかったのである。倫理的な行動とは、人にすすめることができ、また正当化することができる行動を言うからである。少なくともこのことは、倫理という言葉の意味そのものに含まれていると思われる。私自身の幸福をふやすという目的にしか役立たない行為だとしたら、いったいどうやって他人にすすめたり正当化したりできるだろうか。他の人たちからすれば、私の幸福がその人たち自身の幸福より重要だと考えるどんな理由があるというのか。私には自分の幸福を追求する理由があるという点には、他の人たちも同意することだろう。だがまさに同じ理屈で、他人は私の幸福ではなく彼ら自身の幸福を追求するだろう。そしてそれこそ、私としては他の人々にどうしてもすすめたくないことなのである。なぜなら、私がそうするのと同じように他人がひたむきに彼ら自身の利益を守ろうとするなら、それによって私の利益の追求が妨げられることもあるからである。

ここで主張されているのは、他者におよぼす影響を無視して自分自身の利益だけを気にかけるのは不合理だということではない。ただ、そうした生き方は倫理的ではないと証明しているだけである。この結論は「倫理」という言葉の意味に基づいているので、合理的、理性的という点からどんな行動がすすめられるかということとは無関係である。「倫理的に言えば、これをなすべきだということはわかっているが、それでもそれをなすべきかどうか私には決断できない」といった言い方は非論理的だと論じた哲学者も何人かいた。しかし、この言い方を非論理的だと証明しようとする議論はすべて、「よい」とか「すべき」という言葉の意味から、何をなすのが合理的かという結論を導き出そうとしている。これは哲学的類推に見せかけたトリックであり、随分以前にそのしかけは暴露されてしまっている。[1] 誰でも好きなように「よい」とか「すべき」という言葉を定義できる。「もし〈よい〉という言葉がそんなことを意味するのなら、私はよいことをしようとは思わない。」こんなふうに言っても、論理的には間違いではない。倫理的なものの見方を完全に無視するという選択は、賢明な選択とは言えないだろうが、だからといって、それが整合的では

ないとか自己矛盾した選択だということにはならないのである。(2)

倫理的に生きるということは、自分の利益をこえた立場でものごとについて考えることである。倫理的に考えるとき、私自身もまた一個の存在にすぎなくなる。確かに私には固有の必要と欲求があるが、その私は、同じようにそれぞれの必要と欲求をもった他者のあいだに生きているのである。倫理的に行動しているとき、私たちは自分の行動を正当化することができなければならず、その正当化は、理性をもったどんな存在をも原理上納得させられるようなものでなければならない。これが倫理の基本条件だということは、古代から、また文化の違いをこえて、認識されている。(3)だがそれを最も正確な形で示したのは、オックスフォード大学の元道徳哲学教授R・M・ヘアである。ヘアが示したように、ある判断が道徳的だと言うためには、それは普遍化可能でなければならない。これで彼が言わんとしているのは、道徳判断は考えられうるどんな状況にも妥当するものでなければならないということではなく、自分の占める役割が何であろうと、それにかかわりなくその判断を指図する覚悟がなければならないということである。その判断に従った結果自分が損をするか得をするかにかかわりなくそうするということも、ここに含まれている。つまり、あることをすべきかどうか考えるとき、倫理的に考えようとするなら、自分の行動によって影響を受けるすべての人々の立場に身をおいた（そしてその人たちの選好をもった）自分自身を想像してみなければならない。これが倫理的に考えるということの本質である。倫理的思考の最も基礎的なレベルでは、私は友人の利益と同様、敵の利益も考慮しなければならないし、家族と同様に赤の他人の利益も考慮に入れなければならない。こうした人々すべての利益や選好をあますところなく考慮し、それでもこの行動が可能なほかの選択肢のどれよりもよいと考えられるなら、それをなすべきだと本当に言えることになる。だが同時に、家族の絆を奨励し助長していくことや、互酬的な人間関係を確立し促進することがもたらす長期的な影響を無視してはいけない。また、悪行をなす者がその悪行から利益を得るのを見すごすなら、長い間にどんな影響が出てくるかも考えなければならない。日常生活の中では、道徳的選択のたびごとにそんな複雑な思考過程をたどることは誰にもできない。このため、道徳上の規則をもつことが望ましいと考えられる。道徳規則は、絶対的な道徳的真理が入った倉庫としてではなく、通常の状況で一般に信頼できる行動の手引きとなるために望ましいのである。倫理的思考の本性についてのヘアの説明は、倫理的な行動に関連のある——本書でこれまで論じたような——事実をすべて考慮に入れなければならないことを認めている。それと同時に、ヘアの説明は、倫理的思考においては、他の存在の幸福に対して自分自身の必要や幸福、あるいは自分の家族や民族、国家の幸福を一定限度までしか優先させてはならないのはなぜかを明らかにしている(4)。倫理的に生きるということは、世界をより広い視野において見ることであり、それに従って行動することなのである。

倫理のジェンダー

倫理的判断は原則的に誰にでも受け入れられるものだと言うと、ここ一〇年さかんに議論されてきた問題に足をつっこむことになるだろう。つまり、倫理にジェンダーがあるかどうかという問題である。長い間、男性と女性では倫理に対する取り組み方が違うと考えられてきた。人類の歴史の大半を通じて、女性の本性はいわゆる家庭的な徳にむいており、広い視野に合わないものだと言われてきた。この線上に、女性の義務は「夫への従順と忠節、子どもに対するこまやかな慈愛」であるという『エミール』の中のルソーの要約もある。公共の問題や政治を理解し、それに参加すべきなのは男性であって女性ではない。「女性の理性は実際的なものであり、……抽象的、思弁的な真理の探究、科学の原理や公理の追求といった広い一般化に向かうものは、すべて女性の理解をこえている。」ヘーゲルも似たような見解をとっていた。女性の倫理的判断は、家庭と家族という慣習に支配された倫理的な生活領域に限られている。さまざまなできごとの世界、公共社会や普遍的道徳といった、より抽象的な領域は男性のものである。フロイトはこの伝統を今世紀までもちこんだ。彼によれば、「女性には男性ほどの正義の感覚が見られない」。また、「好意や敵意の感情によって判断が左右されやすい」。

[5] [6] [7]

ルソーやそれに従う人々に断固として反論し、男性の徳と女性の徳に違いはない――すなわち、倫理は普遍的である――とするフェミニズムの主張は、一七九二年にメアリー・ウルストンクラフトが先駆的な著作『女性の権利の擁護』を書いて以来、現在まで連綿と受けつがれ、フェミニズム思想の一角をなしている。しかし、女性の参政権を求める闘争の初期には、むしろそれとは別のフェミニズムの立場が前面に出ていた。あるフェミニストたちは、女性の投票権を訴えるにあたって、女性は実際に倫理的、政治的問題に男性とは違った視点をもっているのであり、だからこそ、女性の影響力が政治にもっと表れなければならないのだと主張した。戦争という愚、そしてそれがもたらす一切の不幸は、男性の征服欲と攻撃性に始まったのだとこの議論は続いていく。一方女性は、命を育み慈しむ存在であると言われた。一九一一年に出版された『女性と労働』の中でオリーヴ・シュライナーは、妊娠、出産、育児を経験する女性は、戦争における生命の「浪費」を男性とは違ったふうにとらえるだろうと言っている(8)。

現代のフェミニズム運動があらためて活発になった七〇年代には、こうした立場は不評であった。この時代には、何であれ両性の間の本性的、あるいは生来の心理的相違を口にすれば、それだけで悪しきイデオロギーにそまっているとの疑いをかけられたのである。しかし最近では、女性は男性とは違ったふうに倫理を見るという見解を復活させるフェミニストも出てきた。こうした変化に力を貸したのは、キャロル・ギリガンの研究『異なる声──心理学理論と女性の発達』である。ギリガンの研究は、子どもの道徳的発達の研究に学問的生涯を捧げたハーヴァードの心理学者ローレンス・コールバーグの仕事に対する反論である。コールバーグの研究方法は、子どもたちにさまざまな道徳的ジレンマに直面したとき自分はどうするかを答えさせ、それをもとに彼らの道徳的発達を段階づけるというものであった。ジレンマの例を一つあげると、ハインツという男のケースで、高価で手の届かない薬があって、それがなければ妻が死ぬという状況である。薬剤師はハインツに薬をあげようとはしない。妻を救うためにハインツは薬を盗むべきだろうか。ジェイクという一一歳の男の子は、ハインツは薬を盗み、そのうえでその結果を引き受けるべきだと回答した。コールバーグの解釈では、ジェイクの答えからは、彼が社会規則というものを理解していること、所有権の尊重と人命の尊重という二つの原則に優劣をつける能力をもっていることがわかる。これに対して同じ年齢の女の子エイミーは、ハインツと妻との関係のほうに注目し、また死にかけている人を助けない薬剤師を批判した。ハインツは薬剤師に対する説得を重ね、この問題の解決に協力し合える道はないかと努力し続けるべきだというのが、エイミーの考えである。コールバーグは、男の子の回答を道徳的発達の高い段階を示すものとみなしている。より抽象的なレベルにおいて問題を考察し、規則と原則の体系に照らし合わせているから、というのがその理由である。ギリガンも指摘しているように、エイミーのほうは抽象度の低い、より個人的な形で道徳的世界をとらえており、人間のあいだの関係や責任を重視している。これはジェイクの道徳の見方と違うかもしれない。だが、それだからといって、劣っているとか、発達の低い段階にあるとは言えないというのがギリガンの考えである。(9)

『ケア——倫理学と道徳教育への女性的アプローチ』において、ネル・ノッディングズはいくつかの点でギリガンと似た見解を擁護している。男性に比べると、女性には規則や原理という形で倫理をとらえる傾向が少ないと彼女は論ずる。ノッディングズが考えるには、女性にはそもそも慈しむという姿勢があって、そこから個々の特殊な状況にもっと直截に反応する傾向がある。女性の状況認識の中心には、自分がおかれた人間関係がある。ノッディングズはこの見解を展開させて、そこから私自身の主張に対する批判を導き出している。彼女の批判の対象となった私の主張とは、利害を平等に考慮するという基本的な道徳原理は、利害をもつすべての存在、つまりあらゆる感覚をもった存在に拡大して適用されなければならないというものである。これがノッディングズの目には、倫理に対する抽象的できわめて男性的な態度の好例とうつる。彼女がうちだしている女性的な取り組み方からすると、人間にとってすべての動物に対する義務などない。私たちの義務は、自分が一定の関係を結んだペットのような個々の動物に限られると彼女は言う。ここから、動物の肉に代わる何か適切な食物があるなら菜食主義になるべきだという私の見解が退けられる。ノッディングズはデイジーといった名をつけられた牧場の牛をひきあいに出し、それを食べるときに人がためらいを感じるのはもっともだとしながらも、動物を食べてはならないという義務はそれ以上には進まないと考えている。(10)

私の考えでは、この段階でノッディングズは誤りをおかしている。それも個々の倫理的判断に限ったことではなく、倫理に対する女性的な取り組み方の性格づけ全体においても誤っている。女性の思考は男性ほど抽象的な倫理規則や原則にとらわれないという主張については、私はノッディングズやギリガンが間違っているとは証明できない。もっとも、彼女たちのこの主張の根拠はあやしいものだし、皮肉なことに、この主張によって二人は女性の抽象的思考力を否定するルソーのあからさまな性差別の立場に近いところに立っている。(11) 違った立場をとるフェミニストたちもほかにいる。たとえばアリソン・ジャガーは、「フェミニスト倫理学」は必ずしも「女性的な倫理学」ではないと主張する。彼女はまた、すべての女性がフェミニストであるわけではないし、他方、男性の一部はフェミニストだと強調して、生物学的な決定論も否定する。(12) いずれにせよ、人がどのように生きているかを見る限り、女性の倫理的関心が、自分が何らかの関係をもっている人々に限定されているとは言えない。逆に、女性は、こう言ってよければ、男性に比べてもっと普遍的な倫理的関心をもちやすく、長期的な視点をとりやすいという証拠すらある。カナダの著名な環境論者でありキャスターであるデイヴィッド・スズキは、『未来を発明する』の中で、自分の経験によれば「環境運動の参加者における女性の数は異常なほど多い」と書いている。

同じことが動物解放運動についても言える。一九世紀から現在に至るまで、動物の搾取を止めようとする団体における女性の数は、明らかに男性を上まわっている。最近のこと、私は自分が働いている動物解放団体の支部の会員の男女比を確かめようと思いついた。驚くべきことに、メンバーの八〇パーセント以上が女性だった。これで興味を駆きたてられて、ワシントンを本拠とした「動物の倫理的扱いをめざす人々」に手紙を書き送った。これは、動物に対する平等な考慮という目標に取り組むものとしては、最大のメンバーを抱える団体である。それでわかったのは、この団体が支持者の最新の名簿を調べたとき、女性参加者の割合は私の調査と同じだったということである。[13]

環境運動における女性の圧倒的多数について、スズキは次のように解釈している。女性はこれまで大部分の社会の権力構造から閉め出されてきたので、男性ほど現状維持にこだわりがないのではないか。つまり、女性は男性に比べて社会のつくりあげた神話をずっとよく見すかすことができるのではないか、とスズキは考えるのである。この説には一理あるかもしれないが、それだけではない。環境運動に携わろうとするには、この惑星とそこに生きるものの長期的な保護に関心がなければならない。同様に、人が動物解放運動に向かうのは、動物の苦しみが気にかかるからである。そこで、全体として、男性に比べて女性は他者の苦しみをより強く感じるものだと言うことができるのではないだろうか。女性はもしかするとより倫理的な性ではないのか。こうした一般化には確かに例外がつきものであるし、用心してかからなければならないが、女性についてのこの一般化には、いくぶんかの真理があるように私には思われる。社会の主流をなす政党政治と違って、動物のための運動に成功しても職業上有利になるということはあまりないし、運動家にこれといった利益をもたらすこともない。ただ他の存在の苦痛を減らすのに自分が役立ったという気持ちがあるだけである。確かにほかにも説明の仕方があるだろうが、環境保護や動物保護運動における女性の優位は、自分自身や自分の仲間を助けるだけでなく、もっと幅広い目標に向かって働くという気持ちが女性のほうに強いことを示唆している。こうした普遍的な倫理をまさしくわがものとしている一人の女性の言葉を、興味深いことにキャロル・ギリガンが引用している。

世界に対する責任が自分にあるという強い感じを私は抱いています。つまり、ただ自分が楽しんで生きるということは、私にはとうていできないのです。自分がこの世界に存在しているという事実そのものが私に義務を課し、たとえどんなに小さなことしかできなくとも、この世界を住みよい場所にするためにできるだけのことをしなければならないと思うのです。(14)

本書のこれまでの章では、私は家族や親族、あるいは他の互酬的な人間関係の意義を強調してきた。本章の前節では、そうした特別な人間関係をこえるもっと広い視野も必要であると述べたが、これについては次章でさらに展開したいと思う。ただし、この広い視野は、個人的な関係が人間の倫理的な生活に占める中心的な位置を容認するものでなければならない。この世界が抱えている問題を解決していくためには、まさに先の引用に表れている全世界に対するくまない関心が必要である。そこで次のような疑問が出てくる。人がどう生きるかを選びとろうとしているとき、そして世界に対するこうした責任感をまだ身につけていないとするなら、その人がこうした普遍的な倫理的立場を選択する十分な理由はあるのだろうか。

イエスとカント、なぜ倫理的に生きるべきかについての二つの見解

私の父は次のように信じていた。請求書を送ってこない店にはこちらから問い合わせるのが正しい。同時に、長期的に見ればそれは自分の利益にもなる。この信条のとおりにやっていけば、個々のケースで実際に利益をもたらすことが多いと父が本当に信じていたのか、それとも父が考えていたのはもっと一般的なことで、顧客との商いにおいて厳格に正直なやり方をつらぬくことの利点だったのか、私にはわからない。また、正直なやり方を選んだのは、それが最良の策だと信じたからなのか、それともかりに長期的に見て商売に損になるとわかったとしてもその生き方を選んだのかどうか、これも私にはわからない。

こうした私の疑問からわかってくるのは、どのように生きるかという究極の選択をする

とき、倫理的な生活を正当化し推奨する方法にはさまざまあって、それぞれのあいだには深い溝があるということである。なぜ正しいことをなすべきかという思索は、西洋文明の歴史の大半においてキリスト教が独占してきた。来世でよりよい運命を授かるためには、現世で正しいことをしなければならない。これがキリスト教の与えた解答だった。初期のキリスト教徒は、現世それ自体にはたいして意味はないと考えていた。この世はやがて終末を迎え、審判の日がすぐそこに来ていると期待していたのである。イエスその人がこう語っている。

まことに、私はいう。ここにいる人のうちに、人の子が自分の王国とともに来るのを見るまで死なない人々がいる⑮。

イエスの死後一世紀がたち、この予言が誤りだったとわかったあとも、キリスト教徒はイエスの忠告をまだ覚えていた。

あなたたちも思わぬときに来る人の子のために、用意をしているがよい⑯。

キリストの再臨がすぐそこに迫っているという信仰は潮が引くように消えていったが、現世には来世にそなえるための意味しかないという考えは生き残った。来世において人は死すべき肉体を脱ぎ去り、永遠の生命を手に入れる。それゆえ、現世の意味はそれが神の計画の一部だということにしかない。神の栄光を高めるように行動することが、現世での人の務めである。道徳的に振る舞うそれ以上の理由を求める人には、道徳的に振る舞うなら天国の喜びが、そうしなければ地獄の責め苦が与えられるという約束が答えとなる。こうした賞罰の考え方は、あまりにもあからさまに自己中心的で、なぜ正しいことをなすべきかという疑問に対する解答にはふさわしくないと思われたため、現代の洗練されたキリスト教徒のあいだではあまり聞かれなくなった。だが、賞罰の脅威は、ごく最近までキリスト教の教えの中心にあった。それはイエスから始まったのであり、福音書は私益に基づく道徳を説くイエスの姿を伝えている。山上の垂訓の中のイエスの次の言葉を私たちはひんぱんに耳にする。

だから施しをなす場合には、偽善者が人の尊敬をうけようとして会堂や町でするように、自分のまえでらっぱをならしてはいけない。

この言葉は、あたかもマイモニデスの「慈善の階段」を先どりしているようにひびくかもしれない。だが、これに続く、イエスがその理由を語る一節は、それほど高邁なものではない。

まことに、私はいう。そういう人々はすでに報いをうけてしまったのである。あなたが施しをするときには、右の手でしていることを左の手にさえも知らせないようにせよ。それは、あなたのする施しをかくすためである。そうすれば、かくれたことをごらんになるあなたの父が報いをくださる。(17)

この垂訓の全体を通じて、イエスはただ一つのメッセージを繰り返し繰り返し人の心に教えこもうとしている。すなわち、汝の敵を愛せという教え、一人で祈りを捧げよという教え、他者が自分になした悪事を許せという教え、断食についての教え、他者を裁くことについての教え、もっと一般的に言えば「天の父の意志」をなせという教えである。このいずれにおいても、天国という褒賞が動機づけとして示されているのである。さらにこの褒賞は、この世の財宝と違って錆びることも盗まれることもない(18)。

続く一八世紀の間、永遠の罰の脅威をいましめとする点でキリスト教に変化はなかった。キリスト教神学者たちは、ウェルギリウスのような気高い異教徒は地獄に行くことになるのかどうかを議論したり、洗礼を受ける前に死亡した乳児は、大いなる審判の日に原罪の状態にあることになるのかといったことで思いをわずらわせていた。読み書きのできない大衆のためには、キリスト教の画家が宣告を受けた者の苦しみを鮮やかに描いてみせた。地獄では悪魔に責めさいなまれ炎に焼かれる人間たちの姿が描かれ、これと対照的に、天国では心正しい者たちが翼をさずけられ、竪琴をかなでている。千八百年間という時間は、西洋人の心に消しがたい印象を残すほど長い時間であった。

一八世紀の啓蒙運動の中で、道徳的思索にかけられたキリスト教の桎梏がしだいに弱まっていったとき、ドイツ最大の哲学者イマヌエル・カントがまったく違った形の道徳を世に出した。カントは、キリスト教道徳を天国と地獄についての教えから切り離し、さらには神への信仰からもかなり独立した形につくりかえようとした。そうした信仰のかわりに頼るべきものは理性のみであるとして、ほかのものをことごとく退けた。カントによれば、自分の欲求や性向から発するあらゆる動機を排除するときにだけ、私たちは道徳的に行動していることになる。義務というものが「いたるところに転がっている空虚な幻想」でないとするなら、「普遍的法則そのものをひたむきに守ろうとする」ことだけが、道徳的行為の動機でなければならない。「普遍的法則」ということでカントが言わんとしているのは道徳法のことである。特に彼の有名な「定言命法」のことであり、普遍的法則になることを欲することができるような原則に常に私たちの行動を一致させよと告げる命法である。このようにして、義務であるという理由だけから義務はなされなければならないとカントは言うのである。同朋である人間を助けたいという単純な欲求につき動かされて輸血の提供者となる人は、必ずしも道徳的に行動していることにはならない。そうした欲求をわきに押しやり、他の人間を助けることが自分の義務であり、道徳法則にかなっているという考えだけに動機づけられて血を提供するのでなければ、道徳的に行動していることにはならないのである。

容易に推測のつくように、自分はカント主義者だと考える現代の思想家の多くは、カントが本来意図したものがこんな冷たい硬直した考えであるということを何とか否定しようとしている。だがここに、そんな解釈の余地を残さない異様にも思える一節がある。

可能な場合には他者を助けるのは義務であるが、この義務とは別に、世間には同情心に富んだ気質の人が多くいて、虚栄心とか私益といった動機をもたずに、ただ幸福を人に分け与えていくことで心中に喜びを感じ、他者の満足に喜びを感じることが自分の仕事だと感じている。それでも私の考えでは、この人たちの行動はどれほど正しく愛すべきものであっても、そこには真の道徳的価値はないのである。……その行動原理には道徳の要素が欠落している。つまり道徳的価値をもった行動は、個人の性向からではなくて義務からなされる行為でなければならないのである。

カントによれば、「他者の運命へのあらゆる同情心」をなんとかなくして、もはやそうした性向にはつき動かされず、ただ義務感から行動するようになったとき、「初めてその行動は真の道徳的価値をもつ」のである。(19)

この主張には、砂漠で苦行をしたキリスト教初期の聖人でさえなかなか同意しにくいと感じることだろう。カントの立場は、ある意味では、本書第2章で考察した「道徳とはおめでたい人のお遊びだ」という考え方にまっこうから対立するが、同時に両者の見解に共通する前提もある。それは、道徳的に行動しようとすれば、道徳的義務のために自分にとっての最善の利益を否定しなければならないという前提である。ただし、道徳はおめでたい人のお遊びだと考える人は、この点を取り上げて道徳をばかにする理由とするが、同じものがカントにとっては、真の道徳的価値がどれだけ純粋でめったに存在しないものかを示すものにほかならない。ここに両者の違いがある。カントの立場は、人間のおかれた状態を暗くきびしいものととらえている。私たちが道徳法則を把握するのは、理性をもった存在として道徳法則を意識しそれに畏敬の念を抱かないわけにはいかないからである。だが同時に、道徳法則は欲求をもった身体的な存在としての自分の本性に根本的に対立するものだと感じられる。私たちは道徳法と自分の欲求とを調和させたいと願うかもしれないが、けっして成功することがない。

たいていの非西洋社会では、こうした人間本性の見方は困惑と無理解に出くわすことだろう。たとえば仏教倫理では、善の源泉は外部から強要されるものではなく、自己自身の本性に求められなければならないとされる。古代ギリシアにおいてさえ、私たちがなすべきことと私たちの欲求は必ず対立するという考えは、人々を困惑させたであろう。カントの学説がヨーロッパ人に真剣に受けとめられ、受け入れられることも多かったということからすると、カントの倫理学には、西ヨーロッパで何世代もの人々が受けついできた特殊な道徳意識の一要素が反映されていたと言うことができるだろう。実際、そこに反映されている要素こそ、今日でも「道徳」（倫理ではなく）という言葉が自然にともなう意味あいなのである。道徳という言葉のほうが道徳法則の観念といっそう密接に結び付いており、その法の規則にそむいたときには罪悪感を感じるはずだという意味を含んでいる。

もう少し詳しくこの道徳という観念について考察してみよう。血液提供に例をとろう。提供者が他者を助けたいという性向をもたず、義務だからという理由で献血する場合と、

「幸福を人に分け与えることで心中に喜び」を感じるからとか、輸血を必要とする人々の苦境に同情するからということで献血ルームに足をはこぶ場合とを比べるとして、いったいどうしたら前者のほうにいっそう価値があるなどと思えるのだろうか。

一つ考えられる理由がある。私たちが人をほめたり非難したりするとき、こちらが望むような行動をその人や他の人にさせようという意図が直接間接にはたらいている。幸福を分け与えることに喜びを感じる人に対して、あるいは他者の苦境への強い同情から行動に駆りたてられる人に対しては、血液提供を他人が賛美してみせる必要などない。こうした性向の人々が知らなければならないことは、血を提供することは簡単なことだし、もし提供者が少なければ苦しむ人がいるということだけである。それだけで血液を提供するのである。他人の道徳的な賞賛と非難が効果を発揮するのは、他者を幸福にすることに何の喜びも感じない人や、困っている人に同情を感じない人に対してだけである。道徳というてこを引けば、そうした内的な欲求をもたない人たちでも正しいことをするように動かすことができる。別の言葉で言えば、義務のための義務には特別な道徳的価値があると言うことによって、正しいことをする他の動機の欠如を補っているのである。

カントの意味での道徳的価値は、一種の万能接着剤のようなもので、社会の倫理的な機構のほころびをつくろうことができる。まったくほころびがないのなら、つまり私たちみながする必要のあることをすることに喜びを感じ、他者を喜んで助けているとすれば、そんな接着剤は必要ないだろう。だがそうしたユートピアは手の届かないところにある。だからこそ、道徳的価値という観念がこれほど有効なのである。気前のよさという性向に欠けるところのある女性がいるとする。それでも、彼女が貧しい人々に援助するのを義務だと考えるなら、彼女はその義務を果たすだろう。人種の違う人々に偏見をもつ男性がいるとする。だが、彼が人種差別をしないことが義務だという考えを受け入れるなら、彼はそれに従うだろう。もっと自然な性向とは違って、この種の人工品にできることには限界がある。人柄の温かさ、自発性、創造性といった性質は、義務自体のために義務を行うように説く道徳によっては養われない。義務感をもった父親は、普通の父親とかわりなく細心に子どもの面倒をみるだろう。だが、義務だからといって子どもを愛することはできない。それでも、「義務のための義務」の道徳もある程度社会の役に立っているので、なぜ社会がそれを奨励するのかはその点から理解できる。

社会的には有益かもしれないが、この道徳のとらえ方にはどこかしら承服しきれないものがある。義務だからという理由だけで義務を行うようにどんなに人に奨励しても、ではなぜそんなふうに奨励するのかと考えてみれば、その真の目的は、人々が義務を行うとよい結果が生じてくるから義務を果たすようにしむけることだとわかる。だからこそ、義務のための義務の道徳的価値を維持しようとするなら、「なぜ義務をなすべきか」についての徹底した探求は封じてしまわなければならない。カントより後の時代に、イギリスの哲学者F・H・ブラッドリーがまさに述べたとおり、「なぜを追究することそれ自体が不道徳なのである……徳をそれ自体として愛せない人に、徳のもたらす快楽を示して徳を推奨しようとするなら、私たちは道徳的見地を放棄し、徳をおとしめ身売りさせているのである」[20]。これはレトリックとしては巧みだが、説得力のある解答とはとうてい言えない。義務のための義務を主張する人たちが性向や私益による支援を一切はねつけるなら、道徳と私益との裂け目は（たとえどれほど広く私益をとらえたとしても）永遠に埋められない。すると道徳は閉じた体系になってしまう。つまり、道徳的良心の声を受け入れるなら、それ以上探求してはいけないということも受け入れなければならないのである。だがそれでは、義務の命じるとおりに生きるとまだ決心していない人にとっては、どのように生きるべきかという根本的な問いの答えにはならない。道徳は生き方の有力な候補の一つであるのに、自らを閉ざして手をさしのべようとしないからである。道徳的な生き方をまだ受け入れていない人がいるとすれば、このような道徳観では、この人に何らかの理由を示してそれを受け入れるように導く方法はなくなってしまう。

懐疑的な人々は、道徳など社会を維持していくために社会が私たちに押しつけたものにすぎないと言って一笑にふしてしまう。もし「道徳的」という言葉が、義務のための行為にしか道徳的価値を認めない立場を意味するとすれば、懐疑主義者のそうした言い分は正しいように思われる。もっと無遠慮な言い方をすれば、道徳とは詐欺である。道徳の存在理由が不問にされているあいだは社会的に有益であるが、その益は大きな危険と裏腹にある。というのも、ひとたびそれが問題にされると、こうした道徳のとらえ方では懐疑主義者の挑戦に立ちむかうすべがないからである。すると、懐疑主義はふさわしくない勝利をやすやすと手にしてしまう。

カント的な道徳の立場は、別の意味でも危険である。人間的な仁愛や同情心の導きがないと、強い義務感だけでは硬直した道徳的狂信につきすすんでしまう可能性がある。まさにどこまでそれがつきすすんでしまうかという驚くべき実例が、一九六一年にエルサレムで行われたアドルフ・アイヒマンの裁判に見られる。審理前の警察の取り調べの記録によれば、かつての大量殺人の中心人物であるアイヒマンは、あるとき「自分は生涯をカントの道徳命令、とりわけカント的な義務の定義に従って生きてきた、と突然たいそうな熱をこめて明言した」。審理中に、判事の一人がこれについてアイヒマンに尋ねると、アイヒマンはこう答えた。「私がカントについて言いたかったのは、私の意志の原則は常に普遍的法則になりうるようなものでなければならない、ということです。」義務に対する自分のカント的な態度を裏づけようとして、アイヒマンは、自分が関与した何百万ものケースの中で、同情に駆られて義務にそむいたことは二度しかないという事実をあげた。裏を返せば、ほかの場合にも、自分がガス室に送ったユダヤ人に哀れみを感じていたということになる。だが、同情心に左右されずに義務を果たさなければならないという信念のもとに、

規則を曲げてユダヤ人を助ける誘惑に屈せず、ひたすら忠実に義務を遂行したのである。(21)

義務を重んずるあまり、もっと正常な本能をおさえて恐るべき行為にふみきったナチス党員は、アイヒマン一人ではなかったであろう。ハインリッヒ・ヒムラーは、ユダヤ人の大量虐殺の命を受けたナチス親衛隊の突撃隊を前にして、諸君は「いとわしい義務」を遂行するべく召集されたのであり、諸君が喜んでこの任務を遂行するとすれば自分はなげかわしいと感じると演説した。近年になって、彼はマシンガンによるおよそ百人のユダヤ人の虐殺について証言し、自分の目の前で繰り広げられた惨状に「魂の奥底まで揺り動かされるような思い」がしたと語っている。だがヒムラーとしては、それを乗りこえて自分の義務を果たすことで最高の法に従ったつもりだったのである。(22)

義務を果たさなければならないという理由だけで行われる行動にしか道徳的価値が認められないというカントの考えは、これっきり放棄しようではないか（このカント的な考えがかくも長く、かくも深く私たちの道徳観にしみわたっていたからこそ、私は「道徳」ではなく「倫理」という言葉を好んで使うのである）。カントが道徳をおめでたい人のお遊びとみなす懐疑主義者と共有する前提――つまり倫理と私たちの自然な性向とは常に衝突する傾向にあるという前提――についても検討しなおす必要がある。それがすんだとき、社会的存在としての人間の本性に背を向けた倫理の代わりに、それを基礎とする倫理の説明にとりかかることができるだろう。

イエスとカントをこえて、究極の解答を求めて

イエスは、永遠の罰を避けるために神の命令に従うように教えた。一方、カント的な道徳の観念は、道徳は道徳自体のためだけに推奨されなければならないという意味あいを含み、正直は最良の策だからとか、倫理的な生活には達成感があるといった考えはそこには入っていない。私たちはイエスもカントもどちらも退けることにしたが、「なぜ倫理的に行動すべきか」という究極の問いはまだ答えられていない。いったん倫理的な生活をすると決定すれば、その時から私たちの行動には一定の制限がもうけられることになる。普遍化可能な観点からは正当化できない行動だとわかっていてもしたいと思うことがあるだろう。それでもしてはいけないのはどうしてなのだろうか。

義務自体のために義務を行うべきだというカントの主張は間違ってはいるが、この主張も、伝統的な賞罰の考え方に対するカントの軽蔑から生まれた反動だったとすれば理解できる。キリスト教の考え方があまりにも長い間西洋の思想を支配してきたため、多くの人が神や死後の生活を信じなくなった世俗的な時代の到来は大きな衝撃をもたらした。もし神がいなくなるのなら、ほかにどんなものが神とともに失われてしまうのだろうか。神の存在をぬきにしては道徳などありえないと考えた人たちもいた。ドストエフスキーは『カ

ラマーゾフの兄弟』の中で、「神が存在しないなら、どんなことも許されてしまう」と書いた。この考えは、この世界の意味は神の計画の一部としてしかありえないと信じる人々の共感を呼んだ。神がいなければ、人をみまもる摂理も、この世のための神聖な計画もありえない。そうなれば、私たちの人生には何の意味もなくなってしまう。もっと個人的な脈絡では、正しいことをする理由が地獄を避け天国に行くことだとすれば、死後の生の信仰が失われることによって、正しいことをする理由も失われてしまうように見える。この不安をキルケゴールは次のように書いている。

もし人の意識が永遠のものでないとしたら、もし万物の根底にはただ粗暴に沸きたつ力だけがあって、その暗い情念の嵐の中で、巨大なものもちっぽけなものも一切のものが生みだされているのだとしたら、もし万物の背後には何ものも埋めることのない底知れぬ虚空だけがあるのだとしたら、生きることは絶望以外の何でありえようか[23]。

宗教的信仰の衰退が倫理に対する疑いを引き起こしていったのは、なにもキリスト教徒のあいだに限ったことではなかった。キリスト教文化の中で育った多くの無神論者や不可知論者の間では、倫理は宗教にくっついた付属品で、宗教なしでは生きのびられないものと見られていた。ジャン゠ポール・サルトルのような二〇世紀中葉の実存主義者にとって、神を否定することは自分がこの世にただ一人存在することを意味した。人は選択せざるをえない。だが、どんな選択も恣意的である。どんな規則も正邪もない。サルトルの考えでは、残されているのは、ただ「本物の」選択をし、「誤った信仰」の生活を避けることだけである。そうはいっても、もしすべての選択が恣意的であらざるをえないとしたら、人はどうやって一方を捨てて他方を選べるのだろうか。誤った信仰の代わりに本物を選ぶことにさえ、何らかの正当化が必要なのである。

二〇世紀の哲学者のまったく異なる集団も、別の道をたどって同じ結論に到達した。一九三〇年に二六歳で亡くなったケンブリッジのすぐれた哲学者のフランク・ラムゼーは、「神学と絶対的倫理学は、実は現実の対象を何ももたないことが判明した有名な二つの学問である」と述べた(24)。若さに特有の自信と現代の科学主義のあふれるこの言葉は、論理実証主義がどんなふうに倫理をとらえていたかをよく表している。有名な「ウイーン学団」に始まったこの思想家集団は、ヴィトゲンシュタインの『論理哲学論考』、A・J・エアの高らかな宣言の書『言語、真理、論理』をもって英語圏に広がっていった。少なくとも原理上真偽を検証する方法がなければ、どんな言明も有意味でありえないとエアは主張した。ある行為が倫理的に正しいとか間違っているといった判断は検証不可能であり、エアによれば、個人の主観的感情の表明にすぎない。倫理に客観性があると考える人たちは、それ以降守勢にまわってしまった。

神学の評価については私はラムゼーに賛成だし、また「絶対的な」(「客観的」という意味で彼は使っている)倫理学についてもある程度同じ考えである。ダグラス・アダムズが彼のおもしろい『ヒッチハイカーのための手引き──銀河版』で空想しているように、スーパーコンピュータを使って「人生、宇宙、万物」に対する答えをはじきだすことは、実際にはできない。宇宙が何らかの計画にそって構築されているのでないのなら、そこには発見されるべき意味などない。他の状態よりある状態を選好する「感覚をもった存在」を離れては、宇宙そのものに内在する価値などない。原子は宇宙の構造の一部であるが、倫理はそうではないのである。だが神に対する信仰が存在しないところでは、倫理の基礎をほかの何に見いだすことができるだろうか。倫理の本性を世俗的な形で研究し、どう生きるべきかを哲学的に根拠づけることは可能だろうか。

こうした探求は、古来からある普遍的なものである。キリスト教以前の時代やキリスト教文化圏の外にすすんで目を向ける人たちは、人生の意味について、また人生における倫理的行動の位置について別の解釈があることを知るだろう。現存する最古の文献の一つに、紀元前三世紀の古代シュメール（現在のイラク南部）のウルク王、ギルガメシュの叙事詩がある。ギルガメシュは最初は力によって支配する野蛮な暴君として描かれる。人々をおどし、結婚前の処女を犯す暴君である。やがてギルガメシュは自分の死すべき運命について思い悩むようになる。そこで自分にはむかう者たちをすべて打ち負かしたように、今度は死を打ち負かしてやろうと決意する。答えを求めてはるかな旅をするうち、ギルガメシュはひとときの休息を求めて一軒の酒場にたち寄った。酒場の女は、死すべき運命を受け入れるように、そして人生が与えてくれる快楽を精一杯享受しなさいと彼に説いてきかせる。

ギルガメシュよ、御身の口腹を満たし
日ごと夜ごと楽しむがよい
一日一日を喜びの日となし
昼も夜も踊り遊ぶがよい
清らかな衣に身につつみ
髪を洗わせ身を清めさせ
御身の手にすがる幼子をいつくしみ
御身の腕の中でお后を楽しませるがよい
これこそが人の世の定めなるゆえ

だが、ギルガメシュはこの快楽主義的な助言を退け、冒険の旅を続けた後、やがて死すべき体のままウルクに帰還する。だがその後、彼は民の繁栄に腐心するようになる。彼は偉大な王となり、民の安全を守るウルクの城壁を築き、神殿を建てなおし、王国はいっそう豊饒で富み栄える平和なものとなった。この物語には、できる限り倫理的な責任を果たすことによき人生、満足な人生があるというメッセージがこめられている。(25)

東洋の伝統は、また違った解答を与えている。ギルガメシュと同じく、ゴータマ・シッダルタも王子であり、奢侈と安楽の生活をおくっていた。言い伝えによると、この若者はインド北部の宮殿で庇護された環境の中で育てられたが、ある日宮殿の外へ出てみると、老人と病人と死人に出会った。今まで見たことのなかった光景に衝撃をうけた王子は、御者に説明を求め、あれはすべての人におとずれる運命だと聞かされる。そのあと王子は、頭を丸めぼろを纏った旅の聖者に出会う。この人が出家の生活を自ら選んだことを王子は知る。それから王子は宮殿に戻ったが、その日は夜とぎの女性に何の喜びも感じられなかった。かわりに、横になったまま昼間見たことの意味について思案をめぐらした。次の日王子は宮殿を出て、自分の王族の衣装を乞食のものと交換し、かくも苦悩に満ちた世界に生きるというジレンマからの救いを求めてさまよい続けた。何年もの探求の末たどりついた答えは人々の心をとらえ、その賢明さに打たれた信奉者たちは彼を「目覚めた者」、ブッダと呼んだ。ブッダの教えによると、すべての人間と動物に楽しみをもたらそうとすること(慈)、すべての人間と動物から苦しみを除こうとすること(悲)、すべての人間と動物が楽しみを得るのを喜ぶこと(喜)、すべての人間と動物に対して贔屓もしないし苛めもしないこと(捨)、この四つが最高の徳である。最初の三つには、仏教のきわめて外向的な性格とすべての有情の存在への配慮が表れている。三番目と四番目の徳は、こうした他者への配慮が喜びにあふれ心静かな内面生活につながることを教えている。仏教は、西洋の尺度から言えば宗教ではない。神や神々に対する信仰を一切説かず、ブッダは自身をけっして神、あるいは人が祈りを捧げる対象とは考えなかった。だが仏教徒は瞑想の技術をもちいて、深く根をはる自己の意識がのりこえられ、より大きな全体の一部であるという強烈な感覚に変わる境地に達する。他者と一体であり、宇宙と一体であるというこの感覚は、そのまま喜びと生きることへの情熱の感情でもある。このようにして、仏教は自己と他者との相克を解消しようとする。それは、他者に対する親切の感情に支配された心の状態に最も深い意味での自己実現を見いだすという方法である。こうした境地に達した目覚めた者は、万人の幸福を求める感情に基づいて行動し、それ以上の報酬を考えることはない。

しかし、社会的な見地から見ると、仏教の伝統は失敗に数えられなければならない。因習となった慣行に挑戦することなく、仏教はそのときどきの社会の現状にとりこまれてきた。一例として、よくひきあいに出される仏教の第一の戒律、一切の有情の存在に害をなしたり殺したりしてはいけないという教えを見てみよう。日本に行くと、古い仏教の寺院を訪れるたびにこの教えを思い出す。なぜなら、拝観券の裏にはこの戒律が印刷されているからである。だが、何年か前に日本人の動物に対する態度を調べに行ったとき、日本の仏教徒で菜食主義者はほとんどいないことを知った。ごくごく厳格な宗派で、僧侶が肉食を断っているだけだった。その場合でも、信者にはそれは要求されていなかった。南極の鯨を殺すために出航する日本の捕鯨船に祝福を与える僧すらいるぐらいである。古典となった『禅の三本の柱』の著者のロシ・フィリップ・カプローは、彼自身の日本での修行期間、肉は一般に食べられていたし、それはビルマで彼が住んでいた寺院でも同じだったと言う。そのさい僧侶たちは、その動物は「自分たち僧侶のために殺されたものではないから」と言って弁解し、こんな言い訳で、その死に対する責任を逃れてしまおうとしたのである。(26) 第6章で見たように、仏教の考え方は日本人の人生目標にかなりの影響をおよぼしている。だが全体として見れば、日本でも他の仏教国でも、ブッダの生涯と教えに示されている思いやりにあふれた倫理的生活を実践しているのは、自ら仏教徒と名のる人々のうちのほんの一握りにすぎない。

第1章で見たように、キリスト教以前の西洋の伝統では、ソクラテスがグラウコンの挑戦に答えようとして、よい人だけが真に幸福であると主張した。ソクラテスによれば、よい人とは魂の諸要素が互いに適切な関係にある人のことである。『パイドロス』の中でプラトンは同じ考えを表そうとして、気概と欲望の二頭だての戦車を駆る理性の姿を描いている。ソクラテスもプラトンも、意図して悪いことをする人はいないと考えていた。人が悪いことをするのは、その人の理性が気概(すなわち、怒りや自負心といった情念)や身体の欲望(貪欲や性欲)を抑制することができないからにすぎない。これに対してアリストテレスは、この説は「観察された事実と明らかに合わない」と、もっともな批判をした。ソクラテスとプラトンの前提は、何がよいことかを知りさえすれば、それだけで人はその実現にとりかかるはずだということである。彼らは、何がよいことかを知ることと、よいことをすると決心することとを区別しなかった。あまり説得力がないにもかかわらず、この考え方はその後長く続く哲学思想の一つの流れとなった。つまり、もし正しく推論しさえすれば、そして理性に反する欲求に打ち負かされさえしなければ、人は自由に正しい行為を選ぶはずであるという考え方である。これを証明しようとする試みがこれまで繰り返しなされてきた。カントもこの大きな伝統の中にいる。ただし、カントとは違って、ソクラテスやプラトンは、よき生を選択しても義務のために自分の利益を犠牲にすることにはならず、むしろそれ以外の生き方よりうまくいく、したがってより幸福な人生を選ぶという賢明な選択なのだと考えていた。

一八世紀スコットランドの偉大な哲学者デイヴィッド・ヒュームは、今日に至るまで、倫理学におけるカントの伝統に対する根本的な反論の源泉となっている。ヒュームは、すべての行為の理由は必ず何らかの欲求か情念と関係しており、またそうでなければどんな理由も行動に影響をおよぼすことはできないと考えた。（『言語、真理、論理』のA・J・エアのような論理実証主義者の倫理学についての見解は、ヒュームの立場の哲学的後継者と認められる。）もしヒュームの主張が正しいとすれば、「私はどう生きるべきか」という問いに答えるためには、「あなたは本当は何をしたいのか」とまず問い返さなければならない。ヒュームの期待したところでは、その答えは必ずではないにしてもたいていの場合、よいこと、あるいは正しいことをしたいというものであるはずである。それは、（カントなら主張するように）それが自分の義務だからという理由によるのではなく、人が本来もっている社会性や共感に基づく欲求のためである。ヒュームは、啓蒙された私益に基づく倫理的な生活を推奨するイギリス哲学の一学派に属している。ホッブズの悲観主義とは対照的に、シャフツベリー伯、バトラー司教（道徳の議論に関する限り、徹底して世俗的な傾向をもった司教であった）、ヒュームといった人たちはみな人間の本性についてはるかに肯定的な立場をとっていた。彼らは、人間を本来社会的で仁愛をもった生き物であると考えて、したがって真の幸福は私たちの本性のこの側面の発展と満足に見いだされると主張した。彼らは、気高い性格、評判のよさ、良心の安らぎといった形の報酬を強調した。他者に対して人が自然に感じる愛情に従うようにすすめ、率直さと正直に基づく真の友情の喜びについて書いている。また悪いおこないは人に察知されやすいとも指摘している[27]。

全体として、この学派に属す人は、人間は敵意よりも他者への仁愛や共感の感情といった動機に強く促されると考える。したがって、幸運なことに、たいていの人にとってたいていの場合、自分がしたいことをするとき、それで他者にとってもよいことになるのである。

しかし一九世紀になると、もっと悲観的な見方が支配的になる。功利主義の創始者ジェレミー・ベンサムは、自然は人間を快楽と苦痛という二つの主人のもとにおいたため、人間は最も多くの快楽を、また最も少ない苦痛をもたらすことをするものだと考えた。快楽を最大化し苦痛を最小化するものが、個人の場合と社会全体の場合とで衝突を起こさないように保証するためには、賞罰の制度に裏づけられた法律が必要だとベンサムは考えた。後代の功利主義哲学者ヘンリー・シジウィックは、自己の幸福と正しい行為を調和させることが不可能だとすれば、道徳の基礎そのものがおびやかされてしまうと考えた。彼の古典的な著作『倫理学の方法』の第一版の最後で、四七三ページもの緻密な哲学的思考の後にシジウィックはこう書いている。

「社会的な義務を私が果たしても、それは私のためにはならず、他人の得になるばかりだ」という古くからの不道徳的なパラドックスは、経験的な議論によっては完全には論破することはできない。それどころか、この議論を深く追究すればするほど、われわれにとって経験のほかに頼るものがないとすれば、このパラドックスのとおりになる状況が必ずあると認めざるをえなくなる。そして、自分自身の幸福を追求することが……最終的に理にかなったことだと認めざるをえない。……そうすると、義務に秩序づけられた宇宙は、まったくの混沌に引き戻される。理性的な行為の完璧な理想をたてようとする人間の知性の長い長い苦闘は、敗北を避けられない運命にあるように思われる。

シジウィックの言うとおりなのだろうか。本書が出した問いに答えようとする——ギルガメシュの叙事詩を残した作家に始まる――「人間の知性の長い長い苦闘」は、本当に「敗北を避けられない運命にある」のだろうか。毎晩のテレビニュースには、利己的で思慮のない暴力事件が氾濫しており、その多くはただ非合理としか言えないものである。そうした事件は、この結論を裏づけているようにも思われる。本章の前にふれた英雄的な倫理的行為の輝かしい実例が一方の極をなすとすれば、これはその対極に位置する。この結論をあまりに極端なものとみなす根拠、またシジウィックのいう「古くからの不道徳的なパラドックス」に対して、部分的なものにすぎないとしても、ある種の答えがあると考える根拠、こうした根拠のいくつかを以下の章では示すことにしたい。

（村上訳）

第10章　ある目的のために生きる

シーシュポスの神話と人生の意味

古代ギリシアの神話によると、シーシュポスは死すべき定めの人間たちに神々の秘密をあかしてしまったという。このため神々は彼を罰して、丘の頂上まで巨大な岩を押しあげるという苦役を科した。だが、頂上に近づくと、苦役は彼の限界をこえ、岩は転がり落ちてふもとに戻ってしまう。シーシュポスはもう一度一からやりなおさなければならない……だがまた同じことが起こり、永遠に岩と格闘しなければならない。シーシュポスの神話は、人間の存在の無意味さを表す荒涼とした隠喩だと言われている。私たちは毎日毎日自分と家族を食べさせるために働き、それがすんでもすぐまた同じことを繰り返さなければならない。人は子孫をつくり、その子どもたちもまた同じことをしていかなければならない。何も本当には達成されず、私たちの種が滅びるその日まで同じことが繰り返されていく。

フランスの実存主義作家アルベール・カミュは、シーシュポスの神話についてエッセーを残している。それは次の有名な一節から始まる。「本当の意味で重大な哲学的問題は一つしかない。それは自殺という問題だ。」カミュはこう続ける。「人生が生きるに値するかどうかを判断できれば、哲学の根本問題に答えたことになる。(1)」確かに、私たちが人生には生きる価値がないと判断し、その判断に従って行動したなら、私たちはもうそれ以上の哲学的問題を問いかけるはずもない。そういう意味では、おそらくカミュの言葉は正しい。だが、これにつけ加えなければならないのは(カミュも同意してくれると思うが)、本当の問題は、人生が生きるに値するかどうかを受動的に判断するといったことではなく、生きるに値するような生き方を意識的に選ぶことだということである。カミュの主張するように、シーシュポスでさえこれは可能である。こうして、自殺の可能性をつきつけて始まったこのエッセーは、次のような肯定的な調子で締めくくられる。

嘲笑の対象にならずにすむ運命などない。……高みへと向かって格闘するだけで人間の心を満たすには十分なのだ。シーシュポスは幸福なのだと考えなければならない。(2)

アメリカの哲学者リチャード・テイラーも、『善と悪』(3)の結びの章でシーシュポスの神話を引き、人生の意味とはどういうものか探究している。テイラーはこの問いを次のような独創的な形で提示している。「シーシュポスの人生に意味を与えるためには、その運命をどんなふうに変更すればよいだろうか。」テイラーは二つの可能性を考える。第一の可能性はこうである。丘の頂上まで同じ岩を押しあげる試みを永遠に続けても、努力に見あう成果が何もみられない。そんなことをする暇に、いくつも別の岩を運びあげ、それで頂上に壮麗な神殿を建てることができるのではないか。もう一つの可能性はこうである。シーシュポスが同じ岩を押し続け、そして絶対になしとげられないことに変わりはないのだが、神々のほうが急に慈悲ぶかくなって、罰として科されたこの作業をやりたい——ただもう岩を押したい——という強烈な欲求をシーシュポスに植えつけてやることにする。

シーシュポスの人生に意味を与えるためにテイラーが出したこの二つの可能性は、倫理の基礎についての二つの立場に対応している。一つには、客観的な価値をもった目標に向けて努力することで、人生は意味のあるものになるという立場がある。長く世に残りこの世界に美を添える神殿を建てることも、そうした目標の一つである。この倫理観は、客観的な価値が存在することを前提にしており、この価値に照らして、古代ギリシアの神殿のような偉大な芸術作品を生みだすことはよいことだと判断される。二番目の可能性は、何か客観的なものにではなく、私たちの内部にあるもの、つまり動機から意味を引き出している。私たちのしていることが価値のあることかどうかを決めるのは私たちだという考え方である。この立場からは、私たちがやりたいと思えば、どんなことでも意味のある活動になる。こう考えると、丘の斜面に岩を押しあげ、頂上近くでそれが転がり落ちてしまい、また初めからやりなおすという同じことの繰り返しでも、神殿の建築とかわらない意味があると言える。なぜなら、私たちの欲求を離れては客観的な価値や意味は存在しないというのが前提だからである。意味というのは主観的なものである。私の欲求とたまたま一致するなら、その行動は私にとって意味があるし、そうでないなら意味はないのである。テイラー自身は主観主義の立場にくみしている。彼の考えでは、人生に意味を与えることができるのは、私たち自身の欲求、私たち自身の意志だけである。この立場をとる点で、テイラーは二〇世紀を支配する精神と歩みを合わせている。実存主義者や論理実証主義者ばかりでなく、こうした分類におさまらない多くの現代の哲学者も、次の点で一致している。全体としての宇宙には意味などないのだから、宇宙に対しては無理だが、私たちの人生には自分で自由に意味を与えることができるという考え方である。だが、実際には、まさにこの自由の中で疑わしい価値観が生みだされ、それがために最も豊かな環境においてさえ人生に不満を感じるといった状況が生じている。そうした価値観が引き起こす日常的な問題は、ここで詳しく考察する価値がある。

専業主婦とオーストラリア先住民と檻に入れられた雌鶏

ベティ・フリーダンは、一九五〇年代のアメリカで雑誌記者として働くあいだに、アメリカの伝統的な理想の暮らしを手に入れた多くの女性にインタヴューをした。対象となった女性は、みな若く健康で、快適な郊外の家に住み、夫は給料のいい仕事につき、子どもたちは学校に通っていた。便利な電気製品がいろいろ出てきたおかげで家事は楽になったし、（振り返って言わせてもらえば）ドラッグやエイズの不安もなかった。これはまさしく世界で一番豊かな国での「いい暮らし」であった。それは、安楽さや余暇や経済的保証など得たためしのない女たちの誰にとっても羨望の的だった。だが、彼女たちと実際に話をしてみて、フリーダンはみな何か問題を抱えていることに気づいたのである。彼女たちはその問題に決まった名前をつけていなかったし、フリーダンもなんと名づけていいかわからなかったので、「名前のない問題」と呼ぶことにした。この問題を中心にフリーダンは『女らしさという神話』を書いたが、その本はほかの何にもまして現代のフェミニズム運動の引金を引いたものと言える。この本の中で、女性たちは自分の言葉でその問題を語っている。ここで引用するのは、二三歳の母親の言葉である。

私は何がこんなに不満なんだろうと自分に問いかけます。私は健康だし、素晴らしい子どもがいて、きれいな新築の家もあり、お金も十分持っている。……とにかく、小さい頃からずっと、誰か、それとも何かが、私の人生の面倒を見てくれていたような感じがします。――まず両親でしょう、それから大学に行って、恋愛をして、子どもができて、新しい家に引っ越すというふうに。そんな具合にいつも決まった目標があった。それである朝目が覚めてみると、これから先何を楽しみにすればいいのかわからなくなっていたのです。(4)

当時の雑誌やテレビドラマは、妻として母として生きるのが一番充実した生き方だと女性たちに教えていた。また、なんといっても五〇年代のアメリカ女性は、昔のアメリカの女性や今日の他の国の女性に比べて楽な暮らしをしていたのである。だが、「楽な暮らしをしている」ということは少しも慰めにならなかった。本当は、それこそが問題だったのである。こうした楽な生活があれば、女性は満足するはずだと考えられていた。だが望むべきものをすべて手に入れたとき、女性の人生計画は完全に行きづまってしまった。居心地のいい家には便利な電気製品があり、おかげで家事は一、二時間で終わってしまう。買い物だってスーパーマーケットに行けば一週間分の家族のものを買うのに一時間しかかからない。そんななかで郊外の主婦たちは孤独な生活をおくっていた。家族の面倒を見ることだけが仕事なのに、子どもはすぐに学校に行きだして日中は家にいなくなる。帰ってきても残りの時間の大半はテレビを見て過ごしている。かといって、子育てのほかに達成する価値のあるものは見あたらない。

まったく違った生活を考えてみよう。オーストラリア先住民(アボリジニ)のいくつかの集団は、遠い砂漠地帯で狩猟採取を行って生きてきたが、ここ四〇年の間に西洋文明と接触をもつようになった。この接触にともない、食糧、鉄製の斧、衣類などさまざまなものが安定して供給されるようになった。もし生活の質が物質的な所有物の量に左右されるとしたら、西洋文明との接触によって先住民の生活の質は向上しなければならなかったはずである。だが、彼らの生活の変化を観察してきた人々は、口をそろえてまったく逆のことが起こったと言う。先住民の遊牧生活というものを特に理想化しなくとも、そこには生きのびるための活動を通じて満足感の得られる機会が多くあることは容易に想像がつく。アメリカ人の人類学者リチャード・グールドは、オーストラリアの狩猟採集生活を営む先住民と暮らした経験から、次のような感想を述べている。

……遊牧の先住民の日常生活は、本質的に調和のとれた報いのあるものである。個人は、成長の段階にあわせて自分に期待されている役割を理解していく。実際的な知識や技術を修得し発達させながら、そうした期待にこたえていくと同時に、自分も日々達成感によって報いられ、また長い目で見ても、親族のあいだでの評判が高まるということで報われるのである。[5]

いまや食料は店で手に入る。必需品に対する権利をすべてのオーストラリア人に保証したいというソーシャル・ワーカーの熱意のおかげである。彼らが配る政府の福祉切符をもって店に行きさえすればいい。だが、そうなると一生をかけて習得した技術や知識はとたんに色あせてしまう。その結果引き起こされるのが、やる気の喪失である。遊牧民が一日をかけてやってきたことは何だったのだろうか。飲酒がときに大きな問題になってくるのも当然である。たとえ飲酒といった形をとらないまでも、かつて遊牧生活を営んでいた先住民は、何をしたらいいのか今途方にくれているように見える。

こぎれいな家に住む現代の主婦も、店先のほこりっぽい地面に座りこむオーストラリア先住民も、どちらも同じ不安、人生から目的が失われたという不安を抱えている。何か目的を必要とするというのは、人の本性に深く根をおろした欲求である。同じことは他の動物、特に人間のような社会的哺乳類にも認められる。ありがたいことに、最近の動物園では、小さなコンクリートの檻の中で落ちつかなく行ったり来たりする虎を目にすることは少なくなってきた。だが研究所の猿はあいかわらずあじけない金属の檻に飼われているし、畜産工場の豚は、動きまわれないほど小さなしきりの中に何カ月も押しこめられている。どちらも人間と同じ問題に苦しんでいる。食料と横になれる暖かく乾いた場所をあてがっても、それだけでは雌豚の必要にすべてこたえたことにはならない。このような環境におかれた動物たちは、動物行動学者が「ステレオタイプの行動」と呼ぶものを行う。つまり、柵をいらいらとかじったり、頭を前後にゆするといった行動である。そうやって、動物たちは生活から奪われてしまった目的のある行動を埋めあわせようとしている。雌鶏ですら同じである。養鶏場の檻の中では、あてがわれた餌を二〜三分ついばめばそれで一日の栄養摂取に十分であり、あとはもう何もすることがない。その結果、仲間を意味もなくつつくことになる。そこで畜産工場ではどこでも、雌鶏の「くちばしを切り取り」、殺しあいを防ぐ処置をとっている。いくらかでも進歩的な経営者は、今では毎日の餌に藁などの食べられないものを混ぜこんだり、地面にまきちらせたりして、動物が餌を探さなければならないようにしている。屋内で飼われている雌鶏なら、非常にこまかく挽かれた餌を与えることも一案である。そうすると、一日の食料摂取は二〜三分で終わるかわりに、数時間かかるようになる。人間については労働と余暇ということがよく言われるが、この現代的な見方からこうした考案を考えると、動物の労働は重くなり、余暇は減り、その状況は悪化したことになってしまう。だが観察の結果、実際には動物の福祉は改善されているのである。もちろんこうした策を講じても、自然な環境に生きる動物が行う活動の多様性からすれば、せいぜいその貧弱な模倣にすぎない。こうした考案をしても、動物をあじけない檻に入れて飼うことは望ましいものにはならない。だが、そんなものでもある程度役に立っているのを見ると、労働と余暇についての私たちの考え方を見なおさざるをえないだろう。人生に対して目的を追求せずにはいられないというのは、はるかな過去の人類の進化の歴史に根ざすものであり、これをとりのぞくことは容易ではないのである。

目的に対する必要を克服する近道が一つある。人々の感じる存在のむなしさは、製薬会社にとってはかっこうの市場である。六〇年代、抑鬱を訴えてくる主婦に、郊外の医者は精神安定剤を処方するようになり、そうしたケースはどんどん増えていった。ローリング・ストーンズが歌った「ママのちっちゃなお手伝いさん」の世界である。

　今の子どもは違う、お母さんたちはみんなそう言う
　ママには何か気持ちを静めてくれるものがいるの
　だから本当の病気じゃないけれど、小さな黄色い丸薬がいる

ママのちっちゃなお手伝いさん、お母さんはそこに安らぎを求めて
おかげでなんとかやっていくことができる
いそがしい毎日をやりとおすことができる
ドクター、どうぞお願い、もう少し下さいな
病院を出るともう四粒口に入れる
年をとっていくなんて、もううんざりすることばかり

これも、目的の喪失が引き起こす不満を「解決する」一つの方法には違いない。不満な主婦を満足したゾンビに変えるだけのことである。西洋文明への適応に苦しむオーストラリア先住民は、酒を飲んで気をまぎらす。都市のスラムに暮らす職にあぶれたアメリカ人は、クラックのような麻薬に救いを求める。これらはみな同じもので、「解決」と言えば言えるかもしれない。

もう一つ現代人の精神安定剤になっているものがある。ヘロインほど習慣性がなく、アルコールほど害もない偉大なトランキライザー、だが環境面から見ると問題ありと言わざるをえないもの、それはショッピングである。ショッピングの目的は必要なものを買うことではなくて、その娯楽性にあることは多くの人が認めるだろう。大量に服用すれば、それは抑鬱を解消するのに役立つように思われる。ショッピングは、伝統的な狩猟や採集活動の代替物として現代が提供するものである。昔の狩りの場が現代のショッピング・モー

ルである。乾燥した地帯で木の根や種、実を集める作業は一日かかったが、ショッピングも一日の膨大な時間を占める。そこで人は特殊な知識や技術を発達させることができる（いかにしていい品物を選ぶか、いつ、どこで買ったら本当にお買い得なのかというのも、一つの技術、知識である）。ショッピングはまた、きちんとした目的のある活動だと言っても通用する。一日ゴルフをして遊んだ場合にはとうてい無理だが、ショッピングなら、遊びの部分を隠したり否定したりすることもできるからである。

五〇年代に入って、目的の喪失を体験した人たちがほとんど女性だったというのはどうしてだろうか。当時たいていの男性は昇進の見こめる仕事についていた。男性は職場でもっと大きな責任や権力をめざしていたが、それが可能な仕事についていた女性はごく少数だった。程度の違いこそあれ、これは現在でも言えることである。だから、男性がある朝目覚めて、「自分の人生はたったこれだけのことか」と自問したとしても、重要な役職にはい上がり、高い給料と大きな責任を手にする輝かしい日がくることを思って、そんな疑いを振り払うことができる。だからこそ、雇用主や組合が認めているように、キャリアのしくみ、上へ上へと向かうはしごは、職業上の満足感を与えるという点で、ときには実際の給料よりはるかに重要なのである。これに対して、主婦に昇進はない。ロマンスは色あせ、子どもたちは母親の手を離れていく。アメリカの主婦が欲すべきとされたものをすべて手に入れてしまうと、夫たちよりも痛烈に自分の存在の無意味さを感じるというのも不思議はないのである。

競争に勝とうとすること

人によっては――男性に典型的に見られるが――競争的な態度で人生にのぞむことによって目的を見いだしている。本書の第1章で、私は映画『ウォール街』の一シーンにふれた。ゴードン・ゲッコーの金に対するあくなき執念に立ち向かうバッド・フォックスが、「いったいどれだけあれば十分なんだ」と問いつめる場面である。ゲッコーの答えはこうだった。

十分だとかそうじゃないというような問題ではないんだ。これはゼロ-サム・ゲームなのだ。誰かが負け、誰かが勝つ、それだけだ。

この答えを聞くと、八〇年代の大物が何を考えていたか、彼らの話や書いたものにふれたことのある人なら、ああそんなふうだったときっと感じることだろう。ドナルド・トランプは、二番目の本『トップでありつづけること』の第一章で、最初の本を出版した後どんなことが起こったかを報告している。そこで彼は、自分の幾多の勝利を語り、同時に「勝つことを当然と思うな」という教訓を得たと書いている。数ページ先では、自分を「職業的な一等賞狙い」と呼んでいる。後になると、やや自省的なムードで、次のように語っている。

私は自分自身の利益を求めるあまり、ときに競争的になりすぎるきらいがある。誰かが他の人たちを敗者だとか勝者だとかレッテルを貼ってまわっているのを見ると、そのゲームに参加して、そしてもちろん勝者の側に入りたいと思ってしまうのだ。(6)

二十世紀に向かう転換期に出てきた、あの気むずかしいノルウェー系のアメリカ人社会学者で、『有閑階級の理論』を書いたソースタイン・ヴェブレンなら、トランプのような人々が自分の富を見せびらかす様子を見てほくそえんだことだろう。ろくに使わないおそろしく贅沢なヨットを買い、めったに訪れる機会もない田舎に宮殿のような大邸宅を買いこむ。「めだつための消費」という言葉はヴェブレンがつくったものであり、自分の富を見せびらかし、それで相対的な地位を高めることが目的の消費を指している。ヴェブレンによれば、生存の欲求とある程度の物質的快適さの欲求が満たされたあとは、「競争心」、つまり他者にならび他者をこえたいという欲求が所有欲の源になる。財産は、「英雄的なめざましい功績ではないが、かなり立派な成功をおさめたことの一番手軽な証拠になる。」したがって、それは「世間の尊敬を集める慣習的な土台」となっている。(7) めだつための消費は消費者の名声を高める役目を負っているのだから、「余分な出費、浪費でなければならない」。(「こうした経済理論の著作においては、「浪費」という言葉は専門用語として使われており、めだつための浪費という掟に従う消費者について、その動機や目的を非難する意図はない」

とヴェブレンは感情をまじえずにつけ加えている。[8]）「金銭好き」の掟が教えるところによれば、「これみよがしの高価さ」こそが価値の指標であるから、「品物が目的にぴったりで倹約の精神が勝ちすぎている」場合には、逆に魅力がなくなってしまう。[9]こうなると、けっして満たされることなく際限なく駆りたてられていくことになる。

……蓄財の目的は、金銭面で比較して、社会のほかの人々より自分が高くランクづけられることにある。比較の結果が自分にとって明らかに不利な場合、普通の平均的な人は自分の現在の状況に慢性的な不満を抱き続ける。自分の属する社会、あるいは階級の標準的な豊かさとされるところに達した人では、慢性的な不満の代わりに別の気持ちにとりつかれる。自分とこの平均値との金銭的な格差をひたすら広げなければという考えに休みなく駆りたてられるのである。こうした不愉快な比較はけっして当人の気に召すものにはならず、金銭的な名声をめぐる競争において、もうこれ以上競争者の上に立たなくてもいいという気になることはない。

生まれつきの本性によってか、社会化の過程のためかはわからないが、男性のほうが女性よりもこの種の地位をめぐる競争にむかいやすいとしたら、それは男性の重荷になっていると同時に、人生の意味をまともに問わずにすませる手段にもなっている。ヴェブレンが次のようにつけ加えているように、富の蓄積は際限なく続けることができるからである。というのは

ことがらの本質から言って、どんな個人の場合でも富の欲求は満たされきるということがまずないからである。(10)

その好例が、マイケル・ルイスの『ライアーズ・ポーカー』に紹介されている。彼がソロモン・ブラザーズの新進の債権取引業者だったとき、同僚の一人が彼に次のように言ったという。

この商売ではおまえは金持ちにはなれないよ。少し上のレベルの貧乏人になれるかどうかというところだ。おまえはグートフロイント（ソロモンの重役）が自分を金持ちだと感じていると思うか。賭けてもいいが、絶対にそうじゃない。(11)

実際そのとおりだった。ジョン・グートフロイントの妻スーザンは、エキゾチックな晩餐会をひらくことで有名だったが、あるときニューヨークとパリにある邸宅を維持していくだけの人間を雇うのは大変だという話をして、「お金持ちでいるっていうのは、本当にお金がかかるものね」と締めくくったと言われている。(12) トム・ウルフは、『虚栄の篝火』でグートフロイントのような人々のライフスタイルをからかっている。その中に、債権取引業者シャーマン・マッコイと妻ジュディが登場するきわめて象徴的なシーンがある。夫妻は五番街の晩餐会に招待されたが、そこは彼らの住居から六ブロックしか離れていない。だが、ジュディのドレスでは歩いていくことはできない。かといってタクシーは問題外である。

パーティーのあとはどうしたらいい。バヴァデージのビルの外に出て、通りにつったってる姿をどうして世間に、いや全世界にさらせるだろう。マッコイ夫妻、かの有名なカップルが手をあげて、勇ましく、必死に、悲壮にタクシーを止めようとする姿なんて。

そこでマッコイ夫妻はリムジンを雇うことにする。運転手に六ブロック運転させて、四時間待たせたあげくに、また六ブロック家まで送らせる。しめて一九七ドル二〇セントである。だがそれだけしても幸福は保証されなかった。

……運転手は入り口の近くまで乗りいれ、そこの歩道に停めることができなかった。あまりに多くのリムジンが行く手をふさいでいた。結局二重駐車を余儀なくされた。シャーマンとジュディはリムジンの間を縫うようにして歩かなければならなかった。……妬ましい……妬ましい……ライセンス・プレートから、こうしたリムジンが借り物でないことがシャーマンにはわかった。これらは私有物なのだ。豪勢な連中が、これで乗りつけてきたのだ。おかかえ運転手、長時間、夜遅くまで働いてもいいという運転手は、少なく見積もっても年に三万六千ドルかかる。車庫、維持費、保険などでさらに一万四千ドル、全部で五万ドルだ。どれ一つとして必要経費で落とせるものではない。自分は年に百万ドル稼いでいるのに、それでも手がとどかないなんて。(13)

際限のない獲得は、無意味さから逃れるもう一つの方法である。だがこの逃げ道は、知恵の根本的な欠落を意味している。「知恵」と私が呼ぶのは、人生で何が大切かを自分の知性で考え、自覚したところに反省から生まれるものである。さらに「実践的な知恵」によって、この知恵に従って行動する能力が加わる。ヴェブレンが描いた競争という目標は、おそらく考えぶかい人の心を満足させることはできないだろうし、自分のやっていることを深く考えたことのない人ですら満足させることはないだろう。

ヴェブレンが指摘するように、獲得欲の背後には競争心がはたらいている。精神分析と社会科学を学んだマイケル・マッコビーは、新しいタイプのビジネス・エリートの台頭に七〇年代にしてすでに気づいていた。アメリカの一二の大企業の二五〇人の管理職にインタヴューして得た結論は、こうしたエリートの大半が、仕事の意味は――自分のため、自分の部署のため、自分の会社のため――とにかく勝つことだと考えているということだった。マッコビーはこうした調査結果を本にし、新しいエリートの生き方にちなんで『ゲーム人』と題した。だがこの本は、勝つことに邁進する闘争的なエリートの出現に喝采をおくろうとするものではない。逆に、人生がもし単なるゲームにすぎないと考えられるなら、いつかつまらなくなってしまうときがくるだろうと警告している。

若さと活力がなくなり、勝つことにスリルを感じなくなってしまうと、ゲーム人は落ちこみ、目的を見失って人生の意味を問い始める。集団の競争から活力を得ることももはやなく、自分をこえた何か信じられるもの、たとえば会社とかより大きな社会

に献身することもできず、身を切るほどの孤独を感じるのである。(14)

最高の勝者でありながら、勝ってもほとんど満足感を得られないという典型的な例が、マイケル・ミルケンだったかもしれない。ミルケンが成功の絶頂にあり、一億ドルという彼の個人資産が経済界の神話だった頃、仲間の一人がコニー・ブラックにこう語った。「マイケルにとってこれで十分ということはないんだ。自分が知っているなかで、あの人は一番不幸な人間なんだ。彼はけっして満足することがない。……彼はがむしゃらにつきすむ。もっともっと取引を、といった具合に。」一九八六年、長い間ミルケンの不良債権を買い続けたあるバイヤーはブラックにこう言った。「若い頃の彼のもちまえの陽気さが、どんどんミルケンからなくなっていくようだ。代わりに強迫観念が強まっている。(15)」

西洋社会における競争の重視について批判的な研究を行ったアルフィー・コーンは、多くのスポーツ選手がそれぞれの分野で偉大な成功をおさめた後、空虚感を訴えていることを発見した。ここに引用するのは、ダラス・カウボーイズのコーチ、トム・ランドリーの言葉である。

……たとえスーパーボウルで優勝したばかりだとしても、いや、むしろスーパーボウルで勝ったばかりだからこそ、どこまでいってもまた来年が来てしまうと思ってしまうんだ。「勝つことがすべてなのではなく、勝つことしかない」としたら、その一つしかないことっていうのは無なんだ。空虚、究極的な意味のない人生という悪夢だ。(16)

ハーヴェイ・ルーベン、自らが競争の熱烈な信奉者である『競争』の著者も、次の点は認めている。「〈やった〉ということからは何も得られないと最後に気づく。これは優れた競技者がよく味わうもので、心に深い傷を残す体験である。」ヨット競技者で、同じように勝つことと競うことについて本を著しているステュアート・ウォーカーも、次のように言う。

勝ったからといってわれわれは満たされない。だから繰り返し繰り返し勝たなければならない。成功の味は、単にもっと多くの成功をという気持ちをあおるだけだ。負けた場合には、次こそは成功しなければという強迫観念がいやます。そこで、週末にコースに出なければどうにもならないという気持ちになる。自分が先頭にいるときや勝った後は、やめる気にはならない。自分が先頭を走っていないときや、負けた後でやめることなど論外である。中毒になっているのだ。⑰

これは、私が第1章で投げかけた問いの一つに対する一番適切な答えになる。アイヴァン・ボウスキーは使いきれる以上の財産を持っているのに、なぜ数百万ドルのために一切を賭けたのか。インサイダー取引の罪に問われたボウスキーが罪を認めてから六年後の一九九二年、彼の別れた妻セーマはひさびさに沈黙を破った。ABC放送の番組20／20に登場し、バーバラ・ウォルターズにアイヴァン・ボウスキーの動機について語った。ウォルターズは、アイヴァン・ボウスキーは贅沢を追い求めるタイプだったかと質問した。セーマ・ボウスキーはそうは思わないと答え、アイヴァンが一日二四時間、土日もなく働き、自分の金を楽しめる休日などとったことがないという事実をあげた。そして、一九八二年に彼の名が「フォーブズ」誌の全米長者番付に入ったとき、ボウスキーがひどく怒ったことを思い出した。ボウスキーは人に知られることをいやがっているのだろうと彼女は思い、そうした趣旨のことをボウスキーに言った。それに対してボウスキーはこう答えたという。

そんなことで私は怒っているのではないよ。頭にくるのは、われわれはまだ何者でもないということなんだ。これでは、この番付のどこにもいないのも同然だ。番付の一番下にいるんだぞ。約束するよ、もう二度とこんな恥はかかせないよ。一番下にとどまるつもりはないからね。[18]

勝ちたいという切望、それは商売においてもスポーツにおいてもシーシュポスの労働の現代版である。目標もないのに果てしのない労働を続けろという判決である。それはボウスキーがとりつかれ、身を破滅させた中毒である。だがたとえ破滅をまねかなかったとしても、最終的には、勝っても負けてもこの欲求は満たされないことにボウスキーは気づいたことだろう。

内に向かう傾向

人生に満たされないとき、多くの人は自分にどこか異常があるのではないかと考える。そこで、心理療法に救いを求める。一九七九年までの二〇年で、精神衛生の専門家を訪ねた人の数は三倍にふくれあがった。この傾向は、都会に暮らす教育と専門知識をもった若者に始まったが、やがて社会のほかの階層にも広がっていった[19]。一九七三年にニューヨーク大学で哲学科の客員講師として教えたとき、私はいやでもこれに気づかないわけにはいかなかった。ニューヨークに行くまで、週に一度は心理療法に通う人など私は会ったこともなかった。だがニューヨークで、大学教授やそのつれあいといった仲間とつきあううちに、その多くが実に毎日精神分析にかかっていることを知るようになった。生きるか死ぬかのせとぎわでもないのに神経がだめになったりしないように、年に一一カ月、週に五日、毎回一時間の予約を入れていた。自分の主治医が休みをとるときでなければ、休暇もとれなかった（夫婦はよくそれぞれ違う医者にかかっていたが、都合のいいことに、精神分析医はみな八月には休診するので、夫婦そろって休暇に出かけることができた）。これがまたけっして安いものではなかった。私の同僚の何人かは、高い給料をもらう成功した学者だったが、なんと年間所得の四分の一を分析医への支払いにまわしていた。私の見た限り、この人たちは分析医の世話になっていない人と比べて特別何か困っているわけではなかったし、それこそ精神分析のやっかいになっている点をのぞいては、オックスフォードやメルボルンの友人たちとどこも変わらなかった。私はどうしてそんなことをするのか友人の何人かに尋ねてみた。彼らが言うには、自分は抑圧を感じているからだとか、心理的緊張を解消することができないからだとか、人生を無意味に感じるからだとかいうことだった。私としては、彼らをつかんで揺すってやりたかった。この人たちは、知的で才能があって裕福で、世界で一番刺激的な街に住んでいたのである。人類の歴史を通じて、これほど大きな情報都市はなかった。「ニューヨーク・タイムズ」紙は、日々世界の現実を伝えてくれた。たとえば、発展途上国では、明日の食べ物にもことかくような飢饉に苦しむ家族がおり、栄養失調のために肉体、精神の両面で発達が遅れている子どもたちがいる。そういうことを彼らは知っていた。人類すべてに行きわたるだけの食料がこの惑星で生産できること、だが現実の配分はあまりにも不平等で、国の間の公正を説いても一笑にふされるだけだということ、そういう現実も知っていた(一例をあげれば、一九七三年の合衆国のGNPは一人当たり六千二百ドルで、マリのGNPは七〇ドルだった)[20]。有能で裕福なこうしたニューヨーカーが、分析医の椅子からおり、少しの間でも自分だけの問題を考えるのをやめたとしよう。代わりにバングラデシュやエチオピアに出かけていて、あるいは地下鉄に乗っていく駅か北に行ってマンハッタンに出かけていったとしよう。そしてそこの人たちが抱える本当の問題をなんとかしようとするなら、きっと自分の問題などすっかり忘れてしまうだろうし、おそらく世界ももっといい場所にできることだろう。

問題の解決を求めて自己の内面に目を向けると、人は何か神秘的な実体を探し求めてしまう。それは、シーシュポスの人生に意味を与えるテイラーの二番目の方法にも登場したものと同じものである。岩を押したいという気になるように、神がシーシュポスの中に植えつけたあの「何か」である。そんな「何か」を探し求める代わりに、世界に出ていって何か役立つことをしたほうが問題の解決になると私ならすすめる。そういう意味では、私はテイラーの第一の方法に賛成である。つまり、シーシュポスの心の状態はそのままにして、神殿を建てるといったふうに外の世界を変えることができるようにしてやる方法である。だが、一見客観主義的なこの立場をとるにあたって、私はまだ正当な哲学的理由を示していない。さしあたっては、現実にはそのほうがうまくいきそうだからとしておこう。

何年も精神分析に通い、何の成果もないという人は多い。成果がないのは当然で、精神分析医はフロイトの学説にそまっていて、問題は患者自身の無意識にひそんでいるのだから、内省によって解消しなければならないと教わっているのである。そこで、患者は外に目を向けるべきときに、自己の内面に目を向けるように指導される。フロイト学派に属さないセラピスト、ヴィクトール・フランクルは、アメリカの外交官が彼のウィーンの診療所にやってきたときの話をしている。外交官は、五年前からニューヨークで続けてきた精神分析をここでも継続したいと思って訪ねてきたのである。フランクルは、精神分析にかかるようになったそもそものきっかけは何だったかと尋ねた。外交官は、当時のアメリカの外交政策にどうしても納得がいかず、自分の仕事に満足できなかったからだと答えた。

フロイト派だった彼の分析医は、アメリカ政府や上司の態度が本当の問題なのではなく、ただそれらが父親のイメージと重なって問題を起こしているのだと繰り返し説いてきかせた。つまり、彼が仕事に不満なのは、父親を無意識に嫌っていたからだというのである。したがって、父親に対する無意識の感情をもっと自覚し、父親と和解するようにつとめることが肝要だ、というのがこの分析医の処方であった。フランクルはこの説明に賛成できなかった。彼の結論では、この外交官にはまったく心理療法など必要なかった。自分の仕事に意味が見いだせないから不幸なだけなのである。そこで、フランクルは転職をすすめた。外交官もそれに従った。彼は新しい仕事を最初から楽しみ、五年後に再会したときにも変わりはなかった[21]。

意味を求めて内向して失敗するということがあまりにもひんぱんに見られるため、ロバート・ベラーと同僚たちは、愛や結婚と並んで、アメリカ人の生活の重大な一面として心理療法を検討することに決め、その成果を『心の習慣』にまとめた。序言には次のように述べられている。

私的な面での個人の生活を考察するにあたって、われわれは恋愛と結婚を取り上げることに決めた。それは、この二つが個々人が私的な生活を形づくるうえで古来大きな役割を演じてきたものだからである。さらに、われわれは心理療法も取り上げることにした。これはずっと歴史の新しいものであるが、アメリカの中産階級が私的な領域に意味を見いだそうとするとき頼る手段として、今日その重要性は増す一方である。[22] こんなふうに、心理療法士は、精神を病んでいる人の治療だけではなく、アメリカの中産階級の人生に意味を与えるという新しい役割を担わされているのである。

心理療法を介して人生に取り組むという態度がどれほど一般化しているかを示すもう一つの指標が、M・スコット・ペックの『あまり歩まれなかった道』が驚くほど長く人気を保っていることである。私がこれを書いている一九九二年の六月まで、この本は「ニューヨーク・タイムズ」紙のベストセラーのリストに四三六週、つまり八年以上載り続けている。精神科医であるペックは、精神病の治療としてだけではなく、「人間的な成長の近道」として心理療法をすすめている。ペックは、心理療法にかからなくとも人間的な成長をとげることは可能だと認めながら、その一方で、「それはうんざりするほど退屈で、必要以上に時間がかかり、やっかいな仕事になる」と意見している。個人の人間的成長における心理療法の有用性を家を建てるさいの金づちや釘になぞらえて、「手元にある道具を近道として利用することはいつでもあたりまえのことだ」と説いてみせる。[23]

私にはこの比喩はあやしいものに見える。近道はいつのまにか長い迷路にかわるのが世の常である。自己というものに焦点を合わせすぎるのは、心理療法士の職業病であり、これに対して免疫のある者はほとんどいない。それは皮相な主観主義的価値観と結び付きやすく、そのせいで心理療法士は倫理的な立場を心からとるということができない。『心の習慣』の著者たちは次のように報告している。

心理療法で言う自己は……それがもつ欲求や満足と同義である。……こうした自己に求められる社会的な徳は、感情の交流、正直であること、公正な交渉などに限られている。心理療法になじんだものは正邪をはっきり言うことを恐れる。また、ことの正邪を言う場合でも、「私だけの考えだけれど」とか「私が思うには」といった自分の主観だという前おきをしなければ気がすまない。なぜなら、道徳判断は完全に主観的な感情に基づいており、議論しても意味がないと彼らは確信しているからである。(24)

ゲシュタルト派の心理療法士は、「道徳」が心理療法に変わっていく過程のあらましをこう書いている。

「これは正しいことなのか、それとも間違ったことなのか」という問いは、「これは今私の役に立つか」という質問に変わる。これに対しては、個々人が自分自身の欲求に照らして答えなければならない。(25)

ここで注目してもらいたいのは、自己をこえた目的に価値を認める能力がこの人たちには欠けているということである。この特徴は、心理療法士だけではなく、道徳を信じない一般向けの著者にも認められる。『ナンバー・ワンをめざして』で、ロバート・J・リンガーはこう書いている。

一番になろうとすることが正しいことかどうか決めようとするとき、あなたがまずしなければならないのは、他人のつまらない道徳的意見を気にするのをやめることである。……あなたが考えなければならないのは、ただあなた自身の自覚的な合理的な観点から見て、一番になろうとすることが道徳的かどうかである。……あなたが「正しいかどうか」という疑問にうまく答えられるように、私はあなたにまずこう質問しよう。他人の権利をむりやり侵害しない限り、あなたの人生をもっと快く、苦しくないものにしようとしてはいけないと考える合理的な理由がありますか、と。(26)

私は、自己という内面的な感覚に一切を還元してすませる人々の一人にリンガーを数えたいと思う。なぜなら、題名が表すとおり、それがこの本の主旨だからである。だが、気をつけてほしいのは、他人の権利をむりやりおかさないという条件をリンガーがそっとすべりこませたことである。他人の権利を侵害して「生活がもっと快く、苦しくないものに」なるとすれば、そうしないどんな「合理的な理由」をリンガーが認めたのか知りたいものである。リンガーが自己の快苦に基礎づけられない道徳的要請が一つでもあると認めているのなら、なぜほかにもそうした要請があると認められないのだろうか。

グイル・シーヒィの『移りかわる時、中高年の生活に予想される危機』は、『ナンバー・ワンをめざして』と同じように七〇年代にはやった自己開発ものの一つである。これは、リンガーの読者に比べて相当洗練された読者層に向けたものであったが、一切の真理の源泉として個人の自己に焦点を合わせている点では同じである。次の言葉は、人が中高年にさしかかったとき迎える危機にいかに対処するかについて、シーヒィが与える助言である。

人生も半ばを過ぎようとするとき、一番大切な言葉は、「あるがままに受け入れなさい」というものである。あなたに何が起ころうと、そのあるがままを受け入れること。あなたの配偶者に何が起ころうと、あるがままに受け入れること。どんな感情も、どんな変化もあるがままに受け入れること、これである。

自分が今もっているものを全部そのまま携えて人生後半の旅に出ることはできない。あなたはこれからどこかに動いていくのだ。社会の既成概念や他人の唱えるお題目など関係のないかなたへ。他人のくだす評価や信用を離れて、自分の心の納得を求めて旅をする。いろいろな役割を離れて自己の内部へ動いていく。……その果てにひらける見晴らしのいい場所にたどりつくためには、不確実性のなかを無重力の旅をしていかなければならない。(27)

あなたが受け入れてきた価値観や基準を批判的に考えなおしてみることはいいことである。だが、何でも「あるがままに受け入れる」ことができると思い、「無重力」になって、ただ「自己」の内部に自分だけの基準を見つければいいと思いこんでしまうと、私たちをとりまく現実を見る代わりに自己の内面に目を向けるという精神分析の過ちを繰り返すことになる。この現実こそ、私たちに行動の機会とその限界をともども提示してくれるものなのにである。もし人生が私たちの空想以上の意味をもつことができるとしたら、私たちは現実の外に逃れる扉に鍵をかけて封じ、この現実が私たちにつきつけてくる要求に向き合っていかなければならない。人はしばらくのあいだ生きて、それから死んでいくのである。人の人生は楽しくもありうるし苦しくもありうるが、それだけでない意味を人生にもたせたいと望むのなら、この意味は私たちの主観的な経験だけからつくりだすことはできない。何かやるに値することがなければ、人生に意味はありえない。そして何かがやるに値すると決定することは、倫理的な判断をすることをともなっている。

こういう意味で、リチャード・テイラーの主観主義的な立場には欠陥がある。シーシュポスの人生で問題なのは、彼がやらなければならない仕事の性質ではなく、彼がその作業をやりたいと思っているかどうかなのだとテイラーは言う。だが、もちろんテイラーにとっては、この仕事はまったく申し分がないほどばかげたものなのである。いつも頂上に達する前に転がり落ちてしまうのに、繰り返し同じ岩を押しあげていく、これよりばかげた仕事はまずないであろう。だが、もしシーシュポスがそれをやりたいと思っているのなら、それは最上の人生であると彼は言う。同じように、前に引用したゲシュタルト派の心理療法士がシーシュポスの運命をつきつけられたとしたら、きっとこう答えるだろう。「岩を押しあげることはシーシュポスにとって正しいことか、それとも間違ったことなのか」という問いは、「それが今の彼に役に立つことなのか」という質問に変わる。

これに対しては、シーシュポスが自分自身の欲求に照らして答えなければならない。また、もし永遠の運命のどこかの時点で、シーシュポスが中高年期の危機を迎えたとしたら、ゲイル・シーヒィは、自分の「心の中で納得」しているのなら「他人のくだす評価や信用」にわずらわされることはないと励ますことだろう。

自己の外部に意味を見いだす必要があると主張するヴィクトール・フランクルは、心理療法士の中では例外的存在である。意味を求める必要がどんなに重要かに彼が気づいたのは、考えられる最も絶望的な状況の中においてであった。ウィーンのユダヤ人であった彼は、第二次世界大戦の大半をナチの強制収容所で過ごした。そこで彼は、「未来――自分の未来――に対する希望を失った囚人が自滅していく」のを見た(28)。何かのために生きることができない囚人たちは、運命の前になすすべなく肉体的、精神的に崩れていった。ある者は自殺を企て、ある者は労働作業を放棄し、それで射殺、あるいは撲り殺された。ほかの者も感染症や病気に倒れた。生きのびる可能性は、生きる目的を何かもっているかどうかにかかっていた。その何かは、戦争になる前に安全なところに逃れた子どもや恋人との再会かもしれない。フランクルの知っていた一人の科学者は、中断された研究をなしとげたいという思いでやっていくことができた。この大量殺戮の信じられない現実の生き証人となるために生きのびたいということでも、目標になる。フランクル自身にとっては、アウシュヴィッツに入ったその日に没収された処女作の原稿をもう一度書きなおしたいという思いだった。フランクルは、「〈何のために〉生きるかを知っている者は、〈どんなふうに〉生きようともたいてい耐えられるものだ」というニーチェの言葉を引用している。(29)

自己にとりつかれることは、七〇年代・八〇年代の世代に特有の心理的誤りであった。自己の問題が非常に重要だということは私も否定しない。間違いは、自己に焦点を合わせてその問題に答えようとする姿勢にある。この誤りは次の誤りとよく似ている。あなたは自伝を書こうと思う。そしてそれに熱心なあまり、若いときから自伝を書くこと以外の何もしないと決めてしまう。そうすると、いったい何を書けばいいのだろうか。あなたはコンピュータの前に座って打ちこむ。「私は今自伝を書いている。」あなたは、自伝を書くことについてどう考えているか表現することができるだろうから、しばらくはそんなふうにして何とか書きすすめていける。だが書く以外の経験をしないとすれば、本は薄っぺらなものになり、内容もおもしろくはならないだろう。自分の内面をのぞきこんで「自分を発見すること」にすべての時間と情熱を注ぎこんでしまうのもこれと同じで、そんなふうにして発見した自己は内容のないものになるだろう。そんな自己はからっぽだろう。もちろん、こんなふうに自分の内面をのぞくことに時間と情熱のすべてをかけてしまう人はいない。だが多くの人がそれに時間をかけすぎているし、その結果、その人たちの生活はしぼんでいってしまう。

人々が自己にとりつかれてしまう理由はいろいろある。心理療法に解決を求める人の多くは、不幸なために、自分の心に何か異常があると思い至った人である。しかし、毎日毎日あらゆる方法でしかけてくるこの消費社会の精神にたきつけられ、唯一追求する価値のある目標は自分自身の快楽と幸福だと思いこまされてしまった人も多い。こうした人がおかしている過ちは古代からのもので、哲学者のあいだで「快楽主義のパラドックス」として知られているものである。快楽主義者は一生懸命快楽を求める。しかし、意図的に快楽の追求に乗りだす人は、おそらくつかの間の快楽しか手に入れられない。このような人生への取り組み方の現代版が、ブレット・イーストン・エリスの処女作『ないよりはまし』に実に巧妙に描かれている。ロサンゼルスを舞台に描かれた裕福な若者たちの生活は、アルコールから始まってセックスに終わり、あるいは麻薬、際限なく続くロック・ビデオ、暴力へと向かい、またアルコールに戻っていく。だが、どれも大して楽しくはない。充実感など論外である。後に書かれたエリスの『アメリカの心理』はさらにショッキングなものだが、その萌芽はこうした存在のむなしさの体験にすでに認められる。イギリスの哲学者F・H・ブラッドリーなら、一世紀以上前に快楽の追求について自分が書いたことが、エリスの本で迫真の表現を得たと感じることだろう。

> 快楽は消滅の連続である。一つの快楽がおとずれ、強烈な自己の感情が充足感を表明する。それは過ぎ去り、われわれはもう満足していない……別の、そのまた別の快楽も、われわれが望んでいるものを与えてくれない。感情の興奮が消え失せるまでは、

われわれはいつも熱狂し確信している。そして、それがすんだとき、残るものは何もない。われわれはふりだしに戻っている。幸福を手にいれようとする限り、これは続く。本当の自分を見いだし満たされるということがない。

これはよく経験されることであって、快に幸福を求める快楽主義に対する体験的な反論である。[30]

豊かな消費社会では、自分自身の快の追求が生活の中心になる。そしてその先には、まさにブラッドリーが描いたとおりの経験がある。そのとき人が発する言葉も、ブラッドリーの言葉のとおりである。満たされていない、「本当の自分を発見」しなければならない、と。幸福以外の何かをめざし、それに一生懸命になることが、幸福や永続的な満足への近道だという古くからの知恵を、人は忘れてしまっているのである。いかにもヴィクトリア朝的な慎重な調子で、ヘンリー・シジウィックはこう書いている。「われわれが幸福を意識してめざす程度を注意深く制限するとき、幸福は手に入りやすくなる。[31]」しかし、私たちはほかの何をめざしたらいいのか。

自己をこえた大義

『心の習慣』で、ロバート・ベラーと同僚たちは、意味を探し求めて自分の内面に向かう傾向を指摘し、それに警告を発している。このような傾向があることを実証しながら、彼らは別の選択肢を提示している。彼らは、政治的に活動している人々に語りかける。その一人が、近所に家を借りて暮らす貧しい移民を助ける活動をしているウェイン・バウアーである。バウアーは、自分の人生の選択に苦しんだ時期があったと言う。

道徳が私にとって問題になってきた。なにもかも白紙に戻して、ひっぱっても切れない耐久力のある材料でつくりなおしたいといった感じだった。……政治を観察することは、文明があがき、発展していくのを見ることだ。それは確かにとても刺激的だ。だが、自分がその絵、歴史的な意味のある絵の中に入りこんでいくのは自分の戦いだから、それはもっと個人的なものにもなる。……私は自分のやっていることに手ごたえを感じる。自分のかかわっている活動が、直接他の人たちの役に立っていると感じている。それはやはりこの価値の問題だ。どれだけ物質的なものを手に入れられるか、どれだけ金が稼げるかということに自分の時間を全部注ぐこともできるが、お互い助け合ったり、協力して働くことに同じだけ注ぎこむこともできる。……それは見ていてすばらしいものだし、参加するのは刺激的だ。なぜなら目の前で起こっているのは、一種の意識の進化だからだ。(32)

マラ・ジェイムズは、南カリフォルニアの郊外で環境運動に携わっている。彼女はこんなふうに語っている。

私はときどき自分をゴムボールと呼ぶことがあります。ときにおしつぶされてぺちゃんこになってしまうこともあるけれど、必ずはね起きるんですね。自分は全体の一部であり歴史の一部なのだととても強く感じます。私は世界全体を含む多様な連続体《スペクトラム》の中に生きているのです。私はその一部なんです。私がやることが全体に影響を与えるからです。(33)

自分のやっていることに充実感を覚えるのはなぜかを説明しようとして、バウアーもジェイムズも、「意識の進化」に参加するとか、歴史に参加するというような、より大きな大義《コース》に取り組んでいることをあげている。『心の習慣』の著者たちは、純粋に個人的な充足感に目標をさだめたアメリカ人の「多くがむなしさを味わうだけに終わっている」一方で、多くの人が「個人的な満足と社会的なものへの関与は背反するものではない」と気づいていると言う。そういう人たちは、「活動的に社会や伝統に一体化すること」に、自分の満足感のよりどころを見いだしている。(34)

二人の非常に異なった著者が、人生に意味を与えるには何が必要かという考えで一致している。一人は、この章の初めのほうで取り上げたベティ・フリーダンである。女性が自分に与えられた役割には目的がないと感じている様子を見事に描き出したあと、フリーダンは、この「名前のない問題」の解決は女性が「人生計画」、何らかの「生涯の興味と目標」を育てることにあると考えた。仕事もその一つになるかもしれない。だが、そのためには、とフリーダンはつけ加える。

……それは、人生計画の一部として真剣に考えられるような仕事でなければならない。社会の一部として女性が成長していけるような仕事でなければならない。[35]

『女らしさという神話』が出版されてから三〇年後、「男らしさという神話」と名づけてもいいようなもう一つのベストセラーが現れた。著者ロバート・ブライが実際につけた題名は『鉄の男ジョン』である。この二つの本の違いは、フリーダンが女らしさという神話を批判しているのに対して、ブライは男らしさという神話に耽溺しているという点である。週末になると、彼は俗世間を離れて仲間たちと集団で隠遁生活に入る。そこで男たちは連れだって森に出かける。偉業をなしとげた古代の戦士たちの伝説を読むのである。それから、この二〇世紀のアメリカの男たちは剣を頭上高くふりまわし、太陽の光が鋭い刃先にきらめくのを見てうっとりする。彼らはこんなふうにして、自分たちの中の「戦士」をとりもどそうと願う。だがそんなことをしても、男っていつまでたっても大人にならないのね、という女性の文句を裏づけるのがせきの山であろう。『鉄の男ジョン』は一年間ベストセラー入りを続けていたが、この本はグリムの童話「鉄の男ハンス」を下じきにしている。ハンスは野生の男で、泉から現れでて、若き王子が大人になる手ほどきをした。この童話のエピソードについてのとりとめのない注釈に埋もれたかっこうになっているが、『鉄の男ジョン』には全体の救いとなる次のような一節がある。

しかし、戦士は「本物の王」につかえているとき――これは自己をこえた大義につかえるということだが――には、実によくやる。彼の肉体は働きものの召使になる。それは、寒さ、暑さ、苦痛、打ち身、切傷、飢え、睡眠不足、ありとあらゆる困難に耐えるために必要なのだ。たいてい肉体はよくこたえてくれる。戦士の気力をもった者は、長時間倦むことなく働き、必要なことをやりとげることができる。脚注をあますところなくつけて博士号をとり、いやな上司にも耐えることができる。ラルフ・ネイダーのように質素に暮らし、T・S・エリオットのようにたった一つの裸電球の下で何年間も執筆することができる。聖フランチェスコ、あるいはマザー・テレサのように排泄物や汚物を際限なく片づけ続け、サハロフのように蔑み、嘲笑、亡命にも耐えることができる。無情な手が安楽をむさぼる赤ん坊を連れ去り、大人の戦士がその体に宿る。(36)

ここには何か根本的なもの、ロバート・ブライ、ベティ・フリーダン、ウェイン・バウアー、マラ・ジェイムズ、『心の習慣』の著者たち、ヴィクトール・フランクル、こうした人たちがみな一致して認める根本的なものがある。それは、自己をこえて広がる大義に取り組む必要である。もし私たちが本物の自尊心をもち、自分のもてるすべてを発揮したいと思うのなら、これが必要となる。どんな活動でも、自分がやりたいと思うなら同じようによいというリチャード・テイラーの考え方とは反対に、この考え方は、一口に目的と言っても、人生を意味あるものにするのに適した大義とそうでないものがあることを示唆している。

だが、いったいどんな目的が、ブライの言う「本物の王」であり「自己をこえた大義」なのだろうか。たまたまほしいと思ったものではだめなのだとしたら、人生に意味をもたらす大義をいったいどうやって見つけたらいいのだろうか。リチャード・テイラーの考えでは、いつも丘を転がり落ちてしまう岩の代わりに、他の岩をいくつも頂上に運び、神殿を建てるのに使うことができたとしても、それでもシーシュポスの人生は意味あるものにはならない。神殿を建てることでシーシュポスの人生は意味をもてるという考えは、私たちの達成することの少なくともいくつかには客観的な価値があるということを前提しているように思われる。テイラーはこれに反対して、神殿はどんなに堅固につくられても、時とともに朽ちていくと指摘する。このテイラーの指摘は、シェリーの古典的な詩「オジマンディアス」とひびきあうものをもっている。

私は古代の土地からやってきた旅人に出会った
旅人は語る、胴体のない巨大な石の脚が二本
砂漠のなかに立っている……そのかたわら、砂の上に
なかば埋もれた恰好で、崩れ落ちた顔がある、歪んだような
皺のよった唇、冷酷な命令者の笑み、

彫刻家よ、よくぞ読み取った、この情熱を、
この情念だけが今も名残をとどめる、いのちのない石に刻まれて
それを刻んだ手、血をかよわせた心臓の絶えはてた今に
そして台座にはこんな言葉が読み取れる
「われの名はオジマンディアス、王のなかの王なり、
全能の神よ、見よわれの偉業を、そして絶望するがよい」
ほかに残されたものはない。朽ちゆくもの、
巨大な残骸のまわりに、はてしなく遮るものとてなく
寂しい平らな砂が広がっている。(37)

バートランド・ラッセルも、宇宙から見た人間の無意味さを強調しながら、好んで似たようなことを指摘している。私たちのこの世界全体は、銀河系の中の一つの星を回る一つの惑星にすぎない。銀河系には三千億もの星があり、それでさえ数百万の銀河系の一つにすぎない。太陽は最後には冷たくなり、地球上の生命は終わりを迎える。だが宇宙は、人間の運命には頓着せず続いていく。(38)

もしオジマンディアスのような傲慢さにとりつかれ、自分の神殿が永遠に残ると想像していたなら、こうしたイメージはシーシュポスを躊躇させることだろう。だがシーシュポスがラッセルの著作のその先を読んだら、別の一説に出会うだろう。「人間とその営みの

小ささに気づいた」とき、人は最初はうちのめされたような気になり、何もする気が起きなくなるかもしれないが、「この反応は理性的ではないし、長続きもしない。大きさだけでは崇拝する理由にはならないのである」[39]。その神殿がパルテノンと同じくらい長く残り、パルテノンと同じようにその美しさと建築技術が正当にたたえられるなら、自分のなしとげる業績にまず自負してよいとシーシュポスは考えるだろう。宇宙の中の自分の位置をつくづく考えてみたうえで、彼は再び仕事にとりかかるだろう。どんなに美しい不朽の名作でも、人間のつくったものはやがて塵にかえる。だがそれは、そうしたものをつくりだすことの価値と意味を否定するものではない。しかし、仕事の性質ではなく彼の感じ方にシーシュポスの人生の意味はかかっているとテイラーが主張するのには、もう一つ理由がある。シーシュポスが神殿を完成し、あとはただ休んで、その美しさを思って永遠の時を過ごしたとしよう。それはいったいどんなものだろう。テイラーは、ただ無限に続く退屈があるだけだと言う。「永遠に続く無意味な活動という悪夢」の代わりに、「活動の永遠に続く不在という地獄」があるだろう。こうして、シーシュポスはいずれにしても自分の労働には意味がないと気づいてしまうだろう。

ここでもまた、テイラーは間違っている。人生がどうすれば意味あるものになるかという彼の説は、そのために説得力を失う。彼が見逃しているのは、シーシュポスの人生はどんな人間にも当てはまらない特殊なものだという点である。丘の上まで岩を押しあげるという神々がシーシュポスに科した罰は、永遠のものである。となると、シーシュポスは不死にならざるをえない。ほかの人間がすべて死に絶えたあとも、彼は生き続けるだろう。神殿が完成されたあとも、彼の前には無限の時間が横たわっている。自分の建てた神殿の美しさをいくら思ってみても、退屈するのはあたりまえではないか。私たち死すべき人間はそうではない。私たちなら神殿の完成をみる前に死んでしまうだろう。まだまだやらなければならないことがあるのが人の世の常なのである。

何かの目的のために働くことで人生に意味を見いだすとしたら、その目的はブライが示唆しているような「自己をこえた大義」でなければならない。つまり、私たちの自己の境界をこえて広がるような目的である。そうした大義はいろいろある。クラブが個人よりも大きい存在だということは、フットボール選手の念頭にいつもある。同じことは企業に働く人々についても言える。特に、日本式のやり方で、歌やスローガンや社会活動によって集団への忠誠心を育てている企業ではそうである。自分のマフィアの「一族《ファミリー》」を助けることは、自己よりも大きな大義に参加することである。宗教団体の一員になることやナチ党員になることも同じである。そして、さまざまなやり方で不正や搾取に反対していくことも同じである。その一例がマラ・ジェイムズやウェイン・バウアーである。こうした一連の大義のどれであろうと、そこから人生の意味と充実感を得ている人がいることは疑いの余地がない。そうすると、人が倫理的な大義を選ぼうが、ほかの大義を選ぼうが、それは結局個々人の勝手なのだろうか。そうではない。確かに、倫理的に生きることが人生に内容と価値を与える唯一の方法だとは言えない。だが、人がどう生きるかを選択しようとするとき、倫理的な生き方は一番しっかりした基礎をもった生き方である。フットボール・クラブや企業といったような一部の人の利益に取り組むことは、深く考えれば考えるほど意味を認めにくくなる。対照的に、どれだけ深く考えても、倫理的生活に取り組むことは、つまらないとか無意味だということにはならないことがわかる。これは、おそらく本書で一番重要な主張であるが、同時に最も議論を呼ぶものであろう。倫理的に生きることは、あらゆる大義の中でも最も壮大なものに自分を投じることであり、それが私たちにとって人生を意味あるものにする最上の方法である。最終章では、このことを示していくつもりである。

（村上訳）

第11章　よい生き方

豆粒ほどの前進

　ヘンリー・スパイラは、十代で両親から独立して、商船乗組員として働き始めた。彼は、船員の仕事の傍ら全国海運組合に加わり、腐敗した組合の指導者に対決する改革者グループの一員として活動した。マッカーシー時代には、ニュージャージー州の自動車製造工場で働きながら、左翼系の出版物に寄稿していた。その結果ＦＢＩには彼についての分厚いファイルができあがった。六〇年代には彼は、ミシシッピー州で公民権運動のための行進に参加していた。私が彼に出会ったのは、一九七三年のことである。そのとき私はニューヨーク大学で動物解放についての生涯学習コースを教えていたが、彼はその授業を聴講していたのである。彼が動物解放運動のことを知ったのは、マルクス主義系の雑誌で動物解放についての論文を読んだからであった。その論文は、動物解放の考え方を、書評紙「ニューヨーク・レビュー・オブ・ブックス」を根城にし、過激さをかっこよいと思っているグループが言い出した最新のたわごとだと酷評していた。スパイラは、その論文の揶揄にもかかわらず、その考え方のあらましを理解し、それをもっと学ぶ価値があるものと考えたのだった。その授業が終わり、私がオーストラリアに帰ったあと、スパイラは自分の住いからほんの数ブロックのところにある、アメリカ自然史博物館で動物に対してなされている実験についての調査を行った。彼は、そこの研究者たちが、ネコをめちゃくちゃに扱っている、たとえばネコの嗅覚を取り除き、そのことがネコの性行動にどんな影響をもたらすかを見いだそうとしている、ということを知った。スパイラは、かつて私の授業に出席していた人たちに電話をし、彼らは一緒になってそのような実験をやめさせる運動を組織した。その運動は大きくなり、その建物の入口にはいつもピケがはられ、ときには大規模のデモが行われた。その結果、博物館側はその実験を今後行わないことを表明した。これは、動物実験反対運動がその目的を達成した最初のときであったろうと思われる。その次には、スパイラはより大きな的にねらいを定めた。レブロン社は、意識が十分にありながら動けないようにされたウサギの目を実験台にして、自社の化粧品のテストを行っていたが、スパイラはそのことを糾弾した。最初は彼の主張は無視されたが、彼は圧力を強めていった。一〇年後、レブロン社は、自社の製品のテストに動物を使用するのはもうやめてしまっている、と発表した。他のいくつかの化粧品会社もその例にならった。私がこれを書いている現在、彼は工場畜産の鶏肉の生産者としてアメリカで最も有名な、フランク・パーデューと対決している。スパイラは種々の広告を出し、その中で、パーデューが自社で育てているニワトリに対して残虐なことをしていると非難するだけでなく、さらにその鶏肉が健康によくないこと、自社の労働者を搾取していること、その労働者たちが組合を結成しないようにとギャングの手を借りようとしていることについても非難している。さらにスパイラは告発一つ一つについて明確な証拠を添えたので、「ニューヨーク・タイムズ」紙は、スパイラの反パーデュー広告の掲載を承知した。

さまざまな目標のための活動に満ちた人生を送る理由を問われて、スパイラは、自分の出発点が「この世の苦痛や苦しみを減らすためには、どこで自分が最もよく活動できるか」と問うことにある、と答えている。苦痛や苦しみがまだ取り除かれずに残ったままであるということをいつも思い出すというのは、気をめいらせることのように思われるが、スパイラはユーモアのセンスをいつももち続けている（反パーデュー・キャンペーンで彼が使用した広告の一つには「安全な鶏肉、そんなものは存在しない」という見出しがつけられていたが、その見出しの下には、コンドームの中に入ったニワトリの死骸の大きな写真がおかれていた）。いずれにせよ、スパイラはすることが多すぎて気をめいらせている時間がないのである。あるインタヴューで、どんな墓碑銘を望むかと聞かれて、彼は「豆粒ほどのことをなした者ここに眠る」という文言をあげた。ときどき私はニューヨークを訪れるが、そのさい彼のアパートに泊まることがある。彼はアッパー・ウエストサイド地区にあって賃貸料が制限されているアパートにネコを飼って住んでいる。そのとき、彼はいつも物事を前進させるための戦略を練っており新たなチャレンジに情熱をわかせている。私は、自分も元気づけられて彼と別れるのである。

この本を書いている最中に、私は、動物解放運動にかかわっている別の古くからの友人から手紙を受け取った。クリスチーン・タウンエンドは、動物解放の倫理を擁護するための、オーストラリアで最初の団体を結成した人である。彼女と、夫で弁護士のジェレミーは、緑の多いシドニー郊外の広い敷地にあるすばらしい家に住んでいた。何年か前インドに旅行したとき、彼女はその国では動物が悲惨な状況におかれていることを知った。インドにはヒンズー教や仏教の伝統があり、その伝統は西洋的伝統よりも動物に対してもっとやさしいものであるにもかかわらず、人々が貧しいため、いろいろな動物が悲惨な生活を送り、ひどい死に方をせざるをえないのである。彼女は毎年一、二カ月間インドに滞在し、ラージャスターン州のジャイプル近くに根拠地のある、この運動推進のために悪戦苦闘しているボランティアのグループの手助けを始めた。そこでの問題は、オーストラリアでよりもっとはっきりしていた。というのは、オーストラリアでは、動物解放に向けての改革はすべて政府の委員会で果てしない会合を積み重ね忍耐強い交渉をすることによってしか進行しないという段階に入っているからである。さて、クリスチーンの手紙に戻れば、彼女は、子どもたちが成長し独立して生活しているので、自分と夫ジェレミーはインドの動物解放グループの手助けをもっとできるし、またすべきだと決意したと述べていた。二人は家を売り、ジェレミーは弁護士の仕事をやめ、少なくとも今後五年間はボランティアとしてインドで働くことにしている、とのことであった。私がクリスチーンに電話し彼女の勇気ある決断に敬意を表したとき、彼女の声は自信に満ちていて幸福感にあふれていた。彼女は、自分をわくわくさせしかも価値ある仕事をすることに期待をふくらませていたのである。そこには犠牲という気持ちはまったくなかった。というのは、彼女は、自分が捨てようとしているもっと快適な生活に比べて、自分のしようとしていることのほうがずっと重要だと考えていたからである。

ヘンリー・スパイラやクリスチーン・タウンエンドの考え方は、キャロル・ギリガンが『異なる声』で引用している女性の発言によって見事に表現されている。私はすでに、第9章でその一節を一度引用したが、それはもう一度引用する価値がある。

世界に対する責任が自分にあるという強い感じを私は抱いています。つまり、ただ自分が楽しんで生きるということは、私にはとうていできないのです。自分がこの世界に存在しているという事実そのものが私に義務を課し、たとえどんなに小さなことしかできなくとも、この世界を住みよい場所にするためにできるだけのことをしなければならないと思うのです。

この女性と同様のことは、私の知っている多くの人たちが言ったとしてもおかしくはない。その人たちは、貧しい国家にもっと多額の海外援助をするため、畜産動物に動き回ったり手足を伸ばせるという最低の自由を与えてやるため、良心の囚人を解放するため、あるいは核兵器廃絶を実現するために努力しているのである。このような考え方は、第8章で述べたような形で他人への配慮を示す人々の行動の底に流れているものである。さらに、第10章で見たように、ウェイン・バウアーやマラ・ジェイムズが、自分たちはより大きな全体の一部だと感じていると述べていたこと、そしてこのように感じることによって彼らの人生に非常に積極的な面が生まれてきたことを思い起こしてほしい。

これらの人々は、より広い視野からものごとを見ており、このより広い視野をとることが倫理的な生き方の特徴である。ヘンリー・シジウィックの記憶に値する表現を使うならば、これらの人々は「宇宙の視点」にたっているのである。ただし、この表現は文字どおりにとってはいけない。というのは、汎神論の立場にたつならともかく、宇宙それ自身が視点をもつということはまったくありえないからである。私がシジウィックの表現を使って述べたいことは、正確には次のように表現できる。その視点とは、最大限にすべてを包接する視点である。ただしその視点は、宇宙そのものとか、感覚ある存在以外の宇宙の部分とかが何らかの意識をもつとか他の態度をとるとみなすことはない。この視野からながめるならば、私たち自身の苦しみや快楽が他の存在の苦しみや快楽と非常に似ていることがわかるし、その存在が単に「他のもの」であるという理由だけで、それの痛みにさほど配慮しないというのが、まったく不当であるということも理解できる。このことは、痛みや快楽を感じる能力がある限り、常に言えることである。そのさいに「他」ということをどのように定義しようとも、それは無関係である。

宇宙の視点をとる人々は、自分が直面する課題の膨大さにひるむことはあるかもしれない。しかしそのような人々は退屈することはないし、自分の人生を意味あるものにするために精神療法を必要とすることもない。宇宙には避けることのできる苦痛や苦しみがかくも多く存在するというまさにその理由で、私たちが自分の達成感を味わえるということは、悲劇的なアイロニーであるが、それが世界の現実なのである。ではこの仕事はいつ達成されるのであろうか。それは、子どもが栄養失調で発育不全になるとか簡単に治療できる感染で死んだりすることがなくなるとき、ホームレスの人々が段ボールを集めて暖をとろうとすることがなくなるとき、政治犯が裁判もなしに拘留されたりしなくなるとき、核兵器がいくつかの都市全体を破壊するように配置されたりしなくなるとき、きたないキャンプで何年も生活する難民がいなくなるとき、畜産動物が動き回ることも足を伸ばすこともできないほどぎゅうぎゅう詰めにされることがなくなるとき、毛皮につつまれた動物が鉄の歯のついたワナに片足をはさまれたりしなくなるときである。さらには、人々が、人種や性、宗教や性的嗜好、あるいは重要とは思えない障害のために殺されたり殴られたり差別されたりすることがなくなるとき、公害で汚染された川がなくなるとき、太古の森林を裕福な人々のさまつな欲求を満たすために伐採することがなくなるとき、逃げていく場所がないため、女性が家庭内暴力に耐えざるをえないということがなくなるときであり、これだけあげてもまだすべてを言いつくしてはいないのである。もし避けることが可能な苦痛や苦しみがすべてなくなったら私たちはどのようにして自分の人生に意味を見いだすのだろうかという問題は、哲学的議論のためには興味深いテーマではある。しかし残念ながら、それが近い将来に重要な問題になるとは考えられないのである。

ヘンリー・スパイラとかクリスチーン・タウンエンドのような人々、あるいはそのほかに何百万人もの人々が、現在私たちの地球を苦しめている悲惨の多くの原因をへらすために努力している。その誰もが、自分のしている活動に達成感を見いだすことができており、それは正当なことである。その人たちは自分が正しい側にいるということを知っている。このように言うと、ひとりよがりと思われるかもしれない。今日私たちは考えうるどんな見方に対しても寛容であり、そのため「正しい」側について語ることだけでもう独善的だと見られかねない。しかし、誰かある人の意見に寛容であるからといって、その意見が他のどんな意見とも同じくらいに正しいと考える必要はない。かなり長期的な視野をとるとすれば、多くの問題について正しい側というものがあったということは、簡単に理解できる。奴隷制反対運動において正しい側があった。労働者が組合結成の権利や、労働時間の上限、最低の労働条件を求めて闘争したときにも正しい側があった（誰も、子どもたちが息詰まる工場や炭坑で一二時間も働いていた時代に戻りたいと思いはしないだろう）。女性が投票権をもつための、大学に入学できるための、結婚後も所有権をもつための長い運動において正しい側があった。ヒトラーに反対する戦いにおいて正しい側があった。アフリカ系アメリカ人がバスやレストランで白人のアメリカ人の横に座れるようにと、マーチン・ルーサー・キングが行進の先頭に立ったとき、正しい側があった。今日の状況へと目を転ずるなら、発展途上国の最も貧しい市民たちを援助すること、対立の平和的な解決を促進すること、私たちの倫理的配慮を人間という種の境界を越えて拡張すること、そして地球の環境を保護すること等の諸問題について、正しい側が存在する。

これらの問題の一つ一つに取り組みだすと、その目的を達成するために正確にどのようなことをすればよいのか、そしてどの程度にまで目的へ向かって進むべきかということも問題となってくる。ここまでくると、はっきりしない面がでてくる。私たちは人種的にマイノリティである人々のために平等な機会を保証すべきだと考えているだろうが、積極的是正措置プログラムが機会の平等を実現するのによい方法であるかどうかについては意見を異にすることがあるだろう。女性に対する平等ということが同時に、女性は妊娠を継続すべきかどうかについていつでも自由に決定できるということをも意味するのかどうかについて、議論の余地がある。美食家が「白い仔牛肉」を食べられるようにと、幼い仔牛を一匹ずつ箱に何カ月も閉じこめ、わざと貧血状態にし続けるということは、明らかに不正であるが、動物園を存続させることが望ましいかどうかについては、異なる意見があり、そのいずれもそれなりの根拠をもっている。戦争のない世界を築くために私たちは努力すべきである。しかし、それに向かってどのような行動をするのが最善であろうか。国連は各国GNPの〇・七パーセントを海外援助に振り向けようと呼びかけているにもかかわらず、米国、ドイツ、イギリス、日本、オーストラリア等のほとんどの豊かな国が、そんなささやかな目標さえ達成していないということに対しては、倫理的に言い逃れをする余地はない。しかし、海外援助の妥当な水準とはどの程度のものか、そしてその援助をどのように分配するのが最善かという問題に答えるためには、さらに考える必要がある。当の問題に取り組み出しその細かな点がわかるようになったときに初めて、このような問いが私たちを悩ますのである。それに対して、かなり高いところから眺めると、見えてくるのは問題のおおまかな輪郭である。そしてこの一段高い視点に立てば何が見えてくるか、それが重要である。この視点に立つとき、前の段階で正しい側があったとして例にあげた対立が、倫理の最高原則について異なる立場をとる二つのグループの人々の間の対立なのではなく、倫理的原則に従って行動しようとしている人々とそうでない人々との闘争である、ということがわかる。第一のグループの人々は、富も権力ももたない人々にも平等な配慮をしようと活動しているのであり、第二のグループの人々は、自分たちの富・特権・権力を弁護しようとしているのである。

とはいえ、倫理的関心の境界を拡大しようと努力している人々の努力が誤ったコースをたどり悲劇的結果に終わることもある。マルクスとレーニンは、何の所有物ももたない非常に数多くの労働者がよりよい生活を送れるようにと心底から努力していた。しかし、社会主義がどのようにして達成されるべきかについてのマルクスの理想には決定的な欠陥があった。つまり、私的所有の廃止は人間本性の変化をもたらし、その結果として権力や特権についての対立は問題とはならなくなる、と彼は信じていたのである（この点については、アナーキストのバクーニンのほうがはるかに賢明であった(1)）。ボルシェビキ革命のときほとんどのロシア人は社会主義を望んではいなかった。そのことからでてくる問題への解決を迫られたとき、レーニンは、一方でマルクスが正しいと確信していたため、他方で彼のリーダーシップのとり方が権威主義的であったため、弾圧という形で問題を解決しようとした。そのために、マルクス、レーニンそれに無数の初期のマルクス主義者たちの倫理的に献身的な態度は、スターリニズムという悪夢をもたらすだけに終わってしまった。倫理的原則の名のもとに狂信主義と権威主義が横行すると、一部の人だけの特権を利己的に弁護しようとするのと同じくらいの害悪がもたらされることもあるのである。この事実を考慮に入れるなら、私たちは狂信主義や権威主義を否定すべきであるし、また基本的な市民的自由の維持を強く訴えるべきである。というのは、そのような基本的自由が認められてはじめて、政府の活動を制限することができるし、自分がものごとをいちばんよく知っているのだと考えるような人々から一般の人たちを守ることができるからである。もし歴史が何かを教えてくれるとするならば、その教訓は次のようにまとめることができる。「私たちのもつ民主主義的な自由は、貪欲や個人的野心で行動しようとする人々によって危険にさらされるだけではない。ちょうどそれと同じくらいに、倫理的な動機をもった人々がそのような自由を蹂躙する可能性もある。」それどころか、私たちが前者のタイプの人々にはより強い警戒心をもっていることから考えると、後者のタイプの人々からもたらされる危険のほうがより大きいかもしれない。また私たちは、壮大な理論を述べ、現代のあらゆる苦悩の原因とそれらを克服する唯一の方法を知っていると主張する人々に対しても用心深くなければならない。

しかしながら、このようなことがあるからといって、それが倫理的な生き方から顔を背ける理由とはならない。倫理的に生きるとは、自分が誤りを犯すという可能性を認めつつ、現実を意識しながら今すぐ、世界をよりよい場所にするために自分にできることをするということである。正しい政治家に投票するというだけでは倫理的生活として十分ではない。政治をいったん脇におき倫理を第一に考えるならば、人を評価する際に、その人が誰に投票しているかとか、どのような理想を語っているかではなく、その人が現在何をしているかを基準にすることができる。豊かな国と貧しい国に対して現在のような形で資源が分配されていることにあなたは反対しているか。もし反対しており、しかもその豊かな国の一つに住んでいるならば、あなたはそのことに関して何をしているのか。あなたの余分の収入のどれくらいを、発展途上国に住む最も貧しい人々を援助する多くの団体のどれかに寄付しているか。世界の飢餓の問題を解決しようとすれば、地球の人口が年々増加しているという問題をまず解決しなければならない、とあなたはたぶん考えているのではないだろうか。それならそれで結構。しかし人口抑制を促進する団体にあなたはどれほどの援助を与えているのだろうか。あなたは、森林が木のチップに加工されていることに無関心だろうか。無関心でないとすれば、あなたは不用の紙をリサイクルしているだろうか。あなたは、動物を歩き回ったり手足を伸ばせないくらいに狭いところに閉じこめておく畜産工場に反対であろうか。しかし、畜産工場の企業が生産するベーコンや卵を買うという形で、動物をこのような状態にする企業を支持しているのではないか。倫理的に生きるということは、正しい態度をもち正しい意見を発表することではつきないものである。

理性のエスカレーター

前のいくつかの章で、私たちが、近親者、互恵的な関係を結べる人々、そしてある程度は自分の属するグループの人々のことを配慮する理由を考えた。そして、人間性についての進化論的見方と矛盾しない形でそのことが説明できる、ということを見ておいた。それに加えて確認してきたのは、多大の自己犠牲を必要とする状況においてもまたもっと日常的な仕方でも、まったく見知らぬ人を助ける人もいる、ということである。このような人々がいるということは、私たち人間の本性が進化により形成されてきたという制約に反するものではないだろうか。進化論は、世界全体をよりよい場所にするという責任の感覚をどのようにして説明できるだろうか。そのような感覚をもつ人は、子孫を少ししか残せず、そのために時がたつと進化の過程の通常の作用によって排除されてしまうのではないだろうか。このような結果は、どのようにして避けることができるだろうか。

一つの可能な解答は次のようなものである。人間は、ゴリラの強さ、ライオンの鋭い歯、チーターの速度をもってはいない。人間に特別なものは脳の能力だけである。脳は、理性を使って考えるための道具である。理性の能力のおかげで私たちは生存し、食料を得、自分の子どもを守ることができる。脳のおかげで私たちは、多くのゴリラが一緒になって持ち上げられるものよりも多くのものを持ち上げることができるような機械を作り上げてきたし、ライオンの歯よりも鋭いナイフ、チーターのスピードですら退屈なほど遅いと思わせるような旅行手段を発達させてきた。しかし、理性の能力は一種特別な能力である。強い腕、鋭い歯、あるいは飛ぶように走る脚の場合とは違って、理性の能力をもっていると、私たちは、最初到達したいとはまったく望んでいなかった結論へと導かれることがある。というのは、理性はエスカレーターのようなもので、上の方の見えないところまで連れていく。いったんそれに乗ると、終着点がどこにあるのか私たちにはわからないのである。[2]

トマス・ホッブズがどうして哲学に興味をもつに至ったかについての話は、理性が私たちを強制的な仕方でひっぱってゆくということの例となる。ホッブズが図書室をぶらぶら歩いていたとき、偶然にユークリッドの『幾何学原理』にいきあたった。その本は四七番目の定理のところで開かれていた。ホッブズはその結論を読み、そんなことがあるはずはないと思った。そこで彼はその証明を読んだが、それは前に証明された定理に基づいていた。そこで彼は前の証明を読んだ。するとそれは別の定理に関係しており、それはまたさらに別の定理に、と続いていた。結局、一連の理性的推論はユークリッドの公理にまでさかのぼることとなり、ホッブズはそれらの公理が自明のものであって否定できないということを認めざるをえなかった。このようにして、理性的推論だけでホッブズは最初彼が否定した結論を受け入れることとなった。(この出来事が彼に与えた感銘はそうとう強く、そのために彼は主著『リヴァイアサン』において、同じ演繹的な推論方法を適用して、絶対的な服従を要求するという主権者の権利を擁護しようとした。[3])

理性により、私たちは最初は予想もしていなかったところへと導かれることがあるが、また、直線的な進化の道筋と考えられるものから奇妙な形ではずれていくようにと導かれることもある。私たちが理性の能力を進化させたのは、それが私たちの生存や生殖に役立つからである。もし理性がエスカレーターだとすると、エスカレーターの旅の第一部は私たちの生存や生殖に役立つという特徴をもつ。しかし、私たちは、この目的を達成するのに必要な進化のレベルをはるかにこえて進むこともありうる。私たちの本性の他の側面と緊張関係を生み出すようなレベルに到達してしまうことさえありうるのである。カントは、理性の能力そして理性により私たちが正しい行為だと考えるものと、私たちのもっと基本的な欲求との間には緊張関係があると考えた。理性の進化という観点から見れば、カントの考え方にいくらかの真理があると見て取れる。私たちが矛盾を抱えて生きるには限界がある。アメリカ独立時の植民者たちが、すべての人間は生命・自由・幸福追求の権利をもつと宣言したとき、彼らは奴隷制廃止まで進もうとは意図していなかったであろう。しかし、彼らはある変革のための基礎を固めたのであり、その変革はほぼ一世紀かかって奴隷制廃止という結果をもたらすこととなったのである。奴隷制は「独立宣言」がなくとも廃止されたかもしれない。あるいは、「独立宣言」があったにもかかわらず、廃止はまだ一〇年か二〇年後まで延ばされたかもしれない。しかし、そのような普遍的な権利宣言と奴隷制という制度との間に緊張関係があるということを見てとるのは困難なことではなかった。

他の例をあげよう。以下の一節は、グンナー・ミュルダールによるアメリカの人種問題に関する古典的研究『アメリカのジレンマ』からのものである。この本は、公民権運動が勝利を収める六〇年代よりもずっと前の一九四四年に出版されたものだが、ミュルダールはそこで、人種差別を不当とみなさざるをえなくするような倫理的推論過程を述べている。

個人は……道徳的に孤立した状態で行動するのではない。個人は、外からの干渉を受けず、邪魔もされずに、好きなように自分で理屈づけをするのではない。それどころかその人の価値づけは、問題にされ反論を受けるだろう。……さまざまな道徳的な価値づけが全体として論理的に整合的でなければならないという感情、また道徳的秩序が動揺しているときの、当惑したような、そしてときにはゆううつにもなる感情、このような感情は、現代において強くなっており、しかもこれが強く感じられるということは、かなり新しい現象である。(4)

ミュルダールはさらに続けて、現代において自分の考え方が整合的でなければならないと強く感じられているのは、流動性やコミュニケーションが増加したこと、それに教育がいきわたったことと関連していると述べている。地方地方でいきわたっていた伝統的な考え方は、より広い社会によって挑戦を受け、より普遍的な価値をもとうとする傾向が強まる。ミュルダールは、この要素のために普遍的な価値がより広く受け入れられることになるだろうと予言した。彼は、人間という種の構成員全員に道徳原理が普遍的に適用されるだろうと考えたのである。しかし彼が今日同じ問題について書いているとすれば、彼が述べた傾向のさらに進んだ例として、人間以外の動物の利益もまた平等な配慮を受けるべきだという見解をあげただろうと思われる。(5)

興味深いことに、カール・マルクスが階級革命の歴史を書いていたとき、彼はほとんど同じ傾向を指摘していた。

かつて支配的であった階級にとって代わった新しい階級はどれも、その目的を実行しようとすれば、自分の階級の利益を、社会の構成員全員の共通の利益であると表現せざるをえない。もっともその共通の利益とは、観念的に述べられたものではあるが。その階級は、自分たちの考えに普遍性の装いを与え、自分たちの考えが合理的で普遍的に正しい唯一の考え方であると主張しなければならない。……それゆえ、新しい階級はどれも、かつての支配階級の基盤よりもより広い基盤に立って初めて支配的になりうる。(6)

マルクスは、理性がここでは、革命を起こしている人々の階級的利益のための口実を単に提供しているにすぎないと考えた。彼の唯物論的な歴史観を考えれば、彼がそれ以外のことを言うとは考えられない。しかし彼は次のような点も指摘している。つまり、資本主義には、労働者を産業の中心地域に集中させ、労働者に少なくとも最低限のレベルの教育を与える必要があったので、資本主義のおかげで、労働者が自分自身の状況について意識を高めることができた、と。この事実は、別の形で解釈することもできる。つまり、教育を受け自分の状況を知っている人々が増加する社会で、普遍化するという性質を内在的にもった理性が効果をあらわし、その人たちが徐々に偏狭で宗教的な考え方の拘束から解放されていった過程としても理解できるのである。世界中において教育の一般的レベルが今なお高まりつつあり、コミュニケーションがより容易になっていることから、この過程が継続して、最終的には私たちの倫理的な態度に根本的な変化をもたらすであろうと希望することができる。たとえば、ルワンダの難民問題のような、大規模な人道主義的危機に対して世界全体が反応を示しているが、テレビによる瞬時のコミュニケーション、航空機による輸送という対応策などが不可能だったなら、世界的な反応が生じることはありえなかったであろう。

とすると、理性能力によって、私たちは、恣意的な主観的見方から脱することができるし、また他方で、自分の属する社会の価値を何の批判もなく受け入れるという態度に陥らないですむだろう。すべてが主観的であるとの見方、あるいはその一つの特定の形としての、すべてが私たちの属する社会に相対的であるとの見方は、世代が変わるごとに有力になったり廃れたりした。現代のポストモダン的な相対主義は、以前の相対主義と同様に、いくつかの点を説明することができないという欠陥をもっている。たとえば、私たちは自分の社会がもつべき価値について一貫した論議をすることができる。また現代の世界においては、奴隷制を採用している社会、女性器切除という慣習を受け入れている社会、あるいは優勢な宗教に対して不敬であるとみなされる作家に対して死刑を宣告するような社会があるが、それらの社会の価値に比べて、私たち自身のもっている価値のほうが優れていると主張できる。相対主義はどうしてこのようなことができるのかを説明できない。対照的に、私が弁護してきた見方は、二つの単純な前提にたってこの種の議論が可能であると説明できる。第一の前提は、私たちが理性能力をもっている、というものである。第二の前提は、実践的な問題について理性的に考えるとき、私たちが自分の視点から距離をおき、代わってより広い見方を、究極的には宇宙の視点すらとることができる、というものである。

理性によって私たちは自分自身をこのように見ることができる。というのは、私は、世界の中の自分の位置を考えることによって、自分が他の存在も含めた世界の中の単に一個の存在であり、他の存在と同様の利害や欲求をもっている、ということを理解できるからである。最初私は周囲を自分の視点からながめている。そこでは私の利害が舞台の前面かつ中心に位置しており、私の家族や友人の利害はほんの少し後ろにあり、赤の他人の利害は背景のほうとか脇に追いやられている。しかし、理性のおかげで、私は、他人も同様に主観的な見方をもっていること、そして「宇宙の視点」から見れば、私の見方であれ他人の見方であれ、どれかを優先させる理由などないということを知ることができる。このようにして、理性能力により、私は自分の見方から距離をおくことができるし、私が個人的な見方を捨て去るときに宇宙がどのように見えるかを知ることができる。

倫理的視点の根拠として宇宙の視点をとるということは、人が常に公平無私な態度で行動すべきということを意味しているのではない。公平さを欠いた態度でもその形態によっては、公平無私な立場から見て正当化できる。たとえば、親は他人の子どもはとりあえずさておいてまず第一に自分の子どもの世話をすべきだと、多くの人が考えているなら、そのような常識は多くの子どもに最良の環境を提供することだろう。親子の間の愛情という自然の結び付きは、通常の場合には常に、児童福祉局で働く役人やソーシャルワーカーの人たちがどんなに善意に満ちていようとも、その人たちの親切心にまさるものであり、社会はその自然の結び付きを利用するのである。自分の子どもへの愛情は、全体の善のために使用できる力であるが、しかしながらその愛情のゆえに、人々はときには、公平無私な視点からみればより小さい善を選ぶこともある。あなたの娘の通学している学校が火事になったとして、あなたは、あなたの娘が一人で閉じこめられている部屋のドアをこじあけるか二〇人の子どもが閉じこめられている部屋のドアをこじあけるかを選択しなければならないとしよう。しかも両方のドアをあける時間がないものとする。このときたいていの親はおそらく自分の子どもを助けるだろう。他の子どもの親たちは、自分の子どもだけを助ける親を非難するかもしれないが、公正に考えてみれば、自分も同様の状況にいれば同じことをするだろうということにおそらく気づくであろう。もし自分の子どもを助けるという行為を評価しようとして、公平無私の視点を直接適用するなら、私たちはその行為を不正だと判断するだろう。しかし、第一に子どもに対する親の愛情が望ましいということ、それから第二にその愛情が動機となってこの行動が生じたということを考慮するならば、私たちはその行動を認めることにさほど抵抗は感じないであろう(7)。

主要な倫理的伝統はすべて、利益の平等な配慮をすすめる一種黄金律にあたるものを何らかの形で受け入れてきたが、これは宇宙の視点をとるという考え方と軌を一にしている。「あなた自身を愛するように、あなたの隣人を愛しなさい」とイエスは言った。「あなたにとっていやなことは、あなたの隣人にはしてはいけない」とラビのヒレルは言った。孔子は非常に似た形で自分の教えをまとめた。「己れの欲せざるところ、人に施すなかれ」と。偉大なインドの叙事詩『マハーバーラタ』は、「いかなる人も、自分がきらうことを他人にしてはいけない[8]」と言う。これらの類似性には驚くべきものがある。イエスとヒレルとは共通のユダヤ教の伝統に依拠していたが、孔子と『マハーバーラタ』は、相互にもまたユダヤ・キリスト教の伝統とも無関係に、同じ立場に到達したようである。さらに、それぞれの場合に、今引用した表現は、道徳法則全体の一種の要約という形で述べられている。イエスやヒレルが表現しているような形での規則は、自分のグループの構成員にだけ限られるように理解されるかもしれないが、よきサマリア人の寓話は、イエスが隣人として自分のグループの人だけを考えていたのではないということをはっきりと示している[9]。また、ヒレルも孔子も『マハーバーラタ』も、少なくとも先の引用では、普遍的とは言えない倫理を推進しようとしていたと解釈されるべきではない。

永遠と比較してみれば人間存在ははかないものにすぎないが、宇宙の視点をとるという可能性を通して、私たちは自分の人生に意味を見いだすという難題を克服することができる。次のような例を考えてみよう。発展途上国のある小さな村落が借金を返済し食料の自給ができるようにと援助する計画に私たちが参加しているとしよう。その計画は非常な成功をおさめ、村民たちはより健康になり、より幸福になり、よりよい教育を受け、経済的に安定しており、子どもの数も少なくなっている。さてこのとき、誰かが次のように言うかもしれない。「どんなよいことをあなたはしたというのか。千年もたてば、この人たちは皆死んでしまっているし、この人たちの子どもや孫も死んでしまっている。あなたが何をしようと、まったく違いはでてこないのだ」と。この指摘は正しいかもしれないし誤っているかもしれない。私たちが今日作り出す変化は、大きくなっていき、長い期間がたてばはるかに広範囲におよぶ変化を生み出すこともありうる。あるいは、しりすぼみで終ってしまうかもしれない。私たちにはそれは予測不可能なことである。しかし、私たちは、自分の努力が永遠に続かないなら、あるいは、長期間でも持続しないなら、無駄になってしまうのだ、と考えるべきではない。時間を第四の次元とみなすならば、感覚ある生命が存在する期間全体を通じての宇宙を四次元の世界と考えることができる。ある特定の所、ある特定の時に私たちの努力によって意味のない苦しみを減らすなら、それによって私たちはこの四次元の世界をよりよい場所にすることができる。そのさいに、他の所や他の時に苦しみを増やしたりせず、また苦しみを減らす一方で同程度の不利益を生み出すというようなことをしないなら、私たちは宇宙に対してプラスの影響を与えたことになる。前の章で私はシーシュポスについてこう言った。シーシュポスは、同じ石を永遠に丘へと押しあげるのではなく、多くの石を頂上へと押しあげその石で壮麗な神殿をつくることができるなら、人生に意味を見いだすこともできるだろう、と。シーシュポスのたてる神殿が、すべての可能な目標のことをさす比喩であるとすれば、世界をよりよい場所にすることによって、私たちはもっともすばらしい神殿の壮麗さを増すのになにがしかの貢献をしたことになるだろう。

私は今まで、価値は当人の主観的な欲求により完全に決定されるという見方に反論してきた。しかし私は、伝統的な意味での倫理の客観性という見方を擁護しているわけではない。倫理的真理は宇宙の組織の中に書き込まれているのではない。その限りにおいて、主観主義者は正しいことを述べている。何らかの種類の欲求あるいは選好をもった存在がいないとすれば、価値あるものは何も存在せず倫理には内容がまったくないことになる。他方、欲求をもった存在がいるなら、個々の存在の主観的価値にはとどまらないような価値が存在する。理性的推論によって宇宙の視点へと導かれるという可能性が加わると、可能な限り最高の「客観性」を提供してくれる。私の理性能力が、他の存在の苦しみは私自身の苦しみと非常に似ていること、しかも（ある適当な事例によって）私の苦しみが私にとって重大事であるのとちょうど同じくらいに、他の存在の苦しみはその存在にとって重大事であるということを示してくれるなら、私の理性は疑いもなく真であるような何かを私に示しているのである。この場合でも私はそのことを無視しようと思えば無視できる。しかしそのような態度をとるとすれば、私は、自分の見方がより狭く、より限定されたものだということを否定できない。以上述べてきたことだけでは、客観的に真な倫理的立場を生み出すには十分でないかもしれない（人は常に次のように問うことができるからである、「より広く、より多くのものを包括するような見方をもつことのどこがよいのか」と）。しかし、ここまでくれば、倫理の客観的な基礎に可能な限り最も近づいたことになる。

私たちが宇宙の視点をとるときに得られる自分に対する見方はまたかなり客観的なものである。この客観性は、自分自身の欲求を離れて価値のある目的を見つけようとするには十分なものである。そのような目的の最も明白なものは、この章の最初でヘンリー・スパイラによって述べられたもの、つまり苦痛や苦しみが見いだされるところではどこでもそれを減らすという目的である。これは、理性的な根拠をもつ唯一の価値ではないかもしれない。しかし、これは最も直接的で、急を要し、しかも誰にも認められている価値である。苦痛や苦しみが激しいときには、他の価値がすべて背景に退いてしまう、ということを私たちは経験から知っている。もし私たちが宇宙の視点をとるなら、他の存在の苦痛や苦しみについて何かをしなければならないということの緊急性を理解できる。美、知識、自律、幸福のような他の価値を促進することはずっと後回しになるだろう（今問題にしているのは、これら他の価値を実現すること自体を目的とする場合であって、これらの価値の促進が苦痛や苦しみを減らす手段となる場合なら話は別であるが)。

宇宙の視点をとることは可能である。他方、狭い見方からのみ行動する人がいるのも事実である。その人は、自分のため、家族のため、友人あるいは国家のために行動しており、しかも公平無私な見方からは間接的にであっても擁護できないような仕方で行動している。ではそのような人は、必然的に非理性的な行動をしていることになるだろうか。「理性的」という言葉の種々の意見を考えるなら、そうはならないと私は考える。この点において、実践的推論――つまり、何をなすべきかについての理性的推論――は理論的推論とは異なる。もしホッブズが、ユークリッドの公理を受け入れ、しかもそれらの公理からユークリッドの四七番目の定理に至る一連の推論にどんな欠陥も見いだせないままに、それでもその定理が「不可能だ」と考え続けていたとするならば、彼がユークリッドの推論過程の性質を理解していなかったと指摘するのは正しい。ホッブズは単純に間違っていたことになるだろう。そしてもし彼がこの誤った考え方を、たとえば測量や建築という実際的問題に適用したとするなら、間違った答えをうることになる。彼がそのさいどんな目標を達成したいと思っていようとも、この誤った考え方をもっている限り、その目標に到達するのは難しくなるだろう。他方、私が他人の苦しみはあまり考慮せず、私の家族や友人の苦しみを第一に気にかけるという形で行動するからといって、そのことは、私が宇宙の視点を理解できないということを意味しているのではない。それは単に、宇宙的見方が私のもっと個人的な見方ほど強く私を行動するように促さない、ということを意味しているにすぎない。非理性的であることが間違うことだとすると、この場合には何の間違いもない。つまり、より狭い見方から行動するからといって、間違った答えに行き着き、その結果自分の狭い目的に到達できなくなるわけではない。たとえば私は第5章で、人間が自分の家族の構成員の利益を保護し推進するという特に強い欲求をもった存在として進化してきた、と論じた。私たちの本性のこの側面をまったく無視してしまうことはおよそできない相談である。理性のエスカレーターが要求できるのはせいぜい、私たちが自分の本性を監視し、より広い見方のあることを意識するように、ということまでであろう。そこで、宇宙の視点から行動できる人が、もっと狭い見方をとる人に比べてより理性的に行動すると言うならば、そのさいには、理性的という言葉を本来の意味よりも広く理解していることになる。

倫理の基礎について、以上述べたことよりももっと強固な結論に到達できるなら、それはすばらしいことであろう。現段階においては、シジウィックの言う「古くからの非道徳的なパラドックス」つまり「私益」と「一般化された仁愛」との対立は、和らげられはしたが、まだ解決されてはいない。

倫理的な生き方に向けて

物質的な私益だけを追求することが規範となっている社会では、倫理的な立場への移行は多くの人々が思っているより以上に根本的な変化をもたらすものである。ソマリアで飢えている人々が必要としているものに比べれば、有名なフランスのブドウ栽培園で生産されたワインを試飲したいという欲求はまったく重要性をもたない。ウサギを動けなくしシャンプーをその目にしたたらせるときのウサギの苦しみを考慮すれば、よいシャンプーを得ることは価値のない目標となる。太古の森林を保存することは、使い捨て用の紙タオルを使いたいという私たちの欲求よりも重要である。人生に対して倫理的なアプローチをとることは、楽しい時間を過ごすとか食事やワインを楽しむことを禁ずるものではないが、優先順位についての私たちの考え方を変更させるものである。流行の衣服を買うために多大の努力がなされ大変な金額のお金が出費されている。また、もっとおいしいものを食べようとして果てしなく捜しまわるというようなこともなされている。さらに、高級車を市場に売り出すときには、実用車、つまり、確実な移動手段だけを求める人用の車のマーケットとははっきり種類が違うのだということを示すために、驚くべき額の出費がなされる。これらはすべて、自分の見方を拡げ、一時的であれ自己中心的にはものを見ないですむ人からみれば、常軌を逸しているとしか思えないのである。もしより高い倫理的意識が広がるなら、私たちが現在生きている社会は徹底的に変わるであろう。

このより高い倫理的意識が誰にも共有されるようになるだろうと期待することはできない。いつでも、どんな人のこともどんなもののことも配慮しない、いや自分のことにさえ配慮しない人がいるだろう。さらに、他人、特に貧しい人々や無力な人々をだまして生計をたてるという、もっと打算的な人々がいて、このような人々の数はもっと多いだろう。私たちには、誰もが他人と愛情あふれた平和的、調和的関係のなかで生活するという来るべき栄光の日を待つ余裕はない。人間の本性は現在そのようなものではないし、また予見できる将来において相当変化するという徴候もない。理性的推論だけでは私益と倫理の対立を十分に解決することができないとわかった以上、理性的な議論によって理性的な人をすべて倫理的に行為するよう説得できるという見込みも少ない。たとえ理性が私たちを倫理的な方向にいくらか導けるとしても、私たちはさらに別の現実に直面しなければならない。というのは、多くの人々はどんな種類のものであれ推論に基づいて行動しているわけではないし、また露骨に私益だけを目的とした推論に基づいてさえ行動しているわけではないという現実が厳として存在しているのである。してみるとこれからのかなりの間、世界は生きるにはきびしい場所であり続けるだろう。

にもかかわらず、私たちはこの世界の一部分であり、人々が生きてそして死んでゆく条件について今何かをなす必要、社会的そして生態学的災害を回避する必要が差し迫っている。はるか彼方のユートピア的な将来が可能かどうかについて思いを巡らす時間はないのである。あまりに多くの人間や人間以外の動物が今苦しんでいる。森林があまりにも急速に消滅していく。人口はなお人間のコントロールのきかない形で増え続けている。さらに、第3章で論じたように、温室効果をもたらす排気ガスを早急に減少させないならば、ナイル河口域やベンガルのデルタ地帯だけを考えてもそこに住む四千六百万の人々の生活と家とが危険に陥る。また私たちは、政府が必要な変化をもたらしてくれるのを待ってもいられない。政治家は選挙に当選することによって社会を導く資格を得ているのであり、その社会の基本的前提に挑戦するのは政治家にとって利益となることではない。もし人口の一割の人々が、生き方について意識的に倫理的な見方をし、それに従って行動するならば、その結果として生ずる変化は政府がもたらす変化よりももっと重要なものであろう。人生に対する倫理的なアプローチと利己的なアプローチとの間の対立は、政治的に右寄りの人々の政策と左寄りの人々の政策との間の相違に比べて、はるかに根本的なものである。

私たちは最初の一歩を踏み出さねばならない。物質主義的な私益追求が蔓延している現在、それに代わる現実的で実行可能な代替策として、倫理的な生き方をするという考え方を復権させなければならない。もしこれからの一〇年間に何を優先させるかについて新たな考えをもつ批判的な人々が多く現れるならば、そしてもしこれらの人々がどんな意味においても順調に過ごしている——つまり、その人たちは他人と協力することにより共に利益を得ており、その人たちは自分の人生に喜びと充実を見いだしている——ということが誰の目にも明らかならば、倫理的態度は広まり、倫理と私益との対立が克服されたと理解されるだろう。しかもこの克服は、抽象的な理性的推論によってだけではなく、倫理的な生き方を実際的な生き方として採用することによって、しかも倫理的な生き方が心理的、社会的、生態学的に有効であると示すことによってなされるのである。

誰でも、手遅れになる前に世界を改善する機会を提供しようとする重要な人々のグループの一員となることができる。あなたは、自分の目標を再考し、自分が人生をどう過ごしているかと問うことができる。もしあなたの現在の生き方が公平無私な価値基準に適合しないなら、現在の生き方を変更することができる。その変更は、自分の職をやめ、家を売り、インドでのボランティア団体のために働きに行くことになるかもしれない。より多くの場合には、より倫理的な生き方をすると決意することによって、自分の生活様式と世界における自分の位置についての考え方とがゆるやかであるが遠くにまで進展してゆく第一歩を踏み出すことになるだろう。あなたは新たな大きな目標をめざすのであり、そのため小さな目標が変わっていく。そのような仕事にかかわっていけば、お金や地位はさほど重要なものではなくなるだろう。新たな見方から見れば、世界は異なったものとして見えてくるだろう。確実に言えることは、あなたは価値ある多くの行動目標を見いだすだろう、という点である。あなたが退屈するとか、人生に充実感を見いだせないとかいうことは生じない。そして最も重要なことだが、あなたが生きそして死んでいくのが意味のないことではなかったということを知るだろう。なぜならあなたは、世界をよりよい場所にしようと努力することによって宇宙に存在する苦痛と苦しみに立ち向かった人々の偉大な伝統につらなったからである。

（長岡訳）

原注

第1章

1 これと以下の段落におけるアイヴァン・F・ボウスキーに関する情報は、部分的には Robert Slater, *The Titans of Takeover*, Prentice-Hall, Englewood Cliffs, NJ, 1987, ch. 7 からとっている。

2 *Wall Street Journal*, June, 20, 1985. Slater, p. 134 に引用されている。

3 Ivan F. Boesky, *Merger Mania*, Holt, Rinehart and Winston, New York, 1985, p. v. 先の引用はpp. xiii-xiv からとった。

4 Mark Brandon Read, *Chopper From the Inside*, Floradale Productions, Kilmore, Vic., 1991, pp. 6-7.

5 Plato, *The Republic*, Book II, 360, 2nd ed., trans. Desmond, Lee, Penguin Books, Harmondsworth, Middlesex, 1984（山本光雄訳「国家」、世界の大思想1『プラトン』所収、河出書房）

6 Robert Slater, *The Titans of Takeover*, p. 132; Adam Smith, *The Roaring '80s*, Penguin Books, New York, 1988, p. 209.

7 Michael Lewis, *Liar's Poker*, Penguin Books, New York, 1990, pp. 9, 81（東江一紀訳『ライアーズ・ポーカー』角川書店）

8 Donald J. Trump, with Charles Leerhsen, *Surviving at the Top*, Random House, New York, 1990, p. 13.

9 *Time*, April 8, 1991, p. 62.

10 Oliver Stone, dir./prod., *Wall Street*, CBS/Fox, Los Angeles, 1987.

11 Karl Marx, *Economic and Philosophical Manuscripts*. これの引用は D. McLellan, ed., *Karl Marx: Selected Writings*, Oxford University Press, Oxford, 1977, p. 89.

12 Francis Fukuyama, *The End of History and the Last Man*, Hamish Hamilton, London, 1992（渡辺昇一訳『歴史の終わり』上・下、三笠書房）を参照。

13 Daniel Bell, *The End of Ideology*, 2nd edn, with a new Afterword, Harvard University Press, Cambridge, Mass., 1988（岡田直之訳『イデオロギーの終焉――一九五〇年代における政治思想の涸渇について』東京創元新社）参照。

14 Bill McKibben, *The End of Nature*, Random House, New York, 1989（鈴木主税訳『自然の終焉――環境破壊の現在と近未来』河出書房新社）参照。

15 Derek Parfit, *Reasons and Persons*, Clarendon Press, Oxford, 1984, p. 454（森村進『理由と人格――非人格性の倫理へ』勁草書房）

16 この言明の擁護としては、私の *Practical Ethics*, 2nd edn, Cambridge University Press, Cambridge, 1993, ch. 6（山内友三郎・塚崎智監訳『実践の倫理［新版］』昭和堂）を見よ。

17 *The Independent*, London, March 20, 1992. 私も非常に似たことを私の著書 *Practical Ethics*, 1st edn, Cambridge, 1979, pp. 1-2で述べた。

18 Robert J. Ringer, *Looking Out for #1*, Fawcett Crest, New York, 1978, p. 22.

19 Todd Gitlin, *Inside Prime Time*, Pantheon, New York, 1983, pp. 268-9.

第2章

1 Joelle Attinger, 'The Decline of New York,' *Time*, Sept. 17, 1990.

2 *New York Times*, March 2, 1992, p. B3.

3 *Time*, Sept. 17, 1990.

4 Richard Brooks, 'Dreamland Now Third World Capital,' *The Observer*, London, May 3, 1992.

5 *Time*, Sept. 17, 1990.

6 Robert N. Bellah, Richard Madsen, William M. Sullivan, Ann Swidler and Steven M. Tipton, *Habits of the Heart: Individualism and Commitment in American Life*, University of California Press, Berkeley, 1985, p. 16（島薗進・中村圭志訳『心の習慣――アメリカ個人主義のゆくえ』みすず書房）

7 *New York Times*, Oct. 10, 1991.

8 *New York Times*, Feb. 11, 1991.

9 Joseph Nocera, 'Scoundrel Time,' *GQ*, Aug. 1991, p. 100.

10 Graef S. Crystal, *In Search of Excess: The Overcompensation of American Exectives*, W. W. Norton & Co., New York, 1991, p. 205; *The Age*, Nov. 11, 1991.

11 *New York Times*, May 8, 1991.

12 *New York Daily News*, Feb. 3, 1992.

13 *Time*, Aug. 26, 1991, p. 54; *New York Times*, April 10, 1991, p. A22; May 10, p. A14; July 30, p. A1; *The Animals' Agenda*, July/Aug. 1991.

14 *Sunday Age*, Dec. 27, 1992.

15 Nancy Gibbs, 'Homeless, USA', *Time*, Dec. 17, 1990.

16 *Time*, Dec. 17, 1990.

17 Robert N. Bellah et al., *Habits of the Heart*, pp. 57, 82, 194; 引用文は、Alexis de Tocqueville, *Democracy in America*, J. Mayer, ed., trans. G. Lawrence, Doubleday Anchor, New York, 1969, p. 508（岩永謙吉郎・松本礼治訳『アメリカにおけるデモクラシー』研究社出版）からとったものである。

18 Frances Fitzgerald, *Cities on a Hill*, Picador, London, 1987, pp. 241-2.

19 Raoul Naroll, *The Moral Order*, Sage Publications, Beverly Hills, Calif., 1983.

20 Thomas Hobbes, *Leviathan*, J. M. Dent, London, 1973, ch. 11, p. 49（水田洋訳『リヴァイアサン』岩波書店）

21 Thomas Hobbes, *Leviathan*, ch. 13, pp. 64-5.

22 *New York Times*, Dec. 25, 1990, p. 41.

23 *Democracy in America*, J. Mayer, ed., p. 508. この引用は、Robert N. Bellah et al., *Habits of the Heart*, p. 37にある。

24 G. Hofstede, *Culture's Consequences*, Sage Publications, Beverly Hills, Calif., 1980. これは H. Triandis, C. McCursker and H. Hui, 'Multimethod Probes of Individualism and Collectivism', *Journal of Personality and Social Psychology*, 1990, vol. 59, no. 5, p. 1010でも引用されている。

25 この引用は、Daniel Coleman, 'The Group and the Self: New Focus on a Cultural Rift', *New York Times*, Dec. 25, 1990 にある。

26 D. McLellan, ed., *Karl Marx: Selected Writings*, pp. 223, 226.

27 P. R. Mooney, 'On folkseed and life patents' in *Advances in Biotechnology: Proceedings of an*

International Conference Organized by the Swedish Council for Forestry and Agricultural Research and the Swedish Recombinant DNA Advisory Committee, 11-14 March 1990, Swedish Council for Forestry and Agricultural Research, Stockholm, 1990.

28　*E Magazine*, vol. 3, no. 1, Jan./Feb. 1992, p. 9.

29　Robert N. Bellah et al., *Habits of the Heart*, p. 163.

30　Andrew Stephen, 'How a burn-up ended in flames on the streets of LA', *The Observer*, London, May 3, 1992.

31　Martin Walker, 'Dark Past Ambushes the "City of the Future"', *Guardian Weekly*, May 10, 1992.

32　Richard Schickel, 'How TV Failed to Get the Real Picture', *Time*, May 11, 1992.

33　Andrew Stephen, 'How a burn-up ended...'.

第3章

1　R. H. Campbell & A. S. Skinner, eds, *The Wealth of Nations*, Clarendon Press, Oxford, 1976, p. 24（大内兵衛・松川七郎訳『諸国民の富』岩波文庫）

2　ロックにとっては、それはアフリカの王でなく、アメリカの王であった。「そして、そこでの大きく実り豊かな領土の王は、イングランドの日雇い労働者よりも悪い家に住み、おそまつな服装をしていた。」（John Locke, *Second Treatise on Civil Government*, introduction by W. S. Carpenter, J. M. Dent, London, 1966, ch. 5, para. 41）（鵜飼信成訳『市民政府論』岩波文庫）。マンデヴィル（Bernard Mandeville）の *The Fable of the Bees*, pt. i. 181（泉谷治訳『蜂の寓話』法政大学出版局）も参照せよ。「最も繁栄した国の起源をたどると、どんな社会でも、最も裕福で最も偉い人々が、現在身分の低い卑しい人々が使っているような多くの生活用品を手にしたのは、はるか昔にその社会ができてからかなりたってからであることがわかる。」この引用は、R. H. Campbell & A. S. Skinner の *The Wealth of Nations* (ibid.) からの引用である。それから一二〇年たってもまだ、同じ議論がカーネギー（Andrew Carnegie）の思想の中で力を発揮していた。この本の一三九―一四〇頁を見よ。

3 Jean-Jacques Rousseau, *Discourse on Inequality*, J. M. Dent, London, 1958, p. 163（本田喜代治・平岡昇訳『人間不平等起原論』岩波文庫）

4 Adam Smith, *A Theory of the Moral Sentiments*, Oxford University Press, Oxford, 1976, vol. IV, ch. 1, p. 10（水田洋訳『道徳感情論』筑摩書房）。これらの引用は、Michael Ignatieff, *The Needs of Strangers*, Chatto and Windus, London, 1984, pp. 108 ff からのものである。

5 『創世の書』第一章二四―二八（フェデリコ・バルバロ訳『聖書』講談社）

6 Sandra Postel and Christopher Flavin, 'Reshaping the Global Economy', in Lester R. Brown, ed., *State of the World, 1991: The Worldwatch Institute Report on Progress Towards a Sustainable Society*, Allen & Unwin, Sydney, 1991, p. 186.

7 Alan Durning, 'Asking How Much is Enough', in Lester Brown, ed., *State of the World, 1991: The Worldwatch Institute Report on Progress Towards a Sustainable Society*, Allen & Unwin, Sydney, 1991, pp. 154, 157.

8 完全な調査結果については、Sandra Postel and Christopher Flavin, 'Reshaping the Global Economy', p. 170を見よ。

9 'Ozone Hole Gapes Wider', *Time*, Nov. 4, 1991, p. 65.

10 特に私の *Animal Liberation*, 2nd edn, *A New York Review Book*, New York, 1990（戸田清訳『動物の解放』人文書院）を参照。

11 Jeremy Rifkin, *Beyond Beef*, E. P. Dutton, New York, 1992, p. 152（北濃秋子訳『脱牛肉文明への挑戦』ダイヤモンド社）。動物の飼育生産が環境に与える損失については、Alan B. Durning and Holly B. Brough, *Taking Stock: Animal Farming and the Environment*, Worldwatch Paper 103, Worldwatch Institute, Washington, DC, 1991 をあわせて参照せよ。

12 Sandra Postel and Christopher Flavin, 'Reshaping the Global Economy', p. 178.

13 Fred Pearce, 'When the Tide Comes in...', *New Scientist*, Jan. 2, 1993, p. 23.

14 '"Don't Let Us Drown", Islanders Tell Bush', *New Scientist*, June 13, 1992, p. 6.

15 Jodi L. Jacobson, 'Holding Back the Sea' in Lester Brown et al., *State of the World, 1990: The Worldwatch Institute Report on Progress Towards a Sustainable Economy*, Worldwatch Institute, Washington, DC, 1990.

16 '"Don't Let Us Drown" ...', p. 6.

17 Anil Agarwal and Sunita Narain, *Global Warming in an Unequal World: A case of environmental colonialism*, Centre for Science and the Environment, New Delhi, 1991. これは、Fred Pearce, 'Ecology and the New Colonialism', *New Scientist*, Feb. 1, 1992, pp. 55-6 で引用されている。

18 Adam Smith, *A Theory of the Moral Sentiments*, vol. IV, ch. 1, p. 10.

19 たとえば、E. J. Mishan, *Costs of Economic Growth*, Staples, London, 1967 や D. H. Meadows et al., *The Limits to Growth*, Universe Books, New York, 1972 を見よ。この時代の成長への賛否両論の展開に関する説明としては、H. W. Arndt, *The Rise and Fall of Economic Growth*, Longman Cheshire, Melbourne, 1978

を参照。

20 Sandra Postel and Christopher Flavin, 'Reshaping the Global Economy', pp. 186–7.

21 Lester Brown, 'Picturing a Sustainable Society' in Lester Brown et al., eds., *State of the World, 1990: The Worldwatch Institute Report on Progress Towards a Sustainable Society*, Worldwatch Institute, Washington, DC, 1990, p. 190.

22 この研究は José Goldemberg et al., *Energy for a Sustainable World*, Worldwatch Institute, Washington, DC, 1987 による。これは、Alan Durning, 'Asking How Much is Enough', p. 157 で引用されている。

23 Paul Wachtel, *The Poverty of Affluence*, Free Press, New York, 1983, p. 11.

24 Alan Durning, 'Asking How Much is Enough', p. 154.

25 Alan Durning, 'Asking How Much is Enough', p. 156. これは一九九〇年九月イリノイ州シカゴ大学国民世論調査センターの Michael Worley から個人的に得た情報を引用している。

26 Paul Wachtel, *The Poverty of Affluence*, pp. 22–3.

27 D. Kahneman and C. Varey, 'Notes on the Psychology of Utility', in J. Elster and J. Roemer, eds., *Interpersonal Comparisons of Well-Being*, Cambridge University Press, Cambridge, 1991, pp. 136–7.（私は、この引用とこれに続く引用を Julian Savulescu との個人的なやりとりに負っている。）

28 P. Brickman, D. Coates and R. Janoff-Bulman, 'Lottery Winners and Accident Victims – is Happiness Relative?', *Journal of Personality and Social Psychology*, 1978, vol. 36, no. 8, pp. 917–27.

29 John Greenwald, 'Why the Gloom?', *Time*, Jan. 13, 1992.

30 R. A. Easterlin, 'Does Economic Growth Improve the Human Lot: Some Empirical Evidence', in P. A. David and M. Abramovitz, eds., *Nations and Households in Economic Growth*, Academic Press, New York,

1974, p. 121.

31 Alan Durning, 'Asking How Much is Enough,' p. 157.

第4章

1 Max Weber, *The Protestant Ethic and the Spirit of Capitalism*, trans. T. Parsons, Unwin, London, 1930, p. 56（大塚久雄訳『プロテスタンティズムの倫理と資本主義の精神』岩波書店）

2 Max Weber, *The Protestant Ethic*, pp. 71-2.

3 Aristotle, *Politics*, Book II (trans. B. Jowett), intro. H. W. C. Davis, Clarendon Press, Oxford, 1905, p. 61（山本光雄訳『政治学』アリストテレス全集第一五巻、岩波書店）

4 Aristotle, *Politics*, pp. 62-3.

5 Aristotle, *Politics*, pp. 43-4.

6 Aristotle, *Politics*, pp. 46.

7 『第二の法の書』第二三章一九―二〇。

8 『ルカによる福音書』第六章三五。

9 『マタイによる福音書』第二一章一二―一三。

10 『マルコによる福音書』第一〇章一七―二五。

11 W. E. H. Lecky, *History of European Morals from Augustus to Charlemagne*, Longman, London, vol. II, p. 81, 1899.

12 グレゴリウスの見解は次の著作で引用されている。Nicole Oresme, *Traictie de la Première Invention*

des Monnoies, first published c. 1360, ch. 17, reprinted A. E. Monroe, ed., *Early Economic Thought: Selections from economic literature prior to Adam Smith*, Harvard University Press, Cambridge, Mass., 1965 (first published 1924), p. 96. Oresme は出典をあげていないため、いまだグレゴリウスの原典をたどることはできない。

13 Lester K. Little, *Religious Poverty and the Profit Economy in Medieval Europe*, Cornell University Press, Ithaca, NY, 1978, p. 38.

14 John T. Noonan, Jr., *The Scholastic Analysis of Usury*, Harvard University Press, Cambridge, Mass., 1957, p. 1.

15 Jacques Le Goff, 'The Usurer and Purgatory' in Center for Medieval and Renaissance Studies, University of California, Los Angeles, *The Dawn of Modern Banking*, Yale University Press, New Haven, Conn., 1979, pp. 28–30.

16 Jacques Le Goff in *The Dawn of Modern Banking*, pp. 32–43.

17 Lester K. Little, *Religious Poverty*..., p. 36–7.

18 Lester K. Little, *Religious Poverty*..., p. 34.

19 Thomas Aquinas, *Summa Theologica*, II–II, Question 32, art. 5, trans. Fathers of the English Dominican Province, Benziger Brothers, New York, vol. II, p. 1328（稲垣良典訳『神学大全』第一六冊、創文社）

20 Thomas Aquinas, *Summa Theologica*, II–II, Question 66, art. 7, pp. 1479–80（稲垣良典訳『神学大全』第一八冊、創文社）

21 財産に関する自然法学説とそれがどうなったかということについては、Stephen Buckle, *Natural Law and the Theory of Property: Grotius to Hume*, Clarendon Press, Oxford, 1990 を見よ。

22 John T. Noonan, Jr., *The Scholastic Analysis of Usury*, pp. 365–7.

23 Richard Huber, *The American Idea of Success*, McGraw-Hill Book Company, New York, 1971, p. 15. また、Louis B. Wright, *Middle-Class Culture in Elizabethan England*, Huntington Library Publications, Chapel Hill, North Carolina, 1935, pp. 165–200 も参照した。

24 André Siegfried, *America Comes of Age: A French Analysis*, trans. H. H. and Doris Hemming, Jonathan Cape, London, 1927, p. 36.

25 Cotton Mather, *A Christian at His Calling*, Boston, 1701. これは、Richard Huber, *The American Idea of Success*, p. 12 からの引用である。

26 William Penn, *The Advice of William Penn to His Children*. これも Richard Huber, *The American Idea of Success*, p. 14 で引用されている。

27 Richard Huber, *The American Idea of Success*, pp. 20–21.

28 Nathaniel Hawthorne, *Tales, Sketches, and Other Papers*, *The Works of Nathaniel Hawthorne*, Houghton Mifflin, Boston and New York, 1883, vol. XII, p. 202; Paul Ford, *A List of Books Written by or Relating to Benjamin Franklin*, Brooklyn, NY, 1889, p. 55. 両著作とも Richard Huber, *The American Idea of Success*, p. 21に負っている。

29 Max Weber, *The Protestant Ethic*, p. 56.

30 出典はわからないが Peter Baida, *Poor Richard's Legacy*, William Morrow, New York, 1990, p. 25 で引用されている。

31 Peter Baida, *Poor Richard's Legacy*, p. 78. これに続く他の引用は、この本の第４章からのものである。

32 Richard Huber, *The American Idea of Success*, p. 25.

33 W. J. Ghent, *Our Benevolent Feudalism*, Macmillan & Co. Ltd., New York, 1902, p. 29. Richard Huber, *The American Idea of Success*, p. 66で引用されている。

34 Richard Hofstadter, *Social Darwinism in American Thought*, Beacon Press, Boston, 1966, p. 31（後藤昭次訳『アメリカの社会進化思想』研究社出版）で引用されている。

35 Lochner v. New York, 198 US 45 (1905); Richard Hofstadter, *Social Darwinism* p. 47で引用されている。

36 Andrew Carnegie, *Autobiography*, Houghton Mifflin, Boston, 1948, p. 321（坂西志保訳『鉄鋼王カーネギー自伝』角川文庫）; 'Wealth', *North American Review*, 391, June 1889, pp. 654-7（田中孝顕監訳『富の福音』騎虎書房）

37 Alexis de Tocqueville, *Democracy in America*, pp. 54, 615（井伊玄太郎訳『アメリカの民主政治』講談社学術文庫）

38 Max Weber, *The Protestant Ethic*, p. 51で引用されている。

39 Thomas L. Nicholls, *Forty Years of American Life*, London, 1964, vol. 1, pp. 402-4. これは、Richard Huber, *The American Idea of Success*, p. 116で引用されている。

40 André Siegfried, *America Comes of Age*, pp. 348, 353.

41 Harold Laski, *The American Democracy*, New York, 1948, pp. 165, 172（東宮隆訳『アメリカ・デモクラシー』みすず書房）。これは、Richard Huber, *The American Idea of Success*, p. 35で引用されている。

42 Friedrich Engels, 'The Labor Movement in the United States', in Lewis Feuer, ed., *Marx & Engels: Basic Writings on Politics and Philosophy*, Doubleday Anchor, New York, 1959, p. 496.

43 Vance Packard, *The Hidden Persuaders*, Penguin Books, Harmondsworth, Middlesex, 1957, p. 22（林周二訳『かくれた説得者』パッカード著作集第一巻、ダイヤモンド社）

44 Charles Reich, *The Greening of America*, Allen Lane, The Penguin Press, London, 1971, p. 1（邦高忠二訳『緑色革命』ハヤカワ文庫）

45 Peter Weiss, *The Persecution and Assassination of Jean-Paul Marat as Performed by the Inmates of the Asylum of Charenton Under the Direction of the Marquis de Sade*, Pocket Books, New York, 1966, p. 31（内垣啓一・岩淵達治訳『マラーの迫害と暗殺』白水社）。これは、Todd Gitlin, *The Sixties*, Bantam Books, New York, 1987, p. 424で引用されている。

46 Michael Rossman, 'The Only Thing Missing was Sufis,' *Creem*, Oct. 1972, reprinted in Michael Rossman, *New Age Blues*, E. P. Dutton, New York, 1979, p. 5.

47 Michael Rossman, *New Age Blues*, p. 15-8.

48 Michael Rossman, *New Age Blues*, p. 20.

49 Jerry Rubin, *Growing (Up) at Thirty-Seven*, M. Evans, New York, 1976, p. 20（田中彰訳『マイ・レボリューション』めるくまーる）。これは、Christopher Lasch, *The Culture of Narcissism: American Life in an Age of Diminishing Expectations*, W. W. Norton & Co., New York, 1978, p. 14で引用されている。

50 'Jacuzzi'のコメントは、Todd Gitlin, *The Sixties*, p. 433（疋田三良、向井俊二訳『60年代アメリカ』彩流社）からのものである。Gitlin は、Charles Krauthammer, 'The Revolution Surrenders: From Freedom Train to Gravy Train,' *Washington Post*, April 12, 1985, p. A25を引用している。しかし、彼自身は、メディアがめだったいくつかのケースだけに注目したために、現実が歪められて伝わっているが、現実には以前の急進派は前よりふつうの組織的なやり方で平和と正義のために活動し続けている、という見解をもっている。

51 Kitty Kelly, *Nancy Reagan: An Unauthorized Biography*, Bantam Books, New York, 1991, p. 267.

52 Kelly, *Nancy Reagan*, pp. 274-5.

53 *Los Angeles Times*, Feb. 6, 1982. これは、Robert Bellah, et al., *Habits of the Heart*, University of California Press, Los Angeles, 1985, p. 264で引用されている。

54 *Time*, Aug. 3, 1987.

55 Frances Fitzgerald, *Cities on a Hill*, Picador, London, 1987, pp. 143, 195; John Taylor, *Circus of Ambition*, Warner Books, New York, 1989, p. 3; *Time*, Aug. 3, 1987.

56 *Time*, Aug. 3, 1987.

57 Frances Fitzgerald, *Cities on a Hill*, pp. 248, 375.

58 John Taylor, *Circus of Ambition*, p. 107.

59 John Taylor, *Circus of Ambition*, ch. 4.

60 George Gilders, *Wealth and Poverty*, Basic Books, New York, 1981, p. 118.

61 *New York Times*, March 5, 1992; *Wall Street Journal*, April 8, 1992. 八〇年代のアメリカにおいて、金持ちがより裕福になり、貧乏人はより貧しくなった様子に関する統計に関しては、Donald L. Bartlett and James B. Steele, *America: What Went Wrong?*, Andrews and McMeel, Kansas City, Missouri, 1992, ch. 1を参照。

第5章

1 この話は John M. Darley and Bibb Latane, 'Norms and Normative Behavior: Field Studies of Social Interdependence', in J. Macaulay and L. Berkowitz, *Altruism and Helping Behavior*, Academic Press, New

York, 1970, p. 86 に述べられているが、残念ながらこれ以上の記述はない。

2　Richard D. Alexander, *The Biology of Moral Systems*, Aldine de Gruyter, New York, 1987, p. 159.　アレグザンダーは、私が *The Expanding Circle*, Farrar, Straus & Giroux, New York, 1981 で献血者について述べたことを批判していた。

3　E. O. Wilson, *On Human Nature*, Harvard University Press, Cambridge, Mass., 1978, p. 165（岸由二訳『人間の本性について』思索社）

4　P. L. van den Berghe, 'Bridging the paradigms: biology and the social sciences', pp. 32–52 in *Sociobiology and Human Nature*, M. S. Gregory, A. Silvers and D. Sutch, eds., Jossey-Bass, Inc., Publishers, San Francisco, 1978.　この引用に関しては Joseph Lopreato, *Human Nature and Biocultural Evolution*, Allen & Unwin, London, 1984, p. 209 に負っている。

5　G. Hardin, *The Limits of Altruism: An Ecologist's View of Survival*, Indiana University Press, Bloomington, Ind., 1977.

6　E. O. Wilson, *Sociobiology: The New Synthesis*, Belknap Press/Harvard University Press, Cambridge, Mass., 1975, p. 128（伊藤嘉昭監修、坂上昭一ほか訳『社会生物学』思索社）。本文中で引用された利他的行為の他の例――およびそれ以上の例の詳細――は E. O. Wilson, *Sociobiology: The New Synthesis*, p. 122–9, 475, 495 および、Felicity Huntingford, 'The Evolution of Cooperation and Altruism', in Andrew M. Colman, ed., *Cooperation and Competition in Humans and Animals*, Van Nostrand Reinhold, London, 1982, pp. 3–5 に見られる。

7　オオカミの自己抑制に関する例は Konrad Lorenz, *King Solomon's Ring*, Methuen, London, 1964, pp. 186–9（日高敏隆訳『ソロモンの指環』早川書房）より。

8　Dimity Reed, 'My Kidney for My Son,' *Canberra Times*, Oct. 14, 1989.
9　Peter Hillmore, 'Kidney Capital,' *The Age*, Aug. 17, 1991.
10　David Gilmore, *Manhood in the Making: Cultural Concepts of Masculinity*, Yale University Press, New Haven, Conn., 1990, pp. 42, 105, 149（前田俊子訳『「男らしさ」の人類学』春秋社）
11　J. S. Mill, *On the Subjection of Women*, 1869, ch. 2（大内兵衛・大内節子訳『女性の解放』岩波文庫）reprinted in J. S. Mill, *On Liberty, Representative Government, On the Subjection of Women*, J. M. Dent, London, 1960, p. 469.
12　Pat Shipman, 'Life and death on the wagon trail,' *New Scientist*, July 27, 1991, pp. 40-2; Donald K. Grayson, 'Donner party deaths: A demographic assessment,' *Journal of Anthropological Research*, Fall 1990, vol. 46, no. 3, pp. 223-42.
13　Plato, *Republic*, V, 464（藤沢令夫『国家』岩波文庫）
14　Yonina Talmon, *Family and Community in the Kibbutz*, Harvard University Press, Cambridge, Mass., 1972, pp. 3-34を見よ。
15　John Lyons, 'The Revenge of the Mommy,' *The Good Weekend*, Melbourne, Sept. 28, 1991.
16　Douglas Adams and Mark Carwardine, *Last Chance to See*, Heinemann, London, 1990, p. 134. ニュージーランド自然保護官の見解はV. Wynne Edwardsが*Animal Dispersion in Relation to Social Behaviour*, Oliver and Boyd, Edinburgh, 1962の中で展開し、Robert Ardreyが*The Social Contract*, Collins, London, 1970によって通俗化した、議論の余地のある理論に似ているが、もともとこれらの理論に由来するのかもしれない。この種の理論は現在では生物諸科学の研究者の中でまったく支持されていないと言ってよいくらいである。

17 J. Maynard Smith, *The Theory of Evolution*, Penguin Books, London, 1975 および Richard Dawkins, *The Selfish Gene*, Oxford University Press, Oxford, 1976, pp. 74, 200（日高敏隆ほか訳『利己的な遺伝子』紀伊國屋書店）を見よ。

18 David Hume, *A Treatise of Human Nature*, Book III, pt. 2, sec. i（大槻春彦訳『人性論』全四冊、岩波文庫）、Ernest C. Mossner, ed., with an introduction by the editor, Penguin Books, Harmondsworth, Middlesex, 1984.

19 Sydney L. W. Mellon, *The Evolution of Love*, W. H. Freeman, Oxford, 1981, p. 261.

20 Robert Edgerton, *Rules, Exceptions and Social Order*, University of California Press, Berkeley, 1985, p. 147.

21 Joseph Lopreato, *Human Nature and Biocultural Evolution*, Allen & Unwin, London, 1984, pp. 225-35.

22 Richard D. Alexander, *Biology of Moral Systems*, p. 160.

第6章

1 本章で提示される日本社会に対する見方は日本および西洋の文献において有力なものである。この有力な見方に対する強力な批判と別の見方の提示については、Ross Mouer and Yoshio Sugimoto, *Images of Japanese Society: a study in the social construction of reality*, KPI, London, 1986を見よ。

2 日本の銀行における就労時間の説明については、たとえば、Thomas P. Rohlen, *For Harmony and Strength: Japanese White-Collar Organization in Anthropological Perspective*, University of California Press, Berkeley, 1974, pp. 94-100, 111を見よ。Rohlenの推定では、彼が研究した銀行の従業員は週平均五

六時間、銀行で仕事をし、さらに週四時間から六時間、仲間の行員につき合う。

3 Jack Seward and Howard Van Zandt, *Japan: The Hungry Guest*, Yohan Publications, Tokyo, revised edn., 1985, p. 97.

4 B. H. Chamberlain. これは Thomas Crump, *The Death of an Emperor*, Oxford University Press, Oxford, 1991, p. 57（駐文館編集部訳『天皇崩御――岐路に立つ日本』駐文館）に引用されている。

5 Jack Seward and Howard Van Zandt, *Japan: The Hungry Guest*, p. 102.

6 Herbert Passin, 'Japanese Society', in David Sills, ed., *International Encyclopedia of the Social Sciences*, Macmillan and The Free Press, New York, 1968, vol. 8, p. 242 を見よ。

7 Thomas P. Rohlen, *For Harmony and Strength*, pp. 38–45.

8 Thomas P. Rohlen, *For Harmony and Strength*, p. 36.

9 Mark Zimmerman, *How to do Business with the Japanese*, Random House, New York, 1985, pp. 12–3.

10 Jack Seward and Howard Van Zandt, *Japan: The Hungry Guest*, pp. 95–6.

11 Jack Seward and Howard Van Zandt, *Japan: The Hungry Guest*, p. 97.

12 Thomas P. Rohlen, *For Harmony and Strength*, pp. 79, 148–9.

13 Thomas P. Rohlen, *For Harmony and Strength*, p. 47.

14 Thomas P. Rohlen, *For Harmony and Strength*, pp. 97–100.

15 George W. England and Jyuji Misumi, 'Work Centrality in Japan and the United States', *Journal of Cross-cultural Psychology*, 1986, vol. 17, no. 4, pp. 399–416.

16 Robert Cole, *Work, Mobility and Participation: A comparative study of American and Japanese industry*, University of California Press, Berkley, 1979, pp. 252–3. これは Robert J. Smith, *Japanese Society:*

Tradition, Self and the Social Order, Cambridge University Press, Cambridge, 1983, p. 60 に引用されている。

17 Robert Whiting, 'You've Gotta Have "Wa"', *Sports Illustrated*, Sept. 24, 1979, pp. 60–71（玉木正之訳『和をもって日本となす』角川文庫）、Robert J. Smith, *Japanese Society*, p. 50 に引用されている。

18 John David Morley, *Pictures from the Water Trade: An Englishman in Japan*, Fontana, London, 1985 p. 185（横田恆訳『水商売からの眺め』サイマル出版会）

19 V. Lee Hamilton et al., 'Group and Gender in Japanese and American Elementary Classrooms', *Journal of Cross-Cultural Psychology*, 1991, vol. 22, no. 3, pp. 317–46, especially pp. 327, 336.

20 Jeremiah J. Sullivan, Teruhiko Suzuki and Yasumasa Kondo, 'Managerial Perceptions of Performance', *Journal of Cross-Cultural Psychology*, 1986, vol. 17, no. 4, pp. 379–98, especially p. 393.

21 John David Morley, *Pictures from the Water Trade*, p. 53.

22 Jack Seward and Howard Van Zandt, *Japan: The Hungry Guest*, p. 54.

23 Thomas P. Rohlen, *For Harmony and Strength*, pp. 48–9, 175.

24 本書第2章を見よ。

25 John David Morley, *Pictures from the Water Trade*, p. 38.

26 Robert J. Smith, *Japanese Society*, p. 81（村上健・草津攻訳『日本社会』紀伊國屋書店）

27 山内友三郎『相手の立場に立つ——ヘアの道徳哲学』勁草書房、一九九一年。ヘアの哲学についてより詳しくは本書第9章を見よ。

28 Thomas P. Rohlen, *For Harmony and Strength*, p. 52.

29 たとえば、Ross Mourer and Yoshio Sugimoto, *Images of Japanese Society*, pp. 196–7 を見よ。

30 *Time*, Nov. 4, 1991, p. 7.
31 Thomas P. Rohlen, *For Harmony and Strength*, p. 252.
32 *Time*, Feb. 10, 1992, p. 11.
33 John David Morley, *Pictures from the Water Trade*, p. 184.
34 Mary Midgley, 'On Trying Out One's New Sword', in Mary Midgley, *Heart and Mind: The varieties of moral experience*, Harvester Press, Brighton, 1981.
35 John David Morley, *Pictures from the Water Trade*, p. 121.
36 詳細については Dexter Cate, 'The Island of the Dragon', in Peter Singer, ed., *In Defence of Animals*, Basil Blackwell Ltd., Oxford, 1985 を見よ。

第7章

1 Tony Ashworth, *Trench Warfare, 1914-1918: The Live and Let Live System*, Holmes and Meier, New York, 1980; cited by Robert Axelrod, *The Evolution of Cooperation*, Basic Books, New York, 1984, ch. 4.
2 この説明は、Raoul Naroll が *The Moral Order*, Sage Publications, Beverly Hills, Calif., 1983, pp. 125-7 の中に抄録した Peter Munch の著作からとったものである。Peter Munch, *Crisis in Utopia*, Crowell, New York, 1971 を参照せよ。引用は Peter Munch, 'Economic Development and Conflicting Values: A Social Experiment in Tristan da Cunha', *American Anthropologist*, 1970, vol. 72, p. 1309 からのものである。
3 Robert Axelrod, *The Evolution of Cooperation*, pp. 27-54.
4 「カモ（suckers）」と「いかさま師（cheats）」という用語は、R. Dawkins, *The Selfish Gene*, Oxford

University Press, Oxford, 1976（日高敏隆ほか訳『利己的な遺伝子』紀伊國屋書店、二九四頁）による。

5 Robert Axelrod, *The Evolution of Cooperation*, p. 99.

6 Richard Christie and Florence Geis, *Studies in Machiavellianism*, Academic Press, New York, 1970, pp. 318–20, citing studies by A. de Miguel and S. Guterman.

7 E. Westermarck, *The Origin and Development of the Moral Ideas*, vol. 2, Macmillan Publishing Company, London, 1906.

8 Cicero, *de Officiis*, J. M. Dent, ed., Everyman, London, 1955, vol. 1, par. 47（高橋宏幸訳「義務について」『キケロー選集9』岩波書店）

9 Chad Hansen, 'Classical Chinese Ethics', in Peter Singer, ed., *A Companion to Ethics*, Basil Blackwell Ltd., Oxford, 1991, p. 72を参照せよ。

10 Alvin Gouldner, 'The Norm of Reciprocity', *American Sociological Review*, vol. 25, no. 2, 1960, p. 171.

11 Polybius, *History*, Book VI, sec. 6. quoted by E. Westermarck, *The Origin and Development of the Moral Ideas*, vol. 1, p. 42（城江良和訳『歴史2』京都大学学術出版会）

12 Gerald A. Larue, 'Ancient Ethics' in Peter Singer, ed., *A Companion to Ethics*, p. 32.

13 このような確執は多くの社会で普通に起こっていることである。Jacob Black-Michaud, *Cohesive Force: Feud in the Mediterranean and Middle East*, Basil Blackwell Ltd., 1975 または Altina L. Waller, *Feud: Hatfields, McCoys and Social Change in Appalachia*, 1860–1900, University of North Carolina Press, Chapel Hill, North Carolina, 1988 を参照せよ。

第8章

1 ウォレンバークの生涯の詳細については、John Bierman, *The Righteous Gentile*, Viking Press, New York, 1981を参照されたい。

2 Thomas Kenneally, *Schindler's Ark*, Hodder and Stoughton, London, 1982を参照されたい。

3 Samuel and Pearl Oliner, *The Altruistic Personality: Rescuers of Jews in Nazi Europe*, Free Press, New York, 1988. この段落の初めのほうで言及した事例は、Kristen R. Monroe, Michael C. Barton and Ute Klingemann, 'Altruism and the Theory of Rational Action: Rescuers of Jews in Nazi Europe', *Ethics*, Oct. 1990, vol. 101, no. 1, pp. 103–23からのものである。また、以下の文献も参照されたい。Perry London, 'The Rescuers: motivational hypotheses about Christians who saved Jews from the Nazis', in J. Macaulay and L. Berkowitz, eds., *Altruism and Helping Behavior*, Academic Press, New York, 1970; Carol Rittner and Gordon Myers, eds., *The Courage to Care – Rescuers of Jews During the Holocaust*, New York University Press, New York, 1986; Nechama Tec, *When Light Pierced the Darkness – Christian Rescuers of Jews in Nazi-Occupied Poland*, Oxford University Press, New York, 1986およびGay Block and Malka Drucker, *Rescuers—Portraits of Moral Courage in the Holocaust*, Holmes and Meier, New York, 1992.

4 Primo Levi, *If This is a Man*, trans. Stuart Woolf, Abacus, London, 1987, pp. 125, 127–8.

5 コルティとディレイニーの話は、Jonathan Kwitny の *Acceptable Risks*, Poseidon Press, New York, 1992の主題である。

6 The Blockaders, *The Franklin Blockade*, The Wilderness Society, Hobart, 1983, p. 72.

7 *Conservation News*, vol. 24, no. 2, April/May 1992.

8 Maimonides, *Mishneh Torah*, Book 7, ch.10, reprinted in Isadore Twersky, *A Maimonides Reader*, Behrman House, New York, 1972, pp. 136-7.

9 R. M. Titmuss, *The Gift Relationship*, Allen & Unwin, London, 1971, p. 44.

10 これらの数字は、当該の骨髄登録機関から一九九二年の六〜七月に受け取った書簡から得たものである。

11 Alfie Kohn, *The Brighter Side of Human Nature*, Basic Books, New York, 1990, p. 64.

12 B. O'Connell, 'Already 1,000 Points of Light', *New York Times*, Jan. 25, 1989, A23.（この文献は Alfie Kohn, *The Brighter Side of Human Nature*, p. 290 に依る。）また *Time*, April 8, 1991 も参照されたい。

13 The Chemical Specialty Manufacturers Association, *The Rose Sheet*, Federal Department of Conservation Reports, Chevy Chase, Maryland, vol. 11, no. 50, Dec. 10, 1990 によれば、一九八九年の個人向け製品のエアゾール生産は、一九八八年の水準から一一パーセント減少した。

14 'Doing the Right Thing', *Newsweek*, Jan. 7, 1991, pp. 42-3.

15 この引用は、R. M. Titmuss, *The Gift Relationship*, pp. 227-8 からである。

16 E. Lightman, 'Continuity in social policy behaviors: The case of voluntary blood donorship', *Journal of Social Policy*, 1981, vol. 10, no. 1, pp. 53-79; J. A. Piliavin, D. E. Evans and P. Callero, 'Learning to "give to unnamed strangers": The process of commitment to regular blood donation', in E. Staub et al., eds., *Development and Maintenance of Prosocial Behavior: International Perspectives on Positive Morality*, Plenum Press, New York, 1984, pp. 471-91; J. Piliavin, 'Why do they give the gift of life? A review of research on blood donors since 1977', *Transfusion*, 1990, vol. 30, no. 5, pp. 444-59. アリストテレスの徳に関する見解については、*Nicomachean Ethics*, trans. W. D. Ross, World Classics, Oxford University Press, London, 1959 を参照されたい。私がこの段落で述べた論点は、'Giving Blood: The Development of

Generosity', (*Issues in Ethics*, 1992, vol. 5, no. 1, published by the Santa Clara University Center for Applied Ethics, Calif. 所収の無署名論文）から得たものである。

第9章

1　このしかけが暴露されていった歴史については、A. N. Prior, *Logic and the Basis of Ethics*, Oxford University Press, Oxford, 1949 参照。

2　倫理的な視点を無視すると自己矛盾に陥ると証明しようとしてきた哲学者もいるが、そういう哲学者たちは、私たちがここで指摘した問題点を無視している。その一例として、Stephen Toulmin, *The Place of Reason in Ethics*, Cambridge University Press, Cambridge, 1961, p. 162. 本文でこれまで述べてきた理由から、この立場が誤っていることがわかる。重大なことは何一つとして言葉の定義に左右されえないのである。この点についてのさらに詳しい議論については、以下の私の論文を参照されたい。Peter Singer, 'The triviality of the debate over "Is - Ought" and the definition of "moral"', *American Philosophical Quarterly*, 1973, vol. 10, pp. 51-6.

3　いくつかの例証として以下のものをあげておきたい。バビロン法典の安息論のなかのヒレル師の格言（the Babylonian Talmud, Order Mo'ed, Tractate Sabbath, sec. 31a）、論語（Confucius: Lun Yu XV: 23 and XII: 2, E. Westermarck, *The Origin and Development of the Moral Ideas*, vol. 1, p. 102 からの引用）、マルクス・アウレリウスの言葉（Marcus Aurelius, *Commentaries*, vol. IV, no. 4, trans. A. S. L. Farquharson, Oxford University Press, Oxford, 1944, p. 53）。

4　これはもちろんヘアの説明のごくおおざっぱな要約にすぎない。興味のある読者は以下のものを参照されたい。R. M. Hare, *Freedom and Reason*, Oxford University Press, Oxford, 1965（山内友三郎訳『自由と理性』理想社）、*Moral Thinking*, Oxford University Press, Oxford, 1981（内井惣七・山内友三郎監訳『道徳的に考えること』勁草書房）

5 Jean-Jacques Rousseau, *Emile* (trans. Barbara Foxley, J. M. Dent, London, 1974) p. 345（今野一雄訳『エミール』岩波文庫）

6 Jean-Jacques Rousseau, *Emile*, p. 340, 349.

7 Sigmund Freud, 'Some Psychical Consequences of the Anatomical Distinction between the Sexes' in *The Standard Edition of the Complete Psychological Works of Sigmund Freud*, James Strachey ed., Hogarth Press, London, 1964, vol. XIX, p. 257（大宮勘一郎訳「解剖学的な性差の若干の心的帰結」『フロイト全集19』岩波書店）

8 Cited by Jean Grimshaw, 'The Idea of a Female Ethic' in Peter Singer ed., *A Companion to Ethics*, p. 496.

9 Carol Gilligan, *In a Different Voice: Psychological Theory and Women's Development*, Harvard University Press, Cambridge, Mass., 1982. 道徳的ジレンマについてのコールバーグの最初の議論については、Lawrence Kohlberg, 'Continuities and Discontinuities in Childhood and Adult Moral Development Revised' in *Collected Papers on Moral Development and Moral Education*, Moral Education and Research Foundation, Cambridge, 1973. Lawrence Kohlberg, *The Philosophy of Moral Development*, Harper and Row, San Francisco, 1981を参照。

10 Nel Noddings, *Caring: A Feminine Approach to Ethics and Education*, University of California Press, Berkeley, 1984, pp. 153-9.

11 ギリガンがこうした結論をひきだしている根拠についての簡単な批判としては、Susan Faludi,

Backlash, Chatto and Windus, London, 1992, pp. 361-6.

12 Alison Jaggar, 'Feminist Ethics: Projects, Problems, Prospects' in Claudia Card, ed., *Feminist Ethics*, University Press of Kansas, Lawrence, 1991, pp. 92, 94. フェミニスト倫理学についての別の一般的な解説としては、Jean Grimshaw, 'The Idea of a Female Ethic' in Peter Singer ed., *A Companion to Ethics*.

13 「動物の倫理的扱いをもとめる人々」のカーラ・ベネットとの私信（一九九二年五月一五日）。

14 Carol Gilligan, *In a Different Voice*, p. 21.

15 『マタイによる福音書』第一六章二八、および『マタイによる福音書』第一〇章二三、第二四章三四、『マルコによる福音書』第九章一、第一三章三〇、『ルカによる福音書』第九章二七。

16 『マタイによる福音書』第二四章四四。

17 『マタイによる福音書』第六章二－四。

18 『マタイによる福音書』第五、六、七章参照。これ以外にもイエスは以下の箇所で賞罰について語っている。『マタイによる福音書』第一九章二七－三〇、第二五章三一－四六、『マルコによる福音書』第三章二九、第八章三四－八、第九章四一－八、第一〇章二一、『ルカによる福音書』第九章二四－五、第一二章四－五、第一四章七－一四。

19 Immanuel Kant, *The Moral Law: Kant's Groundwork of the Metaphysic of Morals*, trans. H. J. Paton, Hutchinson, London, 1966, p. 10（野田又夫訳「人倫の形而上学の基礎づけ」『世界の名著　カント』所収、中央公論社）。カント研究者は、カントの道徳哲学にもっと柔軟なおもむきを与えるようなことが他の著作には書かれていると主張するに違いないが、ここで私が言いたいのは、私がここに示したとおりの立場こそカントの実際の立場であり、彼の道徳哲学の頂点とされることの多い他の著作でも、同じ立場が主張されているということである。

20 F. H. Bradley, *Ethical Studies*, 2nd edn., Oxford University Press, Oxford, 1959, p. 63.

21 H. Arendt, *Eichmann in Jerusalem*, Faber & Faber, London, 1963, pp. 120-3（大久保和郎訳『イエルサレムのアイヒマン』みすず書房）。アイヒマンは、ユダヤ人問題の「最終的解決」（つまり、一九四一～五年の大量虐殺）の実施を命じられてから以後の自分はカントの原則に従って生きるのをやめてしまったと語って、前言を撤回した。カントの原則に従って生きると言ったときアイヒマンが考えていたのは、単に普遍的法則に従って生きるということだったのかもしれないが、定言命法についてのより深いカントの定義、つまり他者を手段としてではなく目的として扱わなければならないという要求がアイヒマンの念頭にあったのかもしれない。私は、カントの倫理学が適切に理解されたときにも大量虐殺を導くものだと言うつもりはない。私が言いたいのはただ、義務だからという理由だけで、それ以上の正当化を追及せずに義務を行うべきだという考えは間違っているし、危険でもあるということである。

22 R. Hilberg. *The Destruction of European Jews*, Quadrangle, Chicago, 1961, pp. 218-9.

23 Soren Kierkegaard, *Fear and Trembling: Dialectical Lyric*, trans. Howard V. Hong and Edna H. Hong, Princeton University Press, Princeton, NJ, 1983, p. 15（桝田啓三郎訳『筑摩世界文學大系32 キルケゴール』筑摩書房）

24 F. P. Ramsey, 'Epilogue', in R. M. Braithwaite, ed., *The Foundations of Mathematics and Other Logical Essays*, Routledge & Kegan Paul, London, 1931, p. 289.

25 ギルガメシュの叙事詩はさまざまな本に復刻されている。ここでの引用は次の本による。James B. Pritchard, ed., *The Ancient Near East*, Princeton University Press, Princeton, NJ, 1958, Tablet X (iii), p. 64（邦訳としては、たとえば、森雅子訳『オリエント神話』青土社）

26 Roshi Philip Kapleau, *To Cherish All Life*, The Zen Center, Rochester, NY, 1981, pp. 27-30.

27 Anthony Ashley *Cooper*, 3rd Earl of Shaftesbury, *Characteristics of Men, Manners, Opinions and Times*, Bobbs-Merrill, New York, 1964. Joseph Butler, *Fifteen Sermons preached at the Rolls Chapel and A dissertation of the Nature of Virtue*, T. A. Roberts, ed., S. P. C. K., London, 1970; David Hume, *A Treatise of Human Nature*, ed. with an introduction by Ernest C. Mossner, Penguin Books, Harmondsworth, Middlesex, 1984（大槻春彦訳『人性論』岩波文庫）

第10章

1 Albert Camus, *The Myth of Sisyphus and Other Essays*, trans. Justin O'Brien, Alfred A. Knopf, Inc., New York, 1969, p. 3（清水徹訳『シーシュポスの神話』新潮文庫）

2 Albert Camus, *The Myth of Sisyphus and Other Essays*, pp. 121, 123.

3 Richard Taylor, *Good and Evil*, Prometheus, Buffalo, NY, 1984（first published Macmillan, 1970）.

4 Betty Friedan, *The Feminine Mystique*, Penguin Books, Harmondsworth, Middlesex, 1965, p. 19（三浦富美子訳『新しい女の創造』大和書房）

5 Richard Gould, *Yiwara Foragers of the Australian Desert*, Collins Publishers, London, 1969, p. 90.

6 Donald Trump, *Surviving at the Top*, p. 5.

7 Thorstein Veblen, *The Theory of the Leisure Class*, Unwin Books, London, 1970（first published 1899）, pp. 35, 37（小原敬士訳『有閑階級の理論』岩波文庫）

8 Thorstein Veblen, *The Theory of the Leisure Class*, pp. 77–8

9 Thorstein Veblen, *The Theory of the Leisure Class*, p. 111.

10 Thorstein Veblen, *The Theory of the Leisure Class*, p. 39.

11 Michael Lewis, *Liar's Poker*, p. 203（東江一紀訳『ライアーズ・ポーカー』角川書店）

12 Jchn Taylor, *Circus of Ambition*, pp. 176–7.

13 Tom Wolfe, *Bonfire of the Vanities*, Farrar, Straus & Giroux, New York, 1987, pp. 329–30（中野圭二訳『虚栄の篝火』文藝春秋）

14 Michael Maccoby, *The Gamesman: The New Corporate Leaders*, Bantam Books, New York, 1978, p. 111.

15 Connie Bruck, *The Predators' Ball*, pp. 302, 314.

16 Alfie Kohn, *No Contest: The case against competition*, Houghton Mifflin, Boston, 1986, p. 111.

17 Alfie Kohn, *No Contest*, pp. 112–3.

18 ABC News, 20/20, Transcript #1221, ABC Television, New York, May 15, 1992, p. 5.

19 Joseph Veroff, Richard Kulka and Elizabeth Douvan, *Mental Health in America: Patterns of Help-Seeking from 1957 to 1976*, Basic Books, 1981, cited by Robert N. Bellah et al., *Habits of the Heart*, p. 121.

20 Peter Brown and Henry Shue, 'Introduction' in Peter Brown and Henry Shue, eds., *Food Policy: The Responsibility of the United States in the Life and Death Choices*, Free Press, New York, 1977, p. 2.

21 V. Frankl, *Man's Search for Meaning: an introduction to logotherapy*, trans. Ilse Lasch, Hodder & Stoughton, London, 1964, pp. 103–4

22 Robert N. Bellah, et al., *Habits of the Heart*, p. ix（島薗進・中村圭志訳『心の習慣——アメリカ個人主義のゆくえ』みすず書房）

23 M. Scott Peck, *The Road Less Travelled*, Arrow Books, London, 1990, pp. 58–9.

24 Robert N. Bellah et al., *Habits of the Heart*, p. 127, 130.

25 Robert N. Bellah et al., *Habits of the Heart*, p. 129.

26 Robert J. Ringer, *Looking Out for #1*, pp. 20–1.

27 Gail Sheehy, *Passages: Predictable Crises of Adult Life*, Bantam Books, New York, 1977, p. 251.

28 V. Frankl, *Man's Search for Meaning*, p. 74.

29 V. Frankl, *Man's Search for Meaning*, p. 76.

30 F. H. Bradley, *Ethical Studies*, Oxford University Press, Oxford, 1959 (first published 1876), p. 96.

31 H. Sidgwick, *The Methods of Ethics*, 7th edn., Macmillan, London, 1907, p. 405.

32 Robert N. Bellah et al., *Habits of the Heart*, p. 18.

33 Robert N. Bellah et al., *Habits of the Heart*, p. 158.

34 Robert N. Bellah et al., *Habits of the Heart*, p. 163.

35 Betty Friedan, *The Feminine Mystique*, p. 300.

36 Robert Bly, *Iron John*, Element Books Ltd., Longmead, Shaftesbury, 1990, p. 151.

37 Reprinted in Thomas Hutchinson, ed., *The Poetical Works of Shelley*, London, 1904, p. 550（上田和夫訳『シェリー詩集』弥生書房）

38 Bertrand Russell, 'The Expanding Mental Universe', in Robert Egner and Lester Denonn, eds., *The Basic Writings of Bertrand Russell*, Allen and Unwin, 1961, pp. 392–3, 'What I Believe' p. 371.

39 Robert Egner and Lester Denonn, eds., *The Basic Writings of Bertrand Russell*, p. 393.

第11章

1　この点については、Peter Singer, *Marx*, Oxford University Press, Oxford, 1980, pp. 75-6（重田晃一訳『マルクス』雄松堂出版）を参照。

2　私は「理性のエスカレーター」という比喩を私の著書 *The Expanding Circle*, p. 88 において使用した。この節のいくつかの部分は、その著書をもとにしている。Colin McGinn は本質的には同じ議論を 'Evolution, Animals and the Basis of Morality', *Inquiry*, 1979, vol. 22, p. 91 において展開している。

3　John Aubrey, *Brief Lives*, ed., A. Clark, Oxford University Press, Oxford, 1898, vol. 1, p. 332.

4　Gunnar Myrdal, *An American Dilemma*, Harper & Row, New York, 1944, app. 1.

5　この見方の基礎、およびこれにより生じた運動については、私の著書 *Animal Liberation*, 2nd edn（戸田清訳『動物の解放』人文書院）を参照。

6　Karl Marx, *The German Ideology*, International Publishers, New York, 1966, pp. 40-1（古在由重訳『ドイツ・イデオロギー』岩波文庫）

7　これらの点についてのより詳細な議論については、私の著書 *Practical Ethics*, 2nd edn., pp. 232-4（山内友三郎・塚崎智監訳『実践の倫理』昭和堂）を参照。

8　それぞれの典拠は以下のとおり。『マタイによる福音書』第二二章三九、Babylonian Talmud, Order Mo'ed, Tractate Sabbath, sec. 31a（石田友雄他訳『タルムード』ライブ）。『論語』第一五衛霊公篇第二三章、第一二顔淵篇第二章。『論語』の引用は、E. Westermarck, *The Origin and Development of the Moral Ideas*, vol. I, p. 102 による。*Mahabharata*, XXIII: 5571（山際素男編訳『マハーバーラタ』三一書房）

9　『ルカによる福音書』第一〇章二九－三七。

私益と倫理の関係――解　説

I

西欧先進国の場合、倫理学が実践と結び付いていて、社会の変化にともない、しだいに変化してきている傾向がみられる。本書がオーストラリアで売行きベストテン第八位に入り、邦訳に続きスウェーデン語訳、スペイン語訳などが刊行されたのは、読み始めたら止められないくらいおもしろいからであると思われる。そればかりではなく、私たちの生き方にとって切実な問題を取り上げていて、何よりも実践ということに正面から取り組んでいるからだと思われる。本書では現代においておそらく最も緊急な実践問題である環境問題の由来を述べていて、従来の生き方ではもはやこれに対処することはできず、私たちの生き方を変えなければならない理由を明確にしている。本書の特徴は、以上のほかに、現代の問題に対する倫理的なアプローチからみて主要な倫理思想が批判的に検討されている点にある。さらに、現代の新しい理論で特に倫理と関連の深い、遺伝子の問題、囚人のジレンマ、フェミニズムなどが倫理と私益の関連を解明するのに大幅に取り入れられている。この点では本書は新しいタイプの倫理学の恰好の入門書ともなっている。

倫理の本がベストセラーになる、ということは本書の成功を物語っていると思われる。というのは著者によれば、社会の一〇パーセントの人が倫理的な生き方を選ぶとすれば、それだけで政府に期待できる変革よりも重要な、社会を変革する大きな力になるという。著者の念頭にはおそらく先進国における市民運動のことがあるようにみえる。しかし残念ながら倫理の本が売れて困るということは、わが国では大正教養主義の昔ならいざ知らず、現状では考えられないことである。この原因はいろいろと考えられるだろうが、一つには思想でもファッションでもライフスタイルでもわが国には先進国より遅れて入ってくるということがあるかもしれない。また人々のライフスタイルが変わってきていても、倫理学や哲学の本の著者がそれについていけないということもあるかもしれない。たとえば、英米で二〇世紀前半に隆盛をきわめたメタ倫理といわれる道徳語の分析がわが国にはあまりよく輸入されないままに、英米に遅れて倫理学者が生命倫理に取り組むようになった。そして最も切実な環境倫理に取り組む人たちもやっといくらか見られるようになった程度である。そのうちに流行になるかもしれない。たとえば、動物解放の運動家のケイトが壱岐の島で漁師の網を破ってイルカを救おうとして罪に問われたとき、シンガーがイルカの弁護のために日本にやってきて法廷に立ったのは一九八〇年のことである。当時、日本ではこの運動はほとんど理解されなかったが、わが国でも鹿児島県でゴルフ場建設に反対する人たちが「自然の権利」を代弁し、アマミノクロウサギ、ルリカケス、アマミヤマシギなどを原告として県の開発許可の取り消しを求めて提訴するということが最近おこった（朝日新聞一九九五年二月二三日付）。

倫理学がわが国ではやらなくなった他の理由として考えられることは、先進国の中では、地球環境の危機の意識が一番低いのが日本であると言われるが、国外の状況に対して目を閉ざしがちな鎖国意識がその根底にあるのかもしれない。オーストラリアに行ってみれば、当地の新聞には毎日のように日本の記事がのるし、人々は日本のことをよく知っているのである。日本はいまや経済大国として世界に影響力をもち、世界から注目されているのに、日本人は自分たちの一挙一動が世界の動向に関係があるとは夢にも思っていないかのように振る舞っている。シンガーが本書で日本人の生き方について一章をあてたのは単なる偶然ではない。日本人は、自らの生き方を問う前に、日本人の生き方が問われているのを知らないだけである。地球的な環境危機に私たち日本人がどう対処すべきかをいくらかでも真剣に考えたら、倫理の問題も少なくとも他人事ではないことが理解されるのではないだろうか。

他方、わが国では一九七〇年代初めの浅間山荘事件などの過激派の一連のテロ行為は、政治だけで問題が解決できると考えた人々に打撃を与えたが、今年（一九九五年）の地下鉄サリン事件などのテロ行為はそれに劣らず大きな衝撃を日本人に与え、安易に宗教に救いを求めることに疑問を抱かせるものであった。シンガーによれば、政治が宗教の代わりを占めていた時代は終わり、今日の状況では倫理的な生き方が真剣に問われているのである（本書九〜一〇頁）。宗教とも政治ともはっきり区別された倫理的な生き方が必要とされる時代である。

Ⅱ

『実践の倫理』の中でシンガーは「なぜ道徳的に行為するのだろうか」を論じている（邦訳、第10章参照）。私たちの生き方を論ずる本書ではこの問題に正面から取り組み、私利私欲の追求を分析し、これと倫理的な生き方とを比べて、倫理的な生き方を勧め、倫理的な生き方のほうに真の幸福、つまりある意味で真の利益があることを証明している。

西洋の倫理でこの問題に初めて取り組んだのはプラトンであるが、プラトンの『国家』は「正しいものは幸福か」という問いから始まり、この問いに答えるために壮大な哲学体系を作り上げて、これをもとに正しいものの幸福を証明しようと試みた。これは壮大な失敗であったが、幸か不幸かプラトンの理論が西洋倫理を大きく方向づけるまでに影響をおよぼしてしまった。プラトンは私利私欲、欲望など通常の人間のもっている欲求や願望を否定し、まるで存在しないものであるかのように扱った。人間の通常の欲求や願望とまったくかかわりのないイデアという客観的な価値だけが真に存在するものであり、イデアにむかうエロースを除けば、あらゆる世俗の幸福は、社会全体の幸福も――あえていうなら人間や動物の悲惨も苦しみも――問題にならない。これはもとをただせば、自己の理想の前では他者の世俗の幸福も快楽もすべて否定すべきものとみなしたソクラテス的狂信主義に由来する。このコースはアリストテレスの批判をこえて生き延び、キリスト教倫理やカント倫理学にまで色濃く反映しているのである。現代倫理からこの立場を明晰に批判したのは、「客観的価値は存在しない」の語を巻頭に『倫理学』を書いたマッキーであろう。

客観的価値を信じて私利私欲をまったく否定するモラルを奉ずることの難儀な点は何かというと、存在しないものを信じるという間違いを別にしても、私利私欲を無視した理論にたよれば、私利私欲は理論体系の中では認められないことになっても消えてなくなるわけではないので、どこか裏口からしのびこんでくるのである。そうするとその人の奉じていると信ずるモラルの原則は命令としての力を失い、実生活を規制しないですむ何か記述されるものとなり、要するにタテマエにすぎないようなものになる一方、実生活を律する隠れた真の原則は、アモラルな私利私欲の追求や自己の属するグループの利益の追求といったものになりがちである。こうしてタテマエとしての、(ないしは慣習へのリップサーヴィスとしての)「リンリ」と実生活を律する「私益」の二重構造、二極分裂が生まれる。これは西欧の倫理学を皮相に受け入れただけで、自己の実生活を律する原則にすることに失敗した日本の倫理学者の陥りがちな困った癖である。私益をまったく無視するということは、たとえばソクラテスやイエスのような聖人になりきった人にしかできないことであって、その意味では一種の「聖人倫理」であって、普通の人間には真似ができないし、真似をすればケガをして回りに迷惑をおよぼすことになりかねないから、真似しないほうがよいのである。普通の人間が聖人を見習おうとすることは、おおげさに言えば、なんの訓練も装備もなしにエヴェレスト登頂に挑戦するような暴挙である。倫理は夢想家の幻想ではないし、慣習に対するリップサーヴィスでもない。何よりも私たちの実生活を律するものとして、実践可能なものでなければならない。その意味では何らかの点で私益との結び付きを持ったものでなければならないであろう。

一般に人々はどうにかして自分の利益を守ろうとするものであるし、倫理的な生き方が私益に反するときにはいろいろな口実を見つけて倫理の網から逃げようとする。特に倫理が社会の慣習的モラルに反するときにはそうなりがちである。たとえば、エゴイズムが悪いと説く人に反対して「では、あなたは自分の子どもを他人の子どもよりも大事にしないか」と言われることがある。またたとえば、生命尊重から無益な殺生を止めさせようとする人に対して、「それならあなたはゴキブリも殺さないし、生命の一種である米や野菜も食べないのか」とくる。また原発反対派の人には、「ではエネルギーも使わずに暗闇の中で暮らしたいのか」という反論がまっている。こうした反論をまともに受けいれるなら、倫理的な生き方を選ぶことができなくなるだけではなく、私益追求の生き方に流されてしまいがちである。そしてそういう人が増えれば、社会も環境もますます悪くなっていくだけである。こうした反論に見られる論理の背後には、私の言う聖人倫理が見えかくれする。倫理は聖人を模倣した完全無欠のものでなければならないという完全主義の考え方である。完全でなければ無意味であるとする「オール・オア・ナッシング」型の倫理である。自分は完全ではありえない、だから止めておこうという無力感からアモラルになってしまう人も、実は「倫理は完全無欠なものでなければならない」とする聖人倫理を前提にしているのであって、聖人倫理を裏返しにして実践しないことの口実にしているにすぎないようにみえる。聖人倫理をまともに支持するなら、シュヴァイツァーやマザー・テレサのような人にしか実行不可能であるから、他の人は開き直って倫理を捨てて、私益追求に精をだすか、あるいは世間の人に口裏をあわせて、リンリにリップサーヴィスだけを払いながら陰で私益追求に走るしかない。これは一種の「要領倫理」である。ここらで聖人倫理ときっぱり手を切り、たとえケシ粒ほどのことでも実行すれば、前進は前進であると考えられないであろうか。現代の普通の人間の倫理は、聖人倫理を捨てることから、実践への手掛かりをつかむことができる。自分一人の環境汚染なら大したことはない。そう皆が考えるところから環境破壊が生ずる。逆に自分一人の努力なら大したことはない。しかし皆がそうするなら、という方向にモラルを考えるべきであって、その点に市民運動の意味がある。

Ⅲ

現代英米の倫理学の目だった特徴は、倫理学者が実践倫理に取り組むようになったことである。本書の著者シンガーは国際生命倫理学会会長として実践倫理では目覚ましい活躍をしている倫理学者である。また、特にシンガーの始めた動物解放の運動は今では欧米で大きな市民運動にまで成長し、社会と人々のライフスタイルに変革をもたらしてきている。最近とみに盛んになった環境倫理学では、賛否を問わず、シンガーの動物解放主義から始めるのが著者たちの一般的傾向にまでなっている。シンガーの動物解放は、環境中心主義、エコ・フェミニズムなどと並んで、西洋的近代化の行き詰まりから生まれた思想である。地球的規模の環境危機を直視してその由来を尋ねるならば、西洋的人間中心主義とこれに由来する近代化が疑問視されるのは当然であろう。「人間」対「自然」という二項対立にたち、人間が自然に対して優位にたつとする人間中心主義が西洋の伝統である。従来自然に属するとみなされていた動物を道徳的に配慮すべきものに入れることによって、人間中心主義を打破し、西洋思想を伝統的な東洋思想に一歩近づけた点にシンガーの動物解放の思想史上の意義がある。他方、わが国ではまだ珍しいことかもしれないが、英米の実践倫理学は、市民運動や人々のライフスタイルに影響をおよぼし、むしろそこから影響を受けている。市民運動と体制側の既成道徳とのあいだの、さらに運動どうしのあいだの対立・論争が、そのまま実践倫理の理論に反映していることも多いのである。倫理はけっして空理空論ではない。また日々の生活の中で小銭を払えばすむといった日常茶飯事でもなく、シンガーの言うようにどう生きるかを決定する「究極の選択」の問題なのである（第1章）。

ではなぜ、私たちは社会の変革をめざしたり、市民運動に参加したり、ライフスタイルを変えたりまでして、倫理的な生き方を選ばなければならないのだろうか。これに対するシンガーの答えは——本書の結論を先取りして言えば——次の二通りに分けられる。

第一の答えはこうである。「私利私欲」追求型の人間が増えてこれが優勢になれば、社会は崩壊する。さらに人間の飽くなき貪欲と消費は地球規模の環境危機を招き、人類の生存基盤を崩しつつある。欲望と陰謀と暴力が渦巻く社会はけっして住みよい社会ではないし、自然資源の無制限の搾取と自然破壊と環境汚染が続けば、人間の生活は成り立たなくなる。この意味では私益は公益に依存している。公益を守ることは回り回って私益を守ることになる。こうして倫理は長い目で見ての私益につながる（本書1章から8章までは主にこの問題にかかわっている）。

第二の答えはこうである。幸福はそれだけを追求するとき、人々の手から逃げて行く。

だから幸福そのものではなく何か他のものを追求することによってこそ幸福は得られる。そのためには高邁な信条――自己を超えた主義主張――を持たなければならない。私たちの人生を意味のあるものにする主義主張は客観的で広い視野をもったものであれば、それだけよいものになる。人は倫理的に振る舞うときには私利私欲を離れて公平な立場にたっている。公平な立場にたつことは、普遍的な見地をとることである。他方、人はたとえば数を覚えて生活のために役立てる。ところがいったん数を覚え、数学に興味をもてば、実生活の実益を離れた数学が進歩していく。これがシンガーのいう理性のエスカレーターである。人は倫理の立場である普遍的見地をいったんとれば、普遍性の段階をそれ自体としてのぼっていく。シジウィックのいう「宇宙の視点」にたつことが、生きるに値する意味を人生に与える（本書9章から11章まではこの問題にかかわっている）。

シンガーは結論の章を、実践運動に参加し、そこに人生の意義を見いだした人たちの例から始める。運動に参加し、自己をより広い全体の一部と感ずることは人生の積極的な要素になっているが、それはシジウィックのいう「宇宙の視点」を採用することを意味している。宇宙の視点をもつならば、私たちの個人的な利害が相対化されて、他者の利害と区別のつかないものになる。それは自己を越えた普遍的で客観的な、より広いパースペクティヴをもつことを意味している（その場合、価値はあくまでも「感覚ある存在」の欲求や利益に基づいているものであって、宇宙の組成の中にあらかじめ組み込まれている客観的な価値が存在する、ということではない)。これは公平な立場から利益に平等な配慮をするという点で、イエスの黄金律や孔子やマハーバーラタの教えとも一致している。自己の視点を越えた主義主張をもちそのために働くことに人生の意義があるとすれば、その主義主張が客観的で普遍的なものか否か教えてくれるのが宇宙の視点である。シーシュポスのようにただ石を押し上げるだけではなく、丘の上に神殿を立てることに意味がある。私たちは宇宙にある苦痛と苦悩を減らすことによって、世界をよりよいものにすることができる。

Ⅳ

倫理は実践的なものであり、実践的でなければ倫理ではない。といって自己の幸福や利益だけを追求する生き方でもない。ヘアの言うように、倫理とは自己や他者の固有の立場を離れて、利益が「普遍化可能」か否かを問うことである。シンガーは倫理の普遍性という点から、男性だけが抽象的な推論に耐えるとして倫理を男性特有のものと見たり、女性特有の倫理的観点というものがあるとしたりする見方を退ける。他方、利益を現世では一切拒否して来世に求めるキリスト教の倫理も、また義務のための義務を追求して欲求をまったく無視すべきだとするカントの倫理も拒否する。利益からスタートして利益を普遍化する方法によれば、仏教で言われているような、人は個人を超えたより大きな全体に属しているという感情、他者や宇宙との一体感が大事なのである。またヒュームなどが人間の本性にあるものとしての仁愛や同感に注視し、これをもとに倫理を説いたが、シンガーが倫理の根として注目するのはこの楽観的な方向である（第9章）。

一般に自立した個人が普遍的な立場にたとうとするのが、西洋的な意味での倫理のオーソドックスなあり方であると考えられる。これは市民運動を支持する倫理的なバックボーンになりうる立場である。誰の利益でも、たとえ動物の利益でも、利益は利益としてそれに平等に配慮するというのはシンガーが『実践の倫理』で明確にした立場である（このような利益の普遍化は「利益の平等主義」と呼ばれることがある）。

これに対して、本書で批判されているように、日本人に一種の集団主義が強く、個の確立が十分になされていない面があるのは否定できないであろう。集団の利益を個人の利益に優先させることによって、個人の利益を確保しようとする傾向が強く、集団の利益を普遍化して考える点は一種のウィーク・ポイントになっている。

日本人はたとえば会社を共同体とみなし、会社への忠誠心を私益に優先させることがある。私益が抑制されていて、私益と倫理とが一見調和を保っているかのような印象を与えることがある。しかしこのような日本人の美質と見られる態度には実は大きな問題が潜んでいる。それは自己の属するグループへの忠誠は他のグループへの排他的な行動になるということである。これは派閥のエゴだけではなく、日本人の行動様式に広く見られる特徴である。私益を共益に一致させたかに見えても、実は普遍性を欠いているために、一種のグループ・エゴイズムに陥っていて、他のグループ、他の個人への差別になるのである。普遍性を欠く行為は倫理的であることはできないのである、たとえば国際的正義を守ったり、地球生物圏を救ったりするためには無力というより他ない（第6章）。集団の利益も普遍化できるものと普遍化できないものとがある。日本的な集団主義も、日本的な集団への忠誠心も、普遍化できるコースをとる限りは大きな力を発揮することができる。

ではどういうものが普遍化できるコースなのであろうか。シンガーは囚人のジレンマや遺伝子の仕組みを手掛かりにこれを解明しているが、他に家族愛や国家への忠誠心も取り上げている。このことは倫理と私益の関係に特に関連があるので、ここで取り上げることにする。人は一般に家族や身内のことになると自分のことのように考えてその利益をはかる。これを一種の拡大された私益と考えれば、家族エゴイズムとなって、倫理に反するのではないかという疑問が生まれることにもなる。シンガーはヘアに賛成して、ルールの必要性を説いているが、私たちは家族を認めないという制度ではなく、家族制度を認めるコースを選んでいるのである。このルールに従う限り、家族への忠誠心は立派に普遍化されることができる。つまり、万人が家族の利益をはかることは、公平な立場から見てよいことである。私たちが家族に対して義務と責任を負うのは、他の人たちがそうするのを直接妨げない限り、普遍化できる倫理である。家族への忠誠心は一定の限界内では、私益と倫理が調和する例である。同じように国家への忠誠心も、それが他の人々のそれぞれの国に対する忠誠心と衝突しない限り普遍化できるコースである。また会社に対する忠誠心も同じようにして普遍性のあるものとそうでないものとを振り分けることができる（ここで家族の利益はエゴイズムだから、これを排斥し無視すべきであるとしてプラトンのように家族への配慮も忠誠心も否定すれば、聖人倫理の落とし穴にはまり、理論では家族の利益否定の聖人倫理を説きながら実践では隠れて私益追求にふける、例の二重構造という欺瞞倫理に陥る）。

いったい倫理における普遍性とは、よいルールを守ることにある。ルールがよいものかどうかを検討してルールを作る次元では、普遍的なルールを作ればよい。ルールが当てはまりにくい状況では、相手の立場に立ってみる、あるいは公平な立場に立って関係者全体の利益を考える、という仕方のテストをすることによって、普遍化が可能かどうかが試される。これがごく大ざっぱに言ってシンガーが基礎理論とするヘアの方法である。

なおシンガーの著書やその思想の背景については、シンガー『実践の倫理』（昭和堂）の解説もご参照いただければ幸いである。

一九九五年六月　ロンドンにて

山内友三郎

文庫版監訳者あとがき

監訳者（山内）が初めてシンガーさんにお目にかかったのは、ヘア先生をモナッシュ大学にお訪ねした時のことであった。当時シンガーさんはモナッシュ大学の生命倫理センターを立ち上げ、国際生命倫理学会の初代会長も務めていた。ヘア先生にシンガーさんを紹介していただいたのはその頃のことであった。

あれから時代は変わった。バートランド・ラッセルの再来、オーストラリアを制覇、とまで評されたシンガーさんも、時代の変化とともに、今では一時ほどの影響力はないかもしれない。しかし本書が恐らく倫理学の最良の入門書として、今では古典的な名著であることには変わりない。

シンガーの見解に対してはさまざま異論もある。例えば本書の日本人論は、当時の欧米先進国における日本人観の主流を述べたものであるが、今では日本人に対する大方の見方も違ってきたようである。著者に対して改訂版を出す気はないかとお訊ねしたところ、忙しくてその暇はないというお返事だったので、編集者の助言に従って、解説も元の形のままに出版することにした。著者が道徳的な配慮を動物にまで広げた功績は西洋の倫理学にとっては革命的な事件であったが、これに対する異論の最大のものは、著者が（東洋の伝統的な倫理に多少触れてはいるものの〈本書二六九、四一〇頁参照〉）、東洋の倫理と自然観を無視したままで、人間と自然とを分ける西洋近代流の二元論（dualism）的で人間中心主義的な自然観を維持して、自然に対して手段的な価値しか認めない点ではないかと思われる。自然を手段視する人間優位の立場が人間中心主義（anthropocentrism）であり、人間中心主義が地球環境危機を招いたとするのが、現代の環境哲学の一般的な考え方である。

環境哲学では人間と自然とを分けないで一体のものと見る東洋風の一元論、全体論（holism）が主流である。環境哲学者から、シンガー説は人間中心主義を動物にまで拡張した拡大主義ではないか、という批判が出てきた。しかしシンガーはこれには応えていない。例えばシンガーによれば、シーシュポスは重い石を山頂に引き上げて神殿を作ることもできるというが（本書三六九頁以下）、日本人なら禿山に緑を植えて、日照りで枯れようが洪水に流されようが、何度でも繰り返して樹を植えること自体に喜びを感じて、これを苦役とは思わないのではないだろうか。しかしながら、従来の西洋的な人間中心主義を批判して動物まで道徳的配慮に入れるという仕事を始めた改革者に対して、あまり要求することはできない。西洋に新しく生まれた環境倫理は、従来の社会倫理とは別の専門分野のようになって、両者を統合する理論はまだ存在しない。

これに対して東洋の伝統的倫理では、一人の思想家が両者を同時に考慮するのが普通であった。東洋の社会倫理は自然観から離れたものではなく、自然観の土台の上に構想されていた。明治時代に日本の近代哲学を創始した中村敬宇、西周、加藤弘之たちは、儒教的な自然観という親木に、主としてイギリスの功利主義を接ぎ木することに成功して、東西思想を結合するというスケール雄大な倫理学を構想した。西洋の優れた社会倫理と東洋の優れた自然観を結合する仕事は、東洋の伝統思想の見直しを始めたばかりの西洋の哲学者にとっては、無理な仕事である。この仕事は、むしろ東西の伝統思想に通じているわれわれ日本人の思想家が取り組むべき課題ではないかと考えられる。東洋には太古の昔から最近にいたるまで自然環境を良く保ってきた環境思想があった。他方、ヘアやシンガーの二層功利（公利）主義は二〇世紀に完成を見た西洋近代社会倫理の究極の姿を示すものである。現代では、ヘアやシンガーの二層公利主義を東洋の伝統的な環境思想の土台の上に構築する新しい倫理学への道が開かれた。この東西結合の哲学では、シジウィックの「宇宙の視点」（本書三九四頁）に立つことは、日本儒学に云う「天地自然」の立場に立つことを意味し、シンガーの「利益の普遍化」は日本人の伝統である（自然崇拝・自然奉仕を含む）「自然愛」をして私利私欲に優先させることを意味することになるのだろう。ここには、自然と人生、社会と環境、東洋思想と西洋思想とがついに融合する、心躍るばかりの新しい「人類哲学」（梅原猛）誕生の予感がある。ここに人類共通のモラルへの道が開かれる。

しかもこの「人類共通のモラル」の確立なくしては、地球環境の回復も世界平和の実現もおぼつかないのである。

老生もこの仕事を始めて海外で発表し続けてきた。これは報われることのない孤独な作業だった。しかし国際社会に向けて日本の主張をするという、ジーンと胸にこみ上げてくる達成感がないでもなかった。シンガーさんとも何度か議論をしたし、私たちは見解の相違はあるが友人であることに変わりはない、と言われたこともあった。しかし老兵もそろそろくたびれてきた。この辺で若い哲学者の皆さんに期待するしかない。若い皆さんのご奮闘を祈って、このあとがきを終えることにしたい。

本書が文庫版として再版されることになったのは喜びに堪えない。本書が版を改めて新しい古典として読み継がれてゆくことになったのは、ひとえに訳者の皆様のご苦心による正確で明快な日本語のたまものである。ここに改めて心からお礼申し上げます。また編集局の平野洋子さんには、校正の段階で実に適切なご助言を戴くなど、大変お世話になった。訳者を代表して厚くお礼申し上げる次第である。

二〇一三年九月

監訳者

Dostoyevsky, Fyodor
334
トマス・アクィナス Aquinas, Thomas 124, 125

ナ 行

ニクソン Nixon, Richard Milhous 147
ニーチェ Nietzsche, Friedrich 377

ハ 行

バトラー Butler, Bishop 343
ヒトラー Hitler, Adolf 187, 188, 260, 261, 279, 283, 397
ヒューム Hume, David 44, 185, 342, 343
ブッシュ Bush, George 39, 65, 66, 82, 217, 262
ブッダ（ゴータマ・シッダルタ） Gotama, Siddhartha 44, 339, 341
ブラッドリー Bradley, Francis Herbert 331, 378, 379
プラトン Plato 33, 34, 114, 178, 341, 342
フランクリン Franklin, Benjamin 132–137, 141
フロイト Freud, Sigmund 51, 315, 369, 370
ヘア Hare, Richard Mervyn 221, 313, 314
ヘーゲル Hegel, Georg 42, 71, 72, 315
ペテロ Peter 119
ベンサム Bentham, Jeremy 343, 344
ホッブズ Hobbes, Thomas 72–74, 80, 82, 193, 343, 402, 403, 414

マ 行

マイモニデス Maimonides 294, 295, 324
マタイ Matthew 119
マルクス Marx, Karl 40, 41, 46, 54, 75–77, 398, 399, 405, 406
ミル Mill, John Stuart 171
メアリ・ウルストンクラフト Wollstonecraft, Mary 316

ヤ 行

山内友三郎 12, 221

ラ 行

ラッセル Russell, Bertrand 385
ラムゼー Ramsey, Frank 336
ルソー Rousseau, Jean-Jacques 86, 87, 315, 316, 319
ルター Luther, Martin 127, 128, 130
レーガン Reagan, Ronald 65, 67, 68, 82, 151–153, 156, 157
レーニン Lenin, Vladimir 41, 398, 399
ロック Locke, John 73, 74

主要人名索引

ア　行

アダム・スミス Smith, Adam 84-89, 96, 98, 108, 137, 140, 156, 198
アリストテレス Aristotle 79, 114-116, 123, 124, 129, 158, 302, 303, 341
イエス Jesus Christ 117, 118, 149, 251, 323, 324, 334, 410
ヴィトゲンシュタイン Wittgenstein, Ludwig 336
ウェーバー Weber, Max 111-113, 134, 135
エア Ayer, Alfred Jules 336, 342
エリツィン Yeltsin, Boris 287
エンゲルス Engels, Friedrich 75, 142, 143

カ　行

カミュ Camus, Albert 347, 348
カルヴァン Calvin, Jean 128-131, 153
カント Kant, Immanuel 51, 325-330, 332-334, 342, 343, 404
キケロ Cicero, Marcus Tullius 269
キルケゴール Kierkegaard, Søren 335
キング牧師 King, Martin Luther 397
孔子 Confucius 44, 269, 410
ゴルバチョフ Gorbachev, Mikhail 287

サ　行

サルトル Sartre, Jean-Paul 27, 335
シジウィック Sidgwick, Henry 45, 175, 176, 344, 345, 379, 394, 415
シャフツベリー Shaftesbury, Earl of 343
スターリン Stalin, Iosif Vissarionovich 41, 54
スペンサー Spencer, Herbert 138, 139
ソクラテス Socrates 33-36, 71, 72, 341, 342

タ　行

ダーウィン Darwin, Charles Robert 138
テイラー Taylor, Richard 348-350, 369, 375, 383, 384, 386
テニエス Tönnies, Ferdinand 70, 71, 73, 74
トクヴィル Tocqueville, Alexis de 69, 74, 140
ドストエフスキー

成田　和信（なりた　かずのぶ）　第3章・第4章
1956年東京都生まれ。慶應義塾大学大学院文学研究科博士課程単位取得退学。現在慶應義塾大学商学部教授。著書に『責任と自由』（勁草書房，2004年）。

樫　則章（かたぎ　のりあき）　第5章・第6章
1956年京都府生まれ。大阪大学大学院文学研究科博士課程単位取得退学。現在大阪歯科大学歯学部教授。著書に『生命倫理の基本概念』（[共編著]，丸善出版，2012年）など。

塩出　彰（しおで　あきら）　第7章・第8章
1945年満州チチハル生まれ。京都大学文学部卒業。大阪市立大学名誉教授。著書に『正義論の諸相』（[共編著]，法律文化社，1989年）。

村上　弥生（むらかみ　やよい）　第9章・第10章
1961年神奈川県生まれ。大阪大学大学院文学研究科博士課程単位取得退学。東京外国語大学，法政大学ほか兼任講師。翻訳にJ.ベアード・キャリコット『地球の洞察』（[共訳]，みすず書房，2009年）。

長岡　成夫（ながおか　しげお）　第11章
1947年京都府生まれ。京都大学文学部卒業。新潟大学名誉教授。翻訳にグレゴリー・E・ペンス『医療倫理　I・II』（[共訳]，みすず書房，2000年）。

[著者紹介]

ピーター・シンガー　Peter Singer

1946年オーストラリア生まれ。メルボルン大学をへてオックスフォード大学で，R. M. ヘアのもとで学位取得。メルボルンのモナッシュ大学生命倫理学センター所長，国際生命倫理学会会長歴任。現在プリンストン大学，モナッシュ大学教授。『動物の解放 改訂版』（戸田清訳，人文書院，2011年），『グローバリゼーションの倫理学』（山内ほか訳，昭和堂，2005年），『実践の倫理』（山内ほか訳，昭和堂，1999年）など著書多数。優れた倫理学者として世界的に高名なだけでなく，動物解放，菜食主義，難民救済，環境保護などの実践運動のリーダーとして国際的，精力的に活躍。

[訳者紹介（訳出順）]

山内　友三郎（やまうち　ともさぶろう）　監訳者

1933年秋田県生まれ。京都大学文学部卒業。大阪教育大学名誉教授。著書に『相手の立場に立つ――ヘアの道徳哲学』（勁草書房，1991年）。シンガー，ヘア，キャリコットなどの訳書多数。英語論文: "Plato and the Environmental Philosophy of Kuki Shûzô"（大教大紀要，2011）; "The Confucian Environmental Ethics of Ogyū Sorai" in J. B. Callicott and J. McRae, eds., *Environmental Philosophy in the Asian Traditions of Thought*, SUNY（forthcoming）; "Three Level Eco-humanism in Japanese Confucianism"（ハワイ大学，第10回東西哲学者会議，EWPC論集所載，近刊予定）ほか多数。

奥野　満里子（おくの　まりこ）

日本語版への序文，序，第1章，第2章

1970年神奈川県生まれ。京都大学文学部卒業。現在オハイオ州立大学助教授。著書に『シジウィックと現代功利主義』（勁草書房，1999年）ほか。

本書は一九九九年五月、法律文化社より刊行された。

メディアの文明史
ハロルド・アダムズ・イニス
久保秀幹訳

粘土板から出版・ラジオまで。メディアの深奥部に潜むバイアス＝傾向性が、社会の特性を生み出す。大柄な文明史観を提示する必読古典。（水越伸）

重力と恩寵
シモーヌ・ヴェイユ
田辺保訳

「重力」に似たものから、どのようにして免れればよいのか……ただ「恩寵」によって。苛烈な自己無化への意志に貫れた、独自の思索の断想集。ティボン編。

工場日記
シモーヌ・ヴェイユ
田辺保訳

人間のありのままの姿を知り、愛し、そこで生きたい——女工となった哲学者が、極限の状況で自己犠牲と献身について考え抜き、克明に綴った、魂の記録。

青色本
L・ウィトゲンシュタイン
大森荘蔵訳

「語の意味とは何か」。端的な問いかけで始まるこのコンパクトな書は、初めて読むウィトゲンシュタインとして最適な一冊。（野矢茂樹）

法の概念〔第3版〕
H・L・A・ハート
長谷部恭男訳

法とは何か。ルールの秩序という観念でこの難問に立ち向かい、法哲学の新たな地平を拓いた名著。批判に応える「後記」を含め、平明な新訳でおくる。

生き方について哲学は何が言えるか
バーナド・ウィリアムズ
森際康友／下川潔訳

倫理学の中心的な諸問題を深い学識と鋭い眼差しで再検討した現代における古典的名著。倫理学はいかに変貌すべきか、新たな方向づけを試みる。

思考の技法
グレアム・ウォーラス
松本剛史訳

知的創造を四段階に分け、危機の時代を打破する真の思考のあり方を究明する。『アイデアのつくり方』の源となった先駆的名著、本邦初訳。（平石耕）

ポパーとウィトゲンシュタインとのあいだで交わされた世上名高い10分間の大激論の謎
デヴィッド・エドモンズ／ジョン・エーディナウ
二木麻里訳

このすれ違いは避けられない運命だった？　二人の思想の歩み、そして大激論の真相に、ウィーン学団の人間模様やヨーロッパの歴史的背景から迫る。

言語・真理・論理
A・J・エイヤー
吉田夏彦訳

無意味な形而上学を追放し、〈分析的命題〉か〈経験的仮説〉のみを哲学的に有意義な命題として扱おう。初期論理実証主義の代表作。（青山拓央）

倫理問題101問
マーティン・コーエン
榑沼範久訳
何が正しいことなのか。医療・法律・環境問題等、私たちの周りに溢れる倫理的なジレンマから101の題材を取り上げて、ユーモアも交えて考える。

哲学101問
マーティン・コーエン
矢橋明郎訳
全てのカラスが黒いことを証明するには？　コンピュータと人間の違いは？　哲学者たちが頭を捻った101問を、譬話で考える楽しい哲学読み物。

解放されたゴーレム
ハリー・コリンズ／トレヴァー・ピンチ
村上陽一郎／平川秀幸訳
科学技術は強力だが不確実性に満ちた「ゴーレム」である。チェルノブイリ原発事故、エイズなど7つの事例をもとに、その本質を科学社会的に繙く。

存在と無（全3巻）
ジャン＝ポール・サルトル
松浪信三郎訳
人間の意識の在り方（実存）をきわめて詳細に分析し、存在と無の弁証法を問い究め、実存主義を確立した不朽の名著。現代思想の原点。

存在と無 I
ジャン＝ポール・サルトル
松浪信三郎訳
I巻は、「即自」と「対自」が峻別される緒論「存在の探求」から、「対自」としての意識の基本的在り方が論じられる第二部「対自存在」まで収録。

存在と無 II
ジャン＝ポール・サルトル
松浪信三郎訳
II巻は、第三部「対他存在」を収録。私と他者との相剋関係を論じた「まなざし」論をはじめ、愛、憎悪、マゾヒズム、サディズムなど具体的な他者論を展開。

存在と無 III
ジャン＝ポール・サルトル
松浪信三郎訳
III巻は、第四部「持つ」「為す」「ある」を収録。この三つの基本的カテゴリーとの関連で人間の行動を分析し、絶対的自由を提唱。（北村晋）

公共哲学
マイケル・サンデル
鬼澤忍訳
経済格差、安楽死の幇助、市場の役割など、私達が現代の問題を考えるのに必要な思想とは？　ハーバード大講義で話題のサンデル教授の主著、初邦訳。

パルチザンの理論
カール・シュミット
新田邦夫訳
二〇世紀の戦争を特徴づける「絶対的な敵」殲滅の思想の端緒を、レーニン・毛沢東らの《パルチザン》戦争という形態のなかに見出した画期的論考。

自然権と歴史
レオ・シュトラウス
塚崎智／石崎嘉彦訳
自然権の否定こそが現代の深刻なニヒリズムをもたらした。古代ギリシアから近代に至る思想史を大胆に読み直し、自然権論の復権をはかる20世紀の名著。

生活世界の構造
アルフレッド・シュッツ／トーマス・ルックマン
那須壽監訳
「事象そのものへ」という現象学の理念を社会学研究で実践し、日常を生きる「普通の人びと」の視点から日常生活世界の「自明性」を究明した名著。

哲学ファンタジー
レイモンド・スマリヤン
高橋昌一郎訳
論理学の鬼才が、軽妙な語り口ながら、切れ味抜群の思考法で哲学から倫理学まで広く論じた対話篇。哲学することの魅力を堪能しつつ、思考を鍛える！

ハーバート・スペンサーコレクション
ハーバート・スペンサー
森村進編訳
自由はどこまで守られるべきか。リバタリアニズムの源流となった思想家の理論の核が凝縮された論考を精選し、平明な訳で送る。文庫オリジナル編訳。

ナショナリズムとは何か
アントニー・D・スミス
庄司信訳
ナショナリズムは創られたものか、それとも自然なものか。この矛盾に満ちた心性の正体を、世界的権威が徹底的に解説する。最良の入門書、本邦初訳。

日常的実践のポイエティーク
ミシェル・ド・セルトー
山田登世子訳
読書、歩行、声。それらは分類し解析する近代的知が見落とす、無名の者の戦術である。領域を横断し、秩序に抗う技芸を描く。（渡辺優）

反解釈
スーザン・ソンタグ
高橋康也他訳
《解釈》を偏重する在来の批評に対し、《形式》を感受する官能美学の必要性をとき、理性や合理主義に対する感性の復権を唱えたマニフェスト。

声と現象
ジャック・デリダ
林好雄訳
フッサール『論理学研究』の綿密な読解を通して、「脱構築」「痕跡」「差延」「代補」「エクリチュール」など、デリダ思想の中心的〝操作子〟を生み出す。

歓待について
ジャック・デリダ
アンヌ・デュフールマンテル序論
廣瀬浩司訳
異邦人＝他者を迎え入れることはどこまで可能か？ギリシャ悲劇、クロソウスキーなどを経由し、この喫緊の問いにひそむ歓待の（不）可能性に挑む。

入門経済思想史　世俗の思想家たち
R・L・ハイルブローナー
八木甫ほか訳
何が経済を動かしているのか。スミスからマルクス、ケインズ、シュンペーターまで、経済思想の巨人たちのヴィジョンを追う名著の最新版訳。

分析哲学を知るための
哲学の小さな学校
ジョン・パスモア
大島保彦／高橋久一郎訳
数々の名テキストで哲学ファンを魅了してきた分析哲学界の重鎮が、現代哲学を総ざらい！　思考や議論の技を磨きつつ、哲学史を学べる便利な一冊。

表現と介入
イアン・ハッキング
渡辺博訳
科学にとって「在る」とは何か？　科学は真理を捉えられるのか？　現代哲学の鬼才が20世紀を揺るがした問いの数々に鋭く切り込む！　（戸田山和久）

社会学への招待
ピーター・L・バーガー
水野節夫／村山研一訳
社会学とは、「当たり前」とされてきた物事をあえて疑い、その背後に隠された謎を探求しようとする営みである。長年親しまれてきた大定番の入門書。

聖なる天蓋
ピーター・L・バーガー
薗田稔訳
全ての社会は自らを究極的に審級する象徴の体系、「聖なる天蓋」をもつ。宗教について理論・歴史の両面から新たな理解をもたらした古典的名著。

人知原理論
ジョージ・バークリー
宮武昭訳
「物質」なるものなど存在しない――。バークリーの思想的核心が、平明このうえない訳文と懇切丁寧な注釈により明らかとなる。主著、待望の新訳。

デリダ
ジェフ・コリンズ
鈴木圭介訳
「脱構築」「差延」の概念で知られるデリダ。現代思想に偉大な軌跡を残したその思想をわかりやすくビジュアルに紹介。丁寧な年表、書誌を付す。

ビギナーズ倫理学
デイヴ・ロビンソン文
クリス・ギャラット画
鬼澤忍訳
正義とは何か？　なぜ善良な人間であるべきか？　倫理学の重要論点を見事に整理した、道徳的カオスの中を生き抜くためのビジュアル・ブック。

宗教の哲学
ジョン・ヒック
間瀬啓允／稲垣久和訳
古今東西の宗教の多様性と普遍性は、究極的実在に対する様々に異なるアプローチであり応答である。「宗教的多元主義」の立場から行う哲学的考察。

ちくま学芸文庫

私《わたし》たちはどう生《い》きるべきか

二〇一三年十二月十日　第一刷発行
二〇二二年　三　月十日　第二刷発行

著　者　ピーター・シンガー
監訳者　山内友三郎（やまうち・ともさぶろう）
訳　者　奥野満里子・成田和信・樫則章
塩出彰・村上弥生・長岡成夫

発行者　喜入冬子
発行所　株式会社　筑摩書房
東京都台東区蔵前二―五―三　〒一一一―八七五五
電話番号　〇三―五六八七―二六〇一（代表）
装幀者　安野光雅
印刷所　株式会社加藤文明社
製本所　株式会社積信堂

ISBN978-4-480-09581-7 C0112